Manfred Güllner

Der vergessene Wähler

Manfred Güllner

Der vergessene Wähler

Vom Aufstieg und Fall der Volksparteien

Tectum Verlag

Manfred Güllner

Der vergessene Wähler. Vom Aufstieg und Fall der Volksparteien

ISBN: 978-3-8288-3927-4

Druck und Bindung: CPI buchbücher.de, Birkach
Printed in Germany

Besuchen Sie uns im Internet
www.tectum-verlag.de

Bibliografische Informationen der Deutschen Nationalbibliothek
Die Deutsche Nationalbibliothek verzeichnet diese Publikation in der Deutschen Nationalbibliografie; detaillierte bibliografische Angaben sind im Internet über http://dnb.ddb.de abrufbar.

Für Uschi

Vorwort

Die Geschichte der Bundesrepublik Deutschland ist von verschiedenen Historikern anhand zugänglicher Akten und der Chronologie der Ereignisse ausführlich beschrieben worden. Zudem haben die akademischen Wahlforscher das Wahlverhalten der Bundesbürger bei den Wahlen zum Bundestag in allen Facetten zu durchleuchten versucht.

Doch weitgehend ausgeblendet werden sowohl von Historikern als auch von vielen Wahlforschern die Befindlichkeiten und Interessenlagen der Wähler. Die aber sind letztendlich dafür verantwortlich, warum die Bürger bei den verschiedenen Wahlen – und nicht nur bei den Wahlen zum Bundestag – ihre Stimme der einen oder der anderen Partei geben.

Deshalb soll versucht werden, die Entscheidungen der Wähler bei den Wahlen in Deutschland nach dem Zusammenbruch des Nationalsozialismus nachzuzeichnen und darzustellen, warum der Wähler – also der eigentliche Souverän in einem demokratischen politischen System – jeweils so entschieden hat, wie es in den Wahlergebnissen zum Ausdruck kommt.

Gezeigt wird, wie die beiden „großen" als „Volksparteien" charakterisierten Parteien Union und SPD mit zunehmender Akzeptanz des demokratischen Systems zunächst bis zu Beginn der 1980er Jahre das Vertrauen vieler Wähler gewinnen und enorme Bindekraft entfalten konnten, dann aber – und das schon lange vor dem Auftauchen der AfD – seit Ende der 1980er Jahre kontinuierlich das einst gewonnene Vertrauen wieder verloren und ihre Bindekraft einbüßten.

Um den Auf- und Abstieg der Volksparteien anhand des Wählerwillens nachzeichnen zu können, werden neben den Wählervoten vor allem die Ergebnisse von direkten Befragungen der Wähler bzw. Nichtwähler herangezogen. Dabei stützt sich das vorliegende Buch im Wesentlichen auf Materialien, die ich mit meinen Studenten im Rahmen meiner Lehrtätigkeit an der Freien Universität Berlin erarbeitet habe.

Manfred Güllner

Inhaltsverzeichnis

1. Die Phase der „Re-Education" nach 1945 bis zur ersten Bundestagswahl 1949

1.1 Die Einstellungen der Deutschen nach dem Zusammenbruch des Nationalsozialismus

Der erste, nach dem Ersten Weltkrieg unternommene Versuch, die Demokratie in Deutschland zu etablieren, scheiterte kläglich und endete mit der „Machtergreifung" der Nationalsozialisten im Januar 1933 mit allen katastrophalen Folgen für Deutschland und die Welt.

Die Weimarer Republik ging aber nicht dadurch zugrunde, dass sich die Mehrheit der Deutschen den Nationalsozialisten angeschlossen hätte. Noch bis zur Reichstagswahl 1928 blieb die NSDAP eine völlig unbedeutende Splitterpartei, die nur von 2 von 100 Wahlberechtigten gewählt wurde. Erst im Verlauf der Weltwirtschaftskrise gelang es der NSDAP, zu einer Massenpartei zu werden. Doch auch bei der letzten demokratischen Reichstagswahl im November 1932 wurde die NSDAP nur von einem Viertel (26,5 %) aller Wahlberechtigten im damaligen Deutschen Reich gewählt. Fast drei Viertel des deutschen Volkes gaben also den Nazis ihre Stimme nicht.

Gescheitert ist die Weimarer Republik daran, dass die Demokratie auch von den meisten, die nicht zu den Wählern der NSDAP gehörten, nicht wehrhaft verteidigt wurde. Zwar waren die meisten Deutschen keine glühenden Anhänger der Nazis, aber es war ihnen ziemlich gleichgültig, in welchem politischen System sie lebten. So konnten die Nationalsozialisten das demokratische System mit allen seinen Institutionen innerhalb kürzester Zeit nach ihrer Machtergreifung vollständig liquidieren, ohne auf nennenswerten Widerstand zu stoßen.

Selbst nachdem die Nationalsozialisten auch Deutschland total vernichtet hatten, sehnte sich kaum jemand nach der Weimarer Republik zurück. Wie wenig beliebt die Weimarer Republik gewesen und wie gering das demokratische System in den Köpfen der Deutschen verankert war, zeigte sich auch noch mehr als sechs Jahre nach dem totalen Zusammenbruch des Nationalsozialismus. Ende 1951 gaben in einer Befragung des Instituts für Demoskopie in Allensbach nur 7 Prozent aller Befragten an, Deutschland sei es im letzten Jahrhundert zur Zeit der Weimarer Republik am besten gegangen. 45 Prozent meinten, das sei im Kaiserreich bis 1919 der Fall gewesen. Und ähnlich viele – 40 Prozent – gaben als Zeitraum, in dem es Deutschland am besten gegangen sei, die Zeit nach der Machtergreifung der Nazis von 1933 bis 1939 an – also die Zeit, in der die Demokratie vollständig liquidiert und das nationalsozialistische Schreckensregime etabliert wurde.

Wann ging es Deutschland am besten (1951)

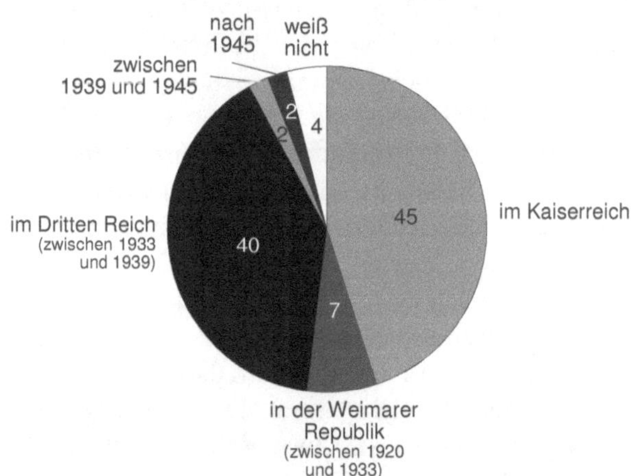

Quelle: Repräsentativerhebung des Instituts für Demoskopie im Oktober 1951

Und trotz der totalen Vernichtung des Landes war der Nationalsozialismus nach Meinung von mehr als der Hälfte der Deutschen (55 %) eine „gute Idee“ gewesen, die nur „schlecht umgesetzt“ worden sei. Und dass Deutschland für den Ausbruch des Zweiten Weltkrieges 1939 verantwortlich war, das glaubte auch 1951 nur eine Minderheit von 32 Prozent aller Bundesbürger. Selbst ein Jahrzehnt nach dem Ende der

Nazi-Herrschaft war 1955 immer noch fast die Hälfte aller Deutschen der Meinung, Adolf Hitler wäre ohne den verlorenen Krieg einer der größten Staatsmänner gewesen.

Einstellungen zum Nationalsozialismus nach 1945

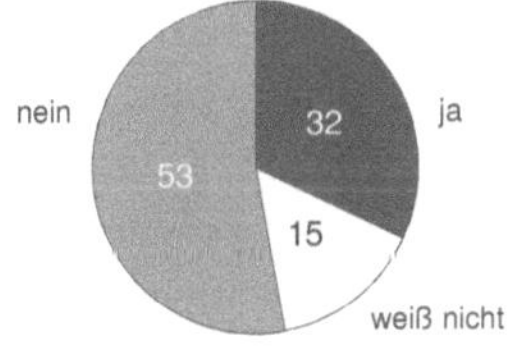

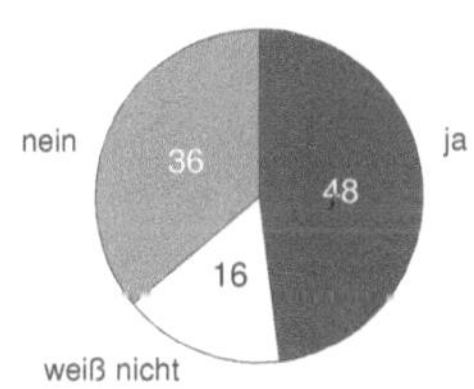

*) OMGUS (Office of Military Government, U.S.)-Erhebung 1947
**) Repräsentativerhebung des Instituts für Demoskopie im Oktober 1951
***) Repräsentativerhebung des Instituts für Demoskopie im Mai 1955

All dies sind Hinweise darauf, wie gering der Versuch, die Demokratie zur Zeit der Weimarer Republik zu etablieren, von den Deutschen geschätzt wurde. Die Nazi-Diktatur hingegen wurde auch nach dem Zusammenbruch des „Dritten Reichs" noch lange glorifiziert. Und dem „Führer" und seinen Vasallen wurde nicht vorgeworfen, die Demokratie liquidiert und den Zweiten Weltkrieg begonnen zu haben, sondern, dass sie diesen Krieg nicht gewonnen, sondern verloren hätten.

Ziemlich entlarvend war auch der lange Zeit nach 1949 vorherrschende Sprachgebrauch. Selbst ein auf der Höhe der Zeit agierender Wissenschaftler wie Gerhard Schmidtchen, einer der wichtigsten Mitarbeiter des Instituts für Demoskopie in den 1950er und 1960er Jahren, sprach noch 1965 von „Staatsauflösung", wenn er den Zusammenbruch des Nationalsozialismus 1945 meinte, oder von „Herrschern und Beherrschten", von „Volksbürgern" oder der „Gefolgschaft" von Parteien.

Bei dieser großen und auch nach 1945 lange anhaltenden Affinität zur Gedankenwelt des Nationalsozialismus ist nicht verwunderlich, dass die auf der Potsdamer Konferenz vom 17. Juli bis 2. August 1945 von den Siegermächten beschlossene Demokratisierung Deutschlands (einem der auf dieser Konferenz besiegelten „4 D's": Neben der „Demokratisierung" die „Demilitarisierung", „Dezentralisierung" und die „De-Nazifizierung") bei den „besiegten" Deutschen auf wenig Gegenliebe stieß.

Dass den Deutschen nach dem Willen vor allem der westlichen Siegermächte der Nazi-Ungeist ausgetrieben und sie – wie es der US-amerikanische Politikwissenschaftler Samuel H. Barnes formulierte – vom „Untertanen" zum „Staatsbürger" umerzogen werden sollten, stieß eher auf Unwillen, statt dass es Begeisterung auslöste.

Dieser Prozess der „Re-Education" wurde auch dadurch stark behindert, dass im „Dritten Reich" eher unbekannte oder verächtlich gemachte Werte im neuen Deutschland Priorität haben sollten, die von vielen noch nicht akzeptiert wurden. So hielt 1949 nur ein Drittel (32 %) eine Politik für richtig, die freie Wahlen, die freie Meinungsäußerung oder eine freie Presse garantieren wollte. Wichtiger als solche demokratischen Tugenden war für die Deutschen 1949 ökonomisches Wohlergehen – wie ein hohes Einkommen.

Zudem war das Interesse am politischen Geschehen zu Beginn des zweiten Versuchs, die Demokratie in Deutschland zu etablieren, auch eher unterentwickelt: Noch nicht einmal ein Viertel aller Deutschen (23 %) gab 1947 an, am politischen Geschehen interessiert zu sein. Über drei Viertel (77 %) zeigten eine „Ohne-mich"-Haltung und wollten es den anderen überlassen, sich um Politik zu kümmern. Bemerkenswert ist auch, dass noch 8 Jahre nach dem Ende des Schreckens- und Überwachungsregimes der Nazis nur etwas mehr als die Hälfte der Bundesbürger (58 %) glaubte, man könne in Westdeutschland seine politische Meinung frei sagen. Immer noch ein Drittel (31 %) meinte, das sei nur mit Einschränkungen möglich bzw. man sollte mit allzu freien Äußerungen zur Politik eher vorsichtig sein.[1]

Vorbehalte gegen die Demokratisierung: „Ohne mich"-Standpunkt

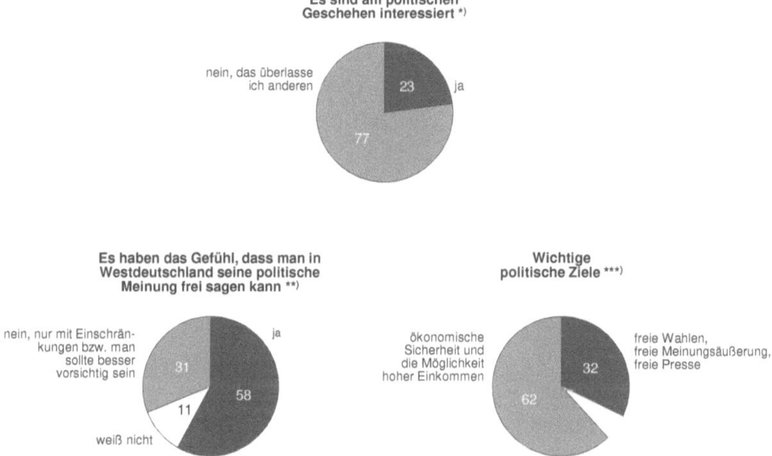

*) OMGUS (Office of Military Government, U.S.)-Erhebung 1947
**) Repräsentativerhebung des Instituts für Demoskopie im Mai 1953
***) OMGUS-Erhebung 1949

1.2 Die ersten politischen Strukturen im neuen Deutschland

Angesichts dieser nach 1945 bei den Deutschen weit verbreiteten Grundeinstellungen zur Politik und zur Demokratie verlief der Aufbau der neuen demokratischen Strukturen eher zäh. Dabei sollte eine politische Tätigkeit nach dem Willen der Siegermächte vorerst ohnehin nur unter strenger Kontrolle auf dem Gebiet der örtlichen Selbstverwaltung erfolgen. Erst nach einer erfolgreichen „Re-Education" sollten dann politische Strukturen auf höheren politischen Ebenen gebildet werden, bevor Deutschland als demokratisches, zuverlässiges und

1 Schmidtchen, Gerhard. Die befragte Nation, Freiburg 1959, S. 56

friedliches Volk wieder einen Platz unter anderen Völkern einnehmen könnte.

Die Zulassung „antifaschistischer" Parteien und Gewerkschaften wurde von den Alliierten entsprechend gesteuert. Nach einem klaren Plan ging dabei die sowjetische Besatzungsmacht in ihrer Zone vor. Bereits im Dezember 1945 wurde im Rahmen einer gemeinsamen Konferenz von SPD und KPD in Berlin die Vereinigung beider Parteien vorbereitet und vom 20. bis 23. April 1946 im Rahmen des Gründungsparteitages der SED („Sozialistische Einheitspartei Deutschlands") vollzogen.

Die SPD in der West-Zone und in West-Berlin lehnte diese Vereinigung mit der KPD ab. Bei der am 30. März 1946 in West-Berlin durchgeführten Urabstimmung der SPD-Mitglieder wurde diese Vereinigung bei einer hohen Wahlbeteiligung von 73 Prozent von 82 Prozent der teilnehmenden Mitglieder abgelehnt. Nur eine verschwindend kleine Minderheit von 12 Prozent der West-Berliner SPD-Mitglieder stimmte für diese Vereinigung.

Der erste Parteitag der SPD in der Westzone fand vom 9. bis 11. Mai 1946 in Hannover statt. Zum Vorsitzenden wurde Kurt Schumacher gewählt. Die Sozialdemokraten versuchten, wieder an ihre im Kaiserreich und der Weimarer Republik entstandenen traditionellen Strukturen und Traditionen anzuknüpfen.

Schwieriger verlief der Aufbau der sich im Gegensatz zur katholischen Zentrumspartei der Weimarer Republik neu bildenden Christlichen Demokratischen Union (CDU). Die CDU war ein neuartiges politisches Gebilde mit recht heterogenen ideologischen Strömungen und einer Vielzahl regionaler Interessen. So war die Programmatik der CDU zunächst stark vom Gewerkschaftsflügel in der neuen Partei bestimmt. Das am 3. Februar 1947 beschlossene „Ahlener Programm" der CDU mit dem Titel „Überwindung von Kapitalismus und Marxismus" ging deshalb noch von einer Vergesellschaftung der Produktionsmittel aus.

Neben der an ihre Tradition in der Weimarer Republik anknüpfenden Sozialdemokratie und den sich langsam konstituierenden Christdemokraten bildeten sich außer der FDP als Fortsetzung der früheren liberalen Parteien eine Reihe von kleinen und kleinsten politischen Gruppen. So gab es u.a. den „Block der Vaterländischen Vereinigung", den „Christlich-sozialen Arbeiterbund", den „Deutschen Block", die „Deutsche Rechtspartei", eine „Unpolitische Bäuerliche Notgemeinschaft" oder auch eine „Königspartei".

Die politische Entwicklung in Deutschland nach 1945 vollzog sich dann allerdings doch anders als von den Alliierten in Potsdam vorgesehen. Dabei kamen die entscheidenden Impulse nicht von innen, sondern waren Folge der sich entwickelnden geopolitischen Lage. So wurde in der sowjetischen Besatzungszone der Aufbau politischer Strukturen wegen der Interessenlage der Sowjetunion unter Dominanz der neuen Einheitspartei SED gezielt vorangetrieben. Die ersten Landtagswahlen nach 1945 fanden denn auch in den fünf Ländern der sowjetischen Besatzungszone am 20. Oktober 1946 statt (Mecklenburg-Vorpommern, Brandenburg, Sachsen-Anhalt, Sachsen und Thüringen). Diese Landtagswahlen waren dabei schon stark durch die einseitige Unterstützung der SED durch die sowjetische Besatzungsmacht geprägt.

Wegen des sich schnell entwickelnden Ost-West-Konflikts – vor allem nach der Übernahme der Macht in den osteuropäischen Staaten Polen, Tschechoslowakei, Ungarn, Rumänien und Bulgarien durch die Sowjetunion – und der atomaren Aufrüstung in den USA und der Sowjetunion wurde dann auch das westliche Deutschland schneller wieder als Mitstreiter gebraucht als ursprünglich geplant.

Die ersten Landtagswahlen in der „West-Zone" fanden in der amerikanischen Besatzungszone Ende November/Anfang Dezember 1946 im Land Württemberg-Baden (ein Teilgebiet des späteren Landes Baden-Württemberg) sowie in den Ländern Bayern und Hessen statt. Ende April 1947 folgten in der britischen Besatzungszone Landtagswahlen in Schleswig-Holstein, Niedersachsen und Nordrhein-Westfalen. Und im Mai fand die erste Landtagswahl in der französischen Zone in Rheinland-Pfalz statt.

Bei einem Vergleich der Nichtwähler-Anteile der Landtagswahlen in der sowjetischen Besatzungszone und den drei „West-Zonen" fällt auf, dass die Zahl der Nichtwähler mit zum Teil über 30 Prozent in den Ländern der „West-Zone" viel höher war als in den fünf Ländern der sowjetischen Besatzungszone mit einem Nichtwähleranteil von 10 oder – in vier der fünf Länder – sogar unter 10 Prozent. Hier liegt der

Verdacht nahe, dass bereits bei den ersten Wahlen in der Sowjet-Zone Wahlmanipulationen stattfanden.

Auffällig ist zudem der hohe Anteil ungültiger Stimmen bei allen Landtagswahlen – unabhängig von der jeweiligen Besatzungszone. Diese im Vergleich zu späteren Wahlen außergewöhnlich hohe Zahl von ungültigen Stimmen dürfte einerseits darauf zurückzuführen sein, dass die Wahlverfahren und -regeln von den Deutschen erst wieder nach Jahren der nationalsozialistischen Diktatur erlernt werden mussten. Vor allem aber dürfte dafür verantwortlich gewesen sein, dass NSDAP-affine, eher demokratiekritische oder sogar -feindliche Wähler ihre Vorbehalte gegen die von den Alliierten den Deutschen aufgezwungene „Demokratisierung" durch die Abgabe einer ungültigen Stimme zum Ausdruck bringen wollten.

Die ersten Landtagswahlen nach 1945

		Anteil der	
		Nicht-wähler %	ungültigen Stimmen %
amerikanische Besatzungszone:			
– Württemberg-Baden	24.11.1946	30,2	6,7
– Bayern	1.12.1946	24,3	4,4
– Hessen	1.12.1946	26,8	7,6
britische Besatzungszone:			
– Schleswig-Holstein	20.4.1947	30,2	3,6
– Niedersachsen	20.4.1947	34,9	4,5
– Nordrhein-Westfalen	20.4.1947	32,7	4,9
französische Besatzungszone:			
– Rheinland-Pfalz	18.5.1947	22,1	10,6
sowjetische Besatzungszone:			
– Mecklenburg-Vorpommern	20.10.1946	10,0	5,5
– Brandenburg	20.10.1946	8,5	4,6
– Sachsen-Anhalt	20.10.1946	8,4	5,8
– Sachsen	20.10.1946	7,5	6,5
– Thüringen	20.10.1936	12,5	4,4

Die Verschärfung des Ost-West-Konfliktes führte dann schneller als ursprünglich vorgesehen auch zur Ausbildung erster zentraler Strukturen in der westlichen Besatzungszone. So wurde 1947 die „Bi-Zone" aus der amerikanischen und britischen Zone gebildet, die 1948 unter Einschluss der französischen Zone zur „Trizone" vereint wurde. Im Juni 1948 wurde dann eine Währungsreform in der westlichen Trizone durchgeführt. Die westlichen Besatzungsmächte wurden zudem durch die zur Versorgung West-Berlins während der Blockade durch die Sowjetunion eingerichtete „Luftbrücke" und die Verteidigung gegen eine kommunistische Bedrohung langsam vom „Feind" zu einer Art „Beschützer".

1.3 Die Gründung der Bundesrepublik

1948 wurden dann auch die Weichen zur Gründung der Bundesrepublik durch die „Londoner Empfehlungen" einer Sechs-Mächte-Konferenz (neben den USA, Großbritannien und Frankreich auch die drei Benelux-Staaten) gestellt. Die Ministerpräsidenten der Länder der „Trizone" wurden von den westlichen Militärgouverneuren ermächtigt, eine „verfassungsgebende Nationalversammlung" einzuberufen. Die Ministerpräsidenten empfahlen die Bildung eines „Parlamentarischen Rates", der aus Vertretern der einzelnen Landtage zusammengesetzt wurde und am 1. September 1948 in Bonn zum ersten Mal zusammentrat.

Der Parlamentarische Rat bestand aus 65 Mitgliedern der einzelnen Landtage. Jeweils 27 gehörten der SPD bzw. der CDU und CSU an, 5 der FDP und jeweils 2 der KPD, der Deutschen Partei und dem Zentrum. Frauen waren dabei unterrepräsentiert: Mit Helene Wessel, Elisabeth Selbert, Friederike Nadig und Helene Weber waren unter den 65 Mitgliedern nur 4 Frauen.

Der Parlamentarische Rat erarbeitete mit maßgeblicher, allerdings nicht öffentlich kundgetaner Hilfestellung des US-amerikanischen Staatsrechtlers James K. Pollock ein „Grundgesetz" als Vorläufer einer späteren Verfassung eines wiedervereinigten Deutschlands. Das bis heute auch nach der Wiedervereinigung weiter geltende „Grundgesetz" wurde weitgehend geprägt durch die Erfahrungen der Weimarer Republik mit ihrer großen Instabilität. So gab es zwischen 1919 und 1932 in 13 Jahren 20(!) Reichsregierungen. Die längste Regierungszeit hatte mit 637 Tagen das 1928 von Hermann Müller gebildete Kabinett, während das zweite Kabinett Stresemann 1923 nur 48 Tage amtierte. Die Position des Bundespräsidenten wurde deutlich schwächer gestaltet als die des Reichspräsidenten in der Weimarer Republik, der direkt vom Volk gewählt wurde und über umfassende Machtbefugnisse – Auflösung des Reichstages, Entlassung des Reichskanzlers, Ernennung von „Präsidialkabinetten", etc. - verfügte. Die Stellung des Kanzlers hingegen wurde deutlich gestärkt, u.a. dadurch, dass er nur durch das sogenannte „konstruktive Misstrauensvotum" bei gleichzeitiger Wahl eines Nachfolgers abgelöst werden kann. Der Bundespräsident hat dagegen im Wesentlichen nur repräsentative Aufgaben ohne direkte Einflussmöglichkeiten auf die operative Alltagspolitik. Aus gutem Grund wurde auch auf eine Direktwahl des Staatsoberhauptes verzichtet. Das sollte auch heute bedacht werden, wenn immer wieder die Diskussion aufflammt, ob nicht doch eine Direktwahl des Bundespräsidenten sinnvoll wäre. Doch dies würde die im Grundgesetz klug austarierte Machtbalance zwischen den politischen Institutionen aushebeln.

Nachdem das Grundgesetz am 8. Mai 1949 mit 53 zu 12 Stimmen (mit „Nein" stimmten die 6 Vertreter der CSU und die jeweiligen 2 Vertreter der DKP, der DP und des Zentrums) vom Parlamentarischen Rat verabschiedet wurde und vom 16. bis 20. Mai von allen Landtagen – mit Ausnahme von Bayern! – angenommen und am 23. Mai 1949 verkündet wurde, begann die Existenz der Bundesrepublik Deutschland – bestehend aus den drei westlichen Besatzungszonen.

Am 14. August konnte dann die Wahl zum ersten Deutschen Bundestag stattfinden.

Von einem bei späteren Wahlen bekannten „Wahlkampf" kann bei dieser ersten Wahl auf Bundesebene nach dem Zusammenbruch des Nationalsozialismus nicht gesprochen werden. Zu kurz war die Zeit zwischen der offiziellen Gründung der Bundesrepublik und dem Wahltermin und zu wenig waren die Parteien und politischen Gruppen auf Wahlauseinandersetzungen vorbereitet.

Die SPD war zudem zutiefst davon überzeugt, dass sie als stärkste Partei aus dieser Wahl hervorgehen würde, weil sie für sich als der ältesten deutschen Partei, die zudem unter dem Nationalsozialismus mit am meisten gelitten hatte, einen moralischen Führungsanspruch beanspruchte. Und das Volk – so die feste Erwartung der SPD – würde diesen Führungsanspruch bestätigen. Bundeskanzler sollte – da gab es ebenfalls keinen Zweifel in der SPD – Kurt Schumacher werden, den auch 1947 schon 40 Prozent der Bundesbürger kannten.

Adenauer hingegen kannten 1947 außerhalb seiner Heimatstadt Köln, wo er vor 1933 und kurze Zeit nach 1945 Oberbürgermeister war, niemand. Konrad Adenauer nutzte aber sein Amt als Präsident des Parlamentarischen Rates, um in aller Stille Kontakte zu den führenden alliierten Militärs zu knüpfen und Gesprächspartner für alle diejenigen Politiker, Beamten, Wirtschaftsführer, Wissenschaftler und Journalisten zu werden, die für sich im neuen Staat eine Position erhofften. Adenauer selbst fühlte sich zunehmend als Repräsentant des entstehenden neuen westdeutschen Staates, obwohl diese Rolle eigentlich aufgrund der formalen Rollenverteilung eher Hermann Pünder, dem Oberdirektor der Vereinigten Wirtschaftsgebiete, zugedacht war. Er wurde deshalb auch als „Real German Prime Minister“ bezeichnet. Diese vom ersten Bundespräsidenten Theodor Heuss als „Hintergrundfunktion“ charakterisierte Rolle Adenauers war einer breiten Öffentlichkeit vor der Bundestagswahl 1949 keinesfalls bewusst.

Folgerichtig führte die CDU/CSU den Wahlkampf 1949 ohne einen Kanzlerkandidaten. Eine Personalisierung des Wahlkampfes fand deshalb kaum statt. Über Adenauer - aber auch über Schumacher - wurde nur äußerst selten berichtet – beide kamen nur in jedem 10. Bericht über den Wahlkampf vor.

Während die SPD ihren moralischen Führungsanspruch mit eher grundsätzlichen, aber weitgehend abstrakten Themen zu verdeutlichen suchte, betonte die CDU/CSU pragmatische Ziele für die ökonomische Entwicklung des Landes. Dazu hatte Adenauer auch Ludwig Erhard gewonnen, der eigentlich für die FDP kandidieren wollte. Adenauer nutzte Erhard, um das nicht mehr ganz in die Zeit passende „Ahlener Programm“ durch ein eher marktwirtschaftlich orientiertes Programm abzulösen und um eine in der Union von vielen favorisierte Große Koalition zu verhindern.

Das Ergebnis der Bundestagswahl 1949 war für die SPD eine herbe Enttäuschung. Nicht sie erhielt die meisten Stimmen, sondern mit 31 Prozent der abgegebenen gültigen Stimmen lagen CDU und CSU vor der SPD mit 29,2 Prozent. Neben der FDP (mit 11,9 Prozent) erhielten alle sonstigen kleinen Parteien zusammen mit 27,9 Prozent fast so viele Stimmen wie die SPD.

Das Ergebnis der Bundestagswahl 1949

	gültige Stimmen %	Sitze
CDU	25,2	115
CSU	5,8	24
CDU/CSU	31,0	139
SPD	29,2	131
FDP	11,9	52
KPD	5,7	15
Bayernpartei (BP)	4,2	17
Deutsche Partei (DP)	4,0	17
Zentrum	3,1	10
Wirtschaftliche Aufbauvereinigung (WAV)	2,9	12
Deutsche konservative Partei (DKP, DRP)	1,8	5
Notgemeinschaft (NG)	1,0	1
Südschleswigscher Wählerbund	0,3	1
Parteilose	3,8	2
Sonstige	1,1	-
Summe	100,0	402

Von allen Wahlberechtigten hatte jeweils ein knappes Viertel (23,6 bzw. 22,2 %) der Union bzw. der SPD die Stimme gegeben. 9,1 Prozent aller Wahlberechtigten wählten die FDP, 21,2 Prozent eine der sonstigen Parteien. Rund ein Viertel (23,9 %) beteiligte sich nicht an der Wahl bzw. gab eine ungültige Stimme ab.

Das Ergebnis der Bundestagswahl 1949

in % der

gültigen Stimmen

SPD 29,2
CDU/CSU 31,0
KPD 5,7
Sonstige 19,2
FDP 11,9
DP 3,0

Wahlberechtigten

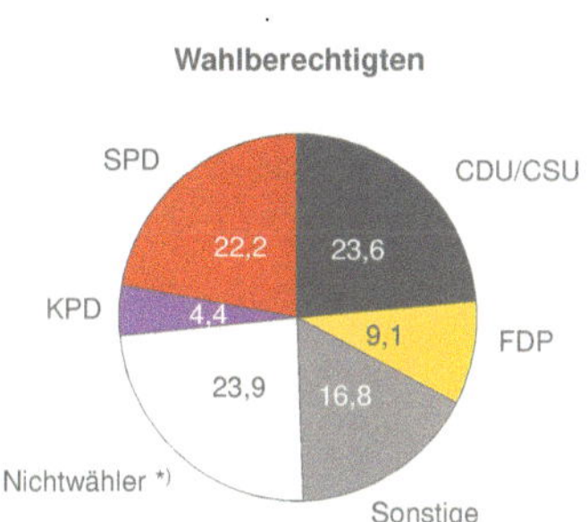

*) einschließlich ungültige Stimmen

Der Wahlausgang 1949 ließ offen, wem die künftige Regierungsgewalt in der neu geschaffenen Bundesrepublik zufallen sollte. Möglich war eine Große Koalition aus CDU, CSU und SPD, aber auch eine bürgerliche Koalition nach dem Vorbild des Frankfurter Wirtschaftsrats.

In der Union gab es viele Befürworter eines Bündnisses mit den Sozialdemokraten. Doch Adenauer, der auf Distanz zur SPD bedacht war und die CDU als klar konturierte politische Alternative zur SPD positionieren wollte, setzte die kleine bürgerliche Koalition trotz großer Widerstände innerhalb der CDU/CSU durch. Als Vorsitzender der CDU in der britischen Zone machte sich Adenauer zunutze, dass es noch keine gemeinsame Parteiorganisation der CDU im gesamten Gebiet der drei Westzonen gab. Erst im Oktober 1950 wurde die CDU auf Bundesebene gegründet.

Obwohl die von Adenauer gebildete erste Bundesregierung aus CDU, CSU, FDP und DP im Bundestag mit 208 von 402 Mandaten (CDU: 115, CSU 24, FDP 52 und DP 17 Mandate) eine klare Mehrheit hatte, wurde Konrad Adenauer bei der Kanzlerwahl nur mit der knappsten möglichen Mehrheit (202 von 402 Stimmen) zum Kanzler gewählt. Den Ausschlag gab – wie er es selbst kundtat – seine eigene Stimme.

In der ersten Bundesregierung stellte die CDU 5, die CSU sowie die FDP und die DP jeweils 3 Minister. Ludwig Erhard, der erste Wirtschaftsminister, war im Übrigen weder 1949 noch in den folgenden

Jahren Mitglied der CDU. Erst als er 1965 als Nachfolger Adenauers auch Vorsitzender der CDU geworden war, soll er in die CDU eingetreten sein.

2. Der „Adenauer-Sog" 1949 bis 1961

2.1 Die Etablierung der Kanzlerdemokratie

„Im Anfang war Adenauer" – so beginnt der Historiker Arnulf Baring sein 1971 erschienenes Werk über die Anfänge der Bundesrepublik. Diese Feststellung ist zugleich richtig und falsch. Richtig, weil Adenauer schon als Vorsitzender des Parlamentarischen Rates konsequent darauf hingearbeitet hatte, zur wichtigsten Figur der entstehenden Bundesrepublik zu werden und diese Bemühungen mit seiner Wahl zum Bundeskanzler krönte. Falsch aber ist diese Aussage, wenn man die Wahrnehmung und Bewertung Adenauers in der Bevölkerung als Maßstab nimmt.

So war Adenauer 1949 bei der Bundestagswahl viel unbekannter als sein Kontrahent Kurt Schumacher. Wegen dieses geringen Bekanntheitsgrades spielte er bei der Wahlentscheidung der Bürger in der ersten Bundestagswahl auch so gut wie keine Rolle. Und seine Partei, die CDU im Bündnis mit der CSU, lag mit 31 Prozent der gültigen Stimmen nur knapp vor den deutschen Sozialdemokraten. Und schließlich wäre vielen Deutschen und auch einer Mehrheit der CDU-Mitglieder ein Bündnis der Union mit der SPD lieber gewesen, als die von Adenauer per Handstreich durchgesetzte „kleine" Koalition.

Doch Adenauer nutzte von Anbeginn seiner Kanzlerschaft an die im neuen Grundgesetz festgeschriebene starke Stellung des Kanzlers aus und formte das Kanzleramt zur Machtzentrale der neuen Republik. Mit Hilfe von Hans Globke und Otto Lenz (beide übernahmen bis 1953 – Lenz – bzw. nach 1953 – Globke – das Amt eines Staatssekretärs im Bundeskanzleramt und damit die Leitung des Amtes) wurde im Kanzleramt durch ein Referentensystem eine Querschnittsverwaltung zur Kontrolle und Lenkung des gesamten neuen Regierungsapparats aufgebaut. Außerdem wurde von Anfang an darauf geachtet, eine umfassende und systematische Öffentlichkeitsarbeit zu betreiben. Dazu diente das Bundespresseamt, das vielfältige Instrumente für eine effiziente „Kontaktpflege" mit dem Volk entwickelte und unterhielt. Unterstützt wurden diese Bemühungen auch sehr früh (ab 1950) durch die moderne Meinungsforschung.

Doch trotz aller gezielten und systematischen Propaganda gelang es zunächst nicht, die Popularität von Konrad Adenauer wesentlich zu steigern. Mehr als zwei Jahre nach seiner Wahl zum Bundeskanzler war 1952 nur ein Drittel aller Bundesbürger mit seiner Politik einverstanden. Von Ludwig Erhard, Adenauers Wirtschaftsminister, hatten sogar noch weniger Bürger eine gute Meinung. Erhard, dessen Fähigkeiten und Wirken bis heute von vielen überschätzt werden, hatte von sich allerdings zeitlebens eine äußerst hohe Meinung. So meinte er nach der Wahl 1949, er sei im Wahlkampf „wirklich das große Ass" gewesen, „um das sich alles drehte". Und der Wahlkampf wurde – so Erhard – „ausschließlich für oder gegen die Erhard'sche Wirtschaftspolitik geführt". Doch die Bürger sahen das anders. 1951 hatte von ihrem Wirtschaftsminister die Hälfte aller Bürger eine schlechte Meinung. Er war – wie Volker Hentschel in der wohl besten Erhard-Biografie zutreffend feststellt – „der unpopulärste aller Minister". Er hatte – so Hentschel – „in den beiden Jahren seiner Ministertätigkeit weder seinen Kanzler und die Kollegen, noch die Bevölkerung überzeugt".[2] Einer Entlassung durch Adenauer entging er nur dadurch, dass die oppositionelle SPD seinen Kopf forderte.

Angesichts dieser in der deutschen Bevölkerung in der ersten Zeit der Regierung Adenauers vorherrschenden eher kritischen Stimmung zur Regierung gingen die Sozialdemokraten auf einen totalen Gegenkurs zur Adenauerschen Politik und forderten vor der für 1953 vorgesehenen turnusgemäßen zweiten Bundestagswahl vorgezogene Neuwahlen, um eine neue Regierung unter ihrer Führung bilden zu können.

Anders als in der Weimarer Republik waren im Grundgesetz große Hürden aufgerichtet worden, um eine leichtfertige Auflösung des Bundestages zu verhindern. So musste sich die SPD bis zum Wahltermin 1953 gedulden. Dann konnte sie ihren harten Oppositionskurs gegen Adenauer mit Hilfe eines totalen „NEIN-Wahlkampfs" propagieren.

---

2 Brief von Erhard vom 25.10.1949 an Arthur Wolkiser, zitiert in: Hentschel, Volker. Ludwig Erhard – Ein Politikerleben, Berlin 1998, S. 113

Der NEIN-Wahlkampf der SPD 1953

NICHT Stempelschlangen und Elendsquartiere

NICHT Steuerwirrwarr zum Nutzen der Reichen

NICHT Freibeutertum und Kartelldiktatur

NICHT Herrschaft der Manager und Großaktionäre

Was die SPD allerdings dabei übersah, war, dass sich die zunächst eher nicht sonderlich positive Stimmung für die Adenauer-Regierung im Wahljahr 1953 zu drehen begonnen hatte - vor allem wegen der sich langsam bessernden Lage der deutschen Wirtschaft. So sank die Arbeitslosenquote, die 1950 noch 12 Prozent betragen hatte, bis 1953 unter 10 Prozent. Und: Ein für die Meinungsbildungsprozesse der Wähler im Vorfeld der Bundestagswahl 1953 wichtiger Faktor war, dass die Preise nicht mehr stiegen. Um die bei den Bürgern weit verbreitete Furcht vor steigenden Preisen zu mildern, hatte die Regierung zudem die Verbrauchssteuern für Tabak, Tee und Kaffee rechtzeitig vor der Wahl im Juni und August gesenkt. Entsprechend sank der Anteil der Bundesbürger, die befürchteten, dass die Preise im nächsten Jahr steigen würden, von 38 Prozent im November 1952 kurz vor dem Wahltermin im August 1953 auf 14 Prozent.

Wegen dieser verbesserten Wirtschaftslage wurde auch die Einschätzung der eigenen wirtschaftlichen Lage immer weniger pessimistisch. Hatte noch 1951 mehr als die Hälfte aller Bundesbürger (57 %) angegeben, es ginge ihnen im Vergleich zu einem Jahr zuvor schlechter, sank dieser Anteil im Mai 1953 auf 19 Prozent. Parallel dazu stieg die Akzeptanz der freien Marktwirtschaft. 1951 befürwortete nur eine Minderheit von 37 Prozent das System einer freien Marktwirtschaft mit nicht vom Staat kontrollierten Preisen. Bis zum Sommer 1953 stieg dann der Anteil der Marktwirtschaft-Befürworter auf 54 Prozent.

Die größer gewordene Zufriedenheit mit der allgemeinen und persönlichen wirtschaftlichen Lage führte schließlich auch zu einem Anstieg der Bürger, die mit der Politik Adenauers einverstanden waren. Von 1951 bis 1953 stieg der Anteil der mit Adenauers Politik Zufriedenen von 23 auf 48 Prozent. Und selbst vom damals eher unbeliebten Wirtschaftsminister Erhard hatten vor der Wahl 1953 mehr eine gute (37 %) als eine schlechte (18 %) Meinung.

Zufriedenheit mit Adenauer und Erhard Anfang der 1950er Jahre

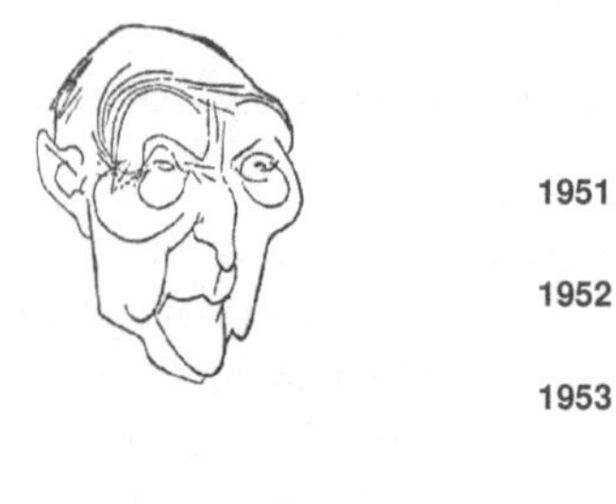

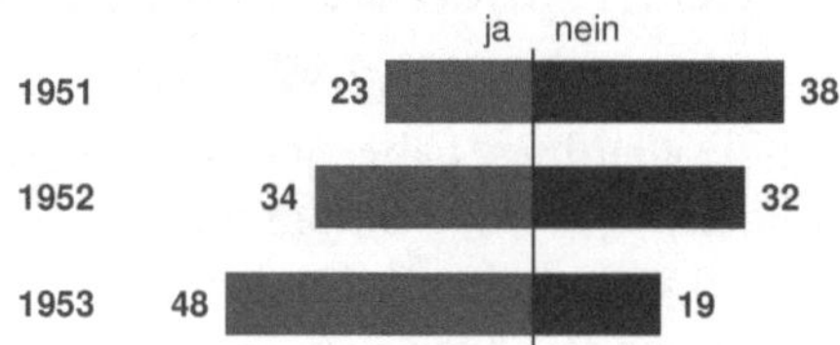

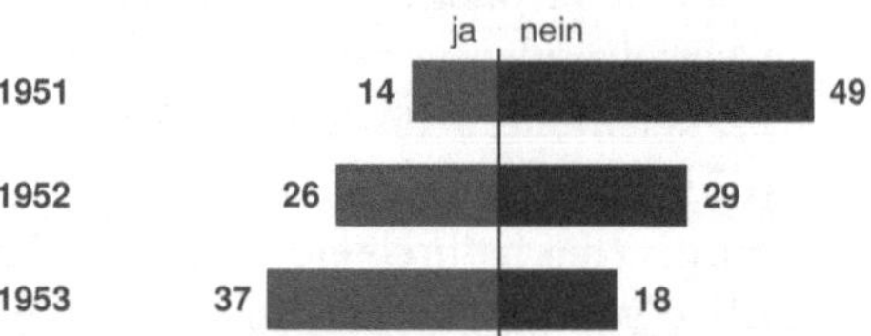

Quelle: Repräsentativerhebungen des Instituts für Demoskopie Allensbach 1951, 1952, 1953

Die SPD konnte deshalb bei der sich bessernden Wirtschaftslage nicht mehr mit rein klassenkämpferischen Parolen Wähler an sich binden. Hinzu kam, dass Erich Ollenhauer, der nach dem Tod von Kurt Schumacher den SPD-Vorsitz übernommen hatte und auch Kanzlerkandidat war, keine von den Bürgern akzeptierte personelle Alternative zu Adenauer war. Auf die Frage nach den fähigsten deutschen Politikern wurde er im Juni 1953 – kurz vor der Wahl zum Zweiten Deutschen

Bundestag – nur von 6 Prozent aller Bundesbürger genannt. Adenauer jedoch hielten 51 Prozent aller Bundesbürger für den fähigsten deutschen Politiker. Selbst von den SPD-Anhängern hielten mehr – 30 Prozent – Adenauer für den fähigsten Politiker als den Vorsitzenden „ihrer" Partei: Von Ollenhauer glaubten dies nur 25 Prozent der SPD-Anhänger.

Bei der Bundestagswahl am 6. September 1953 konnte die Union nach einem voll auf die Person Adenauer abgestellten Wahlkampf die Zahl ihrer Wähler um über 5 Millionen von 7.4 Millionen bei der ersten Bundestagswahl 1949 auf über 12.4 Millionen steigern. Das entsprach 45,2 Prozent der abgegebenen gültigen Stimmen oder 37,6 Prozent aller Wahlberechtigten.

Der Zuwachs der SPD im Vergleich zu 1949 fiel deutlich geringer aus. Sie konnte ihren Stimmenanteil nur um eine Million von 6.9 auf 7.9 Millionen steigern. Das entsprach 28,8 Prozent der gültigen Stimmen oder 24 Prozent der Wahlberechtigten.

Wähler und Nichtwähler bei den Bundestagswahlen 1949 und 1953

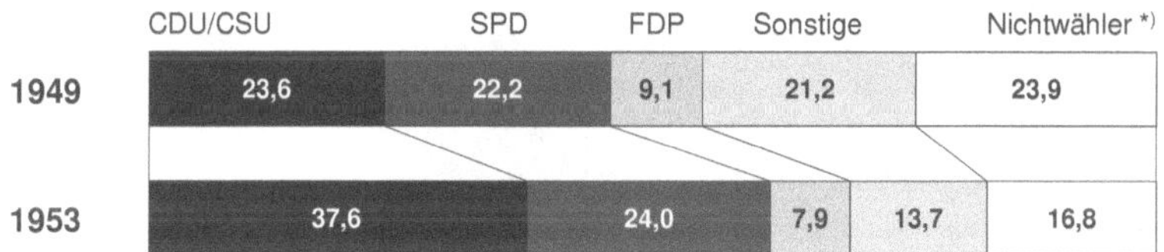

*) einschließlich ungültige Stimmen

Die FDP erhielt 1953 nur wenige Stimmen weniger als 1949 (200.000). Doch bei der im Vergleich zur ersten Bundestagswahl deutlich höheren Wahlbeteiligung (die stieg von 78,5 auf 86,0 Prozent) entsprach die fast gleiche Stimmenzahl 1953 nur noch einem Anteil von 9,5 Prozent (im Vergleich zu 11,9 Prozent 1949). Deutlich zurück ging 1953 der Anteil der sonstigen Parteien: Nur noch 13,7 Prozent der Wahlberechtigten gaben einer der sonstigen Parteien ihre Stimme.

Der Rückgang der Nichtwähler deutet darauf hin, dass das neue politische System langsam höhere Akzeptanz als in den ersten Jahren nach Kriegsende hatte.

Der Verlauf der Meinungsbildungs- und Entscheidungsprozesse vor der Wahl von 1953 zeigt, dass die CDU die jeweilige Stimmung in der Bevölkerung offenbar besser und richtiger eingeschätzt hat als die SPD. Dabei nutzte es der CDU und Adenauer, dass sie sich der Hilfe der Meinungsforschung intensiv bediente. Die mit Hilfe der Umfragen und der Beratung durch das Institut für Demoskopie in Allensbach erfolgten Rückschlüsse aus den ermittelten Bevölkerungsmeinungen für die Führung des Wahlkampfes dürften einen nicht unerheblichen Einfluss auf das gute Ergebnis der Union gehabt haben.

Die SPD hingegen schätzte schon 1953 – wie auch noch bei einer Reihe späterer Bundestagswahlen – die Stimmung der Bevölkerung falsch ein – so wenn sie auf die Personalisierung des CDU-Wahlkampfes mit einem Plakat mit dem Slogan reagierte: „Statt Adenauer – Ollenhauer".

Plakat Ollenhauer

2.2 Das System Adenauer

Mit dem Wahlergebnis von 1953 war Adenauer endgültig nicht nur die wichtigste Figur, die im Hintergrund die Weichen für die politische Entwicklung stellte, sondern er war jetzt auch in der Bevölkerung populär und anerkannt. Über die Hälfte aller Bundesbürger war in den beiden auf die 1953er Wahl folgenden Jahren 1954 und 1955 mit seiner Politik einverstanden. Nur eine Minderheit von rund einem Fünftel war nicht damit einverstanden.

Seine Macht und seine Verankerung in der Wählerschaft versuchten Adenauer und die CDU vielfach abzusichern.

Im Bundestag sicherte sich Adenauer eine breite Mehrheit, indem er eine Koalition mit FDP, DP und dem GB/BHE („Gesamtdeutscher Block/Bündnis der Heimatvertriebenen und Entrechteten“) bildete. Zusammen verfügte das zweite Kabinett Adenauers über 333 der 487 Sitze im Bundestag (CDU/CSU 243, FDP 48, GB/BHE 27 und DP 15 Mandate) und damit über eine Zwei-Drittel-Mehrheit. Diese Mehrheit brauchte Adenauer, um die für die Wiederbewaffnung Deutschlands im Rahmen der Pariser Verträge notwendigen Änderungen des Grundgesetzes durchsetzen zu können.

Das Kanzleramt war 1953 endgültig zur Machtzentrale der Republik ausgebaut. Und das „Bundespresse- und Informationsamt“ mit einem Stab von über 500 Mitarbeitern koordinierte die vielfältigen Propagandaaktivitäten. Dazu zählten eine Reihe von direkt und indirekt vom Kanzleramt („Reptilienfond“) finanzierte Organisationen – von der SPD anklagend als „Tarnorganisationen“ der herrschenden Regierung bezeichnet.

Eine der wichtigsten dieser „Tarnorganisationen“ mit einer großen propagandistischen Wirkung war die „Arbeitsgemeinschaft Demokratischer Kreise (ADK)“, die 1951 gegründet wurde. Ausgangspunkt war, dass die Bevölkerung – wie der damalige Leiter des Kanzleramtes Otto Lenz zutreffend feststellte – der Regierung „teilnahmslos“ oder sogar „ablehnend“ gegenüberstand. Um dies zu ändern, wurde Hans-Edgar Jahn engagiert, der nach Gründung der ADK Leiter und Präsident dieser Organisation war. Diese mit Steuergeldern finanzierte faktische Vorfeldorganisation der CDU/CSU hatte die Aufgabe, im vorpolitischen und vorparlamentarischen Raum die Akzeptanz der Regierungspolitik durch „staatsbürgerliche Bildungsarbeit" zu erhöhen. Eine der ersten wichtigen Aufgaben war, die Bevölkerung auf die von Adenauer eingeleitete neue Sicherheitspolitik und die Wiederaufrüstung vorzubereiten. Laut Angaben von Hans-Edgar Jahn hat die ADK zwischen 1951 und 1963 über 50.000 Tagungen und Diskussionsveranstaltungen mit Hilfe von 104.000 ehrenamtlichen Mitarbeitern (1963) durchgeführt. Bei Bildung der Großen Koalition 1966 verlangte dann die SPD, dass diese „Tarnorganisation" der Union aufgelöst wird – was 1969 auch geschah.

Der damalige Staatssekretär im Kanzleramt Otto Lenz war aber nicht nur an der Gründung der ADK beteiligt, sondern an einer Vielzahl von weiteren Organisationen und Unternehmen, die Öffentlichkeitsarbeit für die Regierung (und damit für die CDU/CSU) betreiben sollten. Dazu zählte neben der „Deutsch-Atlantischen Gesellschaft", der „Bundeszentrale für Heimatdienst", der „Gesellschaft Freies Europa" und der „Deutschen Korrespondenz GmbH" auch eine Werbe- und Reklamefirma namens „Mobilwerbung". Alle diese vielen Schachtelunternehmen wurden aus dem Haushaltsverfügungstitel des Bundeskanzleramtes („zur Verfügung des Bundeskanzlers für Förderung des Informationswesens") finanziert. Zur Verfügung standen 1949/50 DM 450.000,--, bis 1955 pro Jahr 11.23 Millionen DM und zwischen 1955 und 1965 pro Jahr 13 Millionen DM.[3]

Dieses Konglomerat von aus Steuermitteln finanzierten Propagandaunternehmen zur Verbreitung der Adenauerschen Regierungspolitik war für die Öffentlichkeit völlig undurchsichtig. Erbetene Auskünfte von Medien oder auch Wissenschaftlern wurden in der Regel nicht erteilt. So beklagte auch Klaus Schütz, später u.a. Regierender Bürgermeister von Berlin, in der zusammen mit Wolfgang Hirsch-Weber verfassten Analyse der Bundestagswahl 1953, dass der Geschäftsführer der „Mobilwerbung" zu irgendwelchen Stellungnahmen über Ziele, Arbeitsweise und Finanzierung seines Unternehmens nicht bereit war.[4]

---

3 Kunczik, Michael und Astrid Zipfel. Die Entwicklung der staatlichen Öffentlichkeit in Deutschland, in: Becker-Sonnenschein, Stephan und Manfred Schwarzmeier (Hrsg.). Vom schlichten Sein zum schönen Schein? Wiesbaden 2002, S. 21 ff

4 Hirsch-Weber, Wolfgang und Klaus Schütz. Wähler und Gewählte. Eine Untersuchung der Bundestagswahlen 1953. Berlin und Frankfurt am Main 1957, S. 24

Gesteuert wurde dieses Konglomerat der Propagandaunternehmen von einem „Brain-Trust“, dem neben Staatssekretär Otto Lenz der Leiter der ADK, Hans-Edgar Jahn, die Journalisten Ernst Friedländer und Peter von Zahn sowie Erich Peter Neumann angehörten.

Erich Peter Neumann war aber nicht nur einer der – wie es Jahn beschreibt – „entscheidenden Dirigenten“ des Propagandainstrumentariums der Adenauer-Regierung, sondern auch derjenige, der zusammen mit Otto Lenz Konrad Adenauer davon überzeugt hatte, das Instrument der Meinungsforschung zur Optimierung der Regierungspropaganda zu nutzen.

Erich Peter Neumann konnte dies tun, weil er seit ihrer gemeinsamen Zeit beim „REICH“, der Renommier-Wochenzeitung der Nationalsozialisten unter Obhut von Joseph Goebbels, mit Elisabeth Noelle liiert und seit 1946 auch verheiratet war. Neumann war Journalist und von Beginn an unter dem Namen „Hubert Neun“ für das „REICH“ tätig – erst als Leiter des Innen-Ressorts, dann bis zur letzten Ausgabe des „REICHS“ 1945 als Kriegsberichterstatter. Elisabeth Noelle arbeitete als Journalistin ebenfalls zunächst beim „REICH“, danach bis zu deren Einstellung 1943 bei der Frankfurter Zeitung und schließlich bis zum Ende des Krieges beim „Illustrierten Blatt“, beim „Frankfurter Anzeiger“ und einer Propagandazeitschrift des Auswärtigen Amtes namens „Tele“. Wegen ihrer Tätigkeiten für nationalsozialistische Publikationen suchten beide nach dem Zusammenbruch des Nationalsozialismus eine neue berufliche Tätigkeit – sicherheitshalber in der französischen Besatzungszone, da dort die Entnazifizierung nicht so streng wie in der amerikanischen Zone durchgeführt wurde. Elisabeth Noelle bzw. Noelle-Neumann, wie sie sich nach ihrer Heirat mit Erich Peter Neumann nannte, konnte dabei auf Kenntnisse über die moderne amerikanische Meinungsforschung zurückgreifen, die sie sich während eines Studienaufenthaltes 1936/37 an der University of Missouri angeeignet und 1940 in ihrer Doktorarbeit „Amerikanische Massenbefragungen über Politik und Presse“ verarbeitet hatte. Den Nutzen dieses Instruments für die Politik hatte Noelle schon 1940 erkannt und Joseph Goebbels in ihrer Dissertation darauf aufmerksam gemacht: „... die durch die Massenbefragungen ... eröffnete Aussicht, in die Gedanken, Gewohnheiten und Stimmungen einer ... Menge Menschen einzudringen .... wäre nicht nur wertvoll als eine Kontrolle der eigenen

Wirksamkeit, sondern auch als ein Hilfsmittel der Einfühlung in das wahre Wesen der Geführten".[5] Für das dann 1947 von beiden gegründete Institut wählten sie den von einem US-Soziologen irgendwann einmal verwendeten Begriff „Demoskopie", um Meinungsforschung in Deutschland salonfähig zu machen. Die wurde ja nicht nur von den Nazis als „jüdische Wissenschaft" verteufelt, sondern war auch dadurch diskreditiert, dass die amerikanische Besatzungsmacht Umfragen als Instrument der „Re-Education" nutzte. Der Begriff „Demoskopie" wird allerdings zur Bezeichnung von Meinungsforschung nur in Deutschland, sonst aber kaum irgendwo benutzt.

Ihre Leistungen boten Noelle und Neumann zunächst der SPD an, die jedoch kein Interesse daran hatte. Die SPD war ja zutiefst davon überzeugt, dass das deutsche Volk den Sozialdemokraten die Führung des Landes übertragen würde. Vom Nutzen der Meinungsforschung für die Politik konnte Neumann zusammen mit Otto Lenz jedoch Konrad Adenauer überzeugen, der durch seine von ihm während seiner ersten Amtszeit als Kölner Oberbürgermeister vorangetriebenen Neugründung der Universität zu Köln durch das dortige Soziologische Seminar von Leopold von Wiese rudimentäre Kenntnisse von Sozialwissenschaft erlangt haben dürfte.

Seit 1950 beobachtete das „Institut für Demoskopie" im Auftrag des Bundespresseamtes und der dort angesiedelten Propagandaunternehmen regelmäßig die Entwicklung der politischen Stimmung in Deutschland. Und Erich Peter Neumann war das Scharnier zwischen der in Allensbach durchgeführten Forschung und der Bonner Politik, die daraus Nutzen zog. Außerdem trug er durch seine Tätigkeit in den Schachtelunternehmen des Otto Lenz zur Finanzierung des Instituts am Bodensee bei. Erich Peter Neumann dürfte außerdem der im Vergleich zu seiner Partnerin sensiblere Beobachter des politischen Geschehens und deshalb zur Beratung von Adenauer und seiner Mannschaft besser geeignet gewesen sein – obwohl Elisabeth Noelle auch noch mehr als 30 Jahre nach Neumanns Tod in ihren „Erinnerungen" der Meinung war, Adenauer hätte viel lieber mit ihr gesprochen – was aber Erich Peter systematisch verhindert hätte.

---

5 Noelle, Elisabeth. Amerikanische Massenbefragungen über Politik und Presse, Limburg an der Lahn 1940, S. 133 f.

2.3 1957: Absolute Mehrheit für die Union

Aber trotz dieser exzellenten Beratung durch Erich Peter Neumann und trotz des gewaltigen Propagandaapparates, den sich die Adenauer-Regierung geschaffen hatte, kam es ein Jahr vor der Bundestagswahl 1957 zu einem drastischen Rückgang der Sympathien für Adenauer und seine Partei. Zum ersten Mal seit der Wahl von 1953 lag die Union im August 1956 nicht mehr vor der SPD, sondern beide Parteien lagen gleichauf.

Dieses Patt von CDU/CSU und SPD im Sommer 1956 wurde zudem öffentlich bekannt. Das war seinerzeit ein Novum; denn Umfragen wurden in der Bundesrepublik sehr lange nur von den „Herrschenden", nicht aber wie heute auch von Medien in Auftrag gegeben. Umfrageergebnisse wurden von den „Herrschenden" – so auch von der Adenauer-Regierung – nur dann veröffentlicht, wenn sie sich dadurch taktischen Nutzen versprachen. Dass 1956 das Ergebnis einer Umfrage bekannt wurde, bei der Union und SPD mit jeweils 40 Prozent Kopf-an-Kopf lagen, war eine Sensation, die entsprechend große Resonanz in den Medien hatte.

Auch mit der Politik Adenauers waren im Frühjahr 1956 nur noch 40 Prozent einverstanden. Ebenso viele (39 %) aber waren mit seiner Politik nicht mehr einverstanden. Und als das Institut für Demoskopie Anfang 1957 fragte, ob „Adenauer noch einmal für vier Jahre Bundeskanzler bleiben" solle, befürworteten dies nur noch 36 Prozent. Mehr (41 %) hielten es für besser, „wenn ein anderer Mann(!!) an die Spitze der Regierung käme". An dieser Fragestellung ist im Übrigen ganz bemerkenswert, dass 1957 noch niemand auf die Idee kam, dass auch eine Frau Bundeskanzlerin werden könne.

Zum Popularitätsverlust Adenauers hatten 1956 mehrere Faktoren beigetragen - so die Durchsetzung der Wiederbewaffnung Deutschlands und die Verabschiedung der dafür notwendigen Änderungen des Grundgesetzes im Bundestag, obwohl zwei Drittel der Deutschen die Wiederbewaffnung Deutschlands ablehnten. Weiterhin trugen zum Vertrauensverlust auch die durch die Spaltung der FDP im Frühjahr 1956 ausgelösten Turbulenzen für die Regierung bei. Und schließlich machte eine längere Krankheit Adenauers den Deutschen bewusst, wie

CDU/CSU und SPD: Kopf an Kopf (August 1956)

alt Adenauer war und wie begrenzt deshalb seine Regierungszeit sein könnte.

Bei dieser für die Union ungünstigen Großwetterlage kam es für die CDU umso mehr darauf an, den Wahlkampf zur Bundestagswahl 1957 optimal vorzubereiten, um die negative Stimmung wieder zu drehen. Mit tatkräftiger und überaus professioneller Hilfe gelang dies auch. Gerhard Schmidtchen, nach seiner Zeit bei Allensbach Professor in Zürich, beschreibt in seiner Publikation „Die befragte Nation" ausführlich auch die damaligen Leistungen des Allensbacher Instituts. Die Ergebnisse der zahlreichen quantitativen und qualitativen Untersuchungen des Instituts für Demoskopie (so zahlreiche Tests der geplanten Anzeigen, vertiefende sozialpsychologische Akzeptanzanalysen, Untersuchungen marginaler Wählergruppen mit unterschiedlichen Bindungen an die CDU, etc.) führten zu folgenden Schlussfolgerungen:

– Um die Ängste einiger Wählergruppen, Adenauer sei zu alt und regiere zu autoritär, abzubauen, wurden unter dem Slogan „Adenauer und seine Mannschaft" eine Reihe anderer bekannter und z.T. auch recht populärer Politiker der CDU neben Adenauer auf Wahlplakaten gezeigt – so Karl Arnold, ein Vertreter des Gewerkschaftsflügels der CDU und von 1947 bis 1956 Ministerpräsident im größten Bundesland Nordrhein-Westfalen, Heinrich von Brentano, seit Erlangung der Teilsouveränität der Bundesrepublik 1955 Bundesaußenminister, Fritz Schäffer, seit 1949 amtierender Bundesfinanzminister, der mit dem Slogan „Hüter der Währung" plakatiert wurde oder Bundesinnenminister Gerhard Schröder und Eugen Gerstenmaier, dem damaligen Bundestagspräsidenten, den Vertretern der Protestanten in der CDU und schließlich auch Franz-Josef Strauß, damals – bis zur SPIEGEL-Affäre – Bundesverteidigungsminister, nebst Ludwig Erhard.

Fritz Schäffer

- Um die Angst vor steigenden Preisen, die im Gegensatz zur Wahl von 1953 vor der Wahl 1957 wieder aufflammte, zu reduzieren, leistete Adenauer offenen Widerstand gegen Preiserhöhungspläne der Industrie und der Landwirtschaft. Mit der Industrie wurden „Stillhalte-Absprachen" getroffen, um geplante Preiserhöhungen bis nach der Wahl zurückzustellen[6] und eine Reihe von bekannten Unternehmen verpflichteten sich – öffentlich durch Anzeigen kundgetan – die Preise stabil zu halten.
- Im Mai 1957 wurde eine Rentenreform durchgeführt, die 6 Millionen Rentnern höhere Renten und Nachzahlungen brachte. Damit wurde die Angst vor Preiserhöhungen weiter gedämpft. Und es stieg der Anteil derer, die der Meinung waren, die wirtschaftliche Lage habe sich im letzten Jahr gebessert oder sei zumindest gleich geblieben, bis zum August 1957 auf 90 Prozent.[7]
- Erhards Popularität hatte 1956 einen Höchststand erreicht: 50 Prozent hatten von ihm (mehr als zu diesem Zeitpunkt von Adenauer) eine gute, nur noch 11 Prozent keine gute Meinung. Flankierend zur CDU-Wahlpropaganda wurde das gute Image von Erhard durch eine Kampagne der „WAAGE" („Gemeinschaft zur Förderung des sozialen Ausgleichs"), einem 1952 gegründeten Verein von Unternehmern (u.a. Philipp F. Reemtsma) gefördert. Die Waage, die schon den CDU-Wahlkampf 1953 unterstützt hatte, plakatierte 1957 zusätzlich zu der CDU-Werbung Portraits von Ludwig Erhard.
- Die Niederschlagung des Volksaufstands in Ungarn durch die Sowjetunion konnte genutzt werden, um die Akzeptanz der Adenauerschen Sicherheitspolitik, die Wiederaufrüstung und die Integration ins westliche Militärbündnis angesichts der sich abzeichnenden Bedrohung durch die Sowjetunion zu erhöhen.

6 Schmidtchen , Gerhard. Die befragte Nation, überarbeitete Ausgabe, Frankfurt am Main 1965, S. 87 f.

7 Schmidtchen, 1965, a.a.O. S. 89

Die Waage e.V. 1957

All das führte dazu, dass sich die Stimmung im Laufe des Wahljahres 1957 für die Union verbesserte, während die Sympathiewerte der SPD wieder unter die 40-Prozent-Marke fielen.

Präferenzen für CDU/CSU und SPD 1955 bis 1957

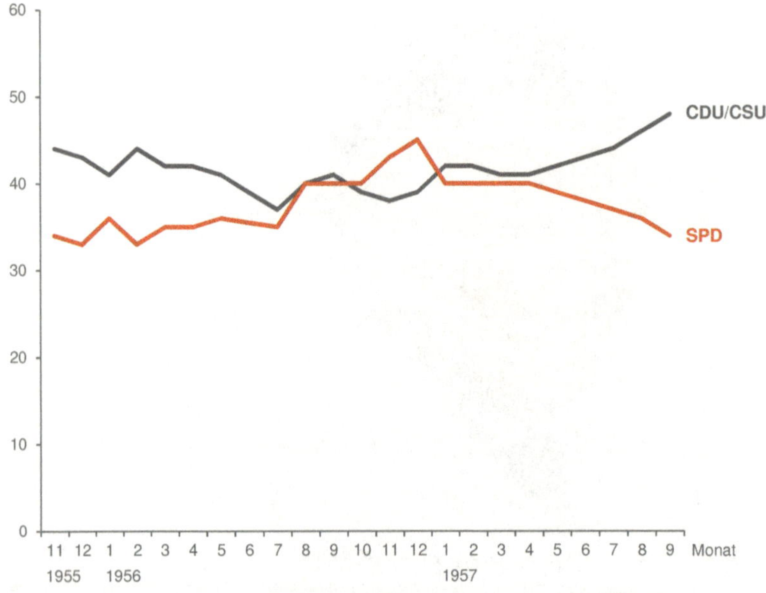

Quelle: Repräsentativerhebungen des Instituts für Demoskopie Allensbach 1955, 1956, 1957

Der konsequent auch auf Umfrageergebnissen aufgebaute Wahlkampf der CDU 1957 – wohl einer der besten, den die Union je geführt hat – kulminierte in der Endphase in dem genialen Plakat, das den alten Kanzler als eine Art jugendlichen Helden zeigte – kombiniert mit dem Slogan: „Keine Experimente".

Der Erfolg der Union bei der dritten Bundestagswahl am 15. September 1957 war vor dem Hintergrund der schlechten politischen Stimmung für die Union im Jahr vor der Wahl zwar überraschend, aber überwältigend im Ergebnis: Die Union erhielt 50,2 Prozent der abgegebenen gültigen Stimmen. Damit gelang es zum ersten und bisher einzigen Mal einer Partei in Deutschland, die absolute Mehrheit der Stimmen zu erhalten. Die Zahl der CDU/CSU-Wähler (über 15 Millionen) hatte sich damit im Vergleich zur ersten Bundestagswahl 1949 mehr als verdoppelt.

Plakat Adenauer 1957

Konrad Adenauer bedankte sich mit einem Schreiben vom 28. September 1957 ausdrücklich bei Erich Peter Neumann: „Es ist mir ein aufrichtiges Bedürfnis, Ihnen nach dem glänzenden Erfolg, den die Christlich Demokratische Union bei der Bundestagswahl erhalten hat, für Ihren vielfältigen Rat und für Ihre unermüdliche Hilfe zu danken, die Sie uns bei der Vorbereitung der Wahl zur Verfügung gestellt haben".[8]

Trotz des für sie enttäuschenden Ausgangs der Wahl 1957 erhielt aber auch die SPD im Vergleich zu den beiden vorhergehenden Wahlen mehr Stimmen. Die Zahl der SPD-Wähler stieg im Vergleich zu 1953 um 1.5, im Vergleich zu 1949 um fast 2.6 Millionen.

8 zitiert nach Schmidtchen, 1965, a.a.O. S. 84

Dass Union und SPD beide – wenn auch in unterschiedlichem Ausmaß – von Wahl zu Wahl mehr Wähler an sich binden konnten, dürfte auf die im Laufe der Etablierung der neuen Republik zunehmende Akzeptanz des demokratischen Systems zurückzuführen sein. So stieg der Anteil derer, die ein politisches System mit mehreren Parteien im Gegensatz zu einem Einparteiensystem befürworteten, von 61 Prozent 1951 auf 76 Prozent im August 1957.[9] Entsprechend sank die Zahl der Nichtwähler von 1949 bis 1957 von 6.7 auf 4.3 Millionen. Durch die gestiegene Bindekraft von Union und SPD ging die Zahl derer, die eine andere Partei als CDU, CSU, SPD oder FDP wählten, zwischen 1949 und 1957 von 6.6 Millionen auf 3.1 Millionen zurück.

Wähler und Nichtwähler bei den Bundestagswahlen 1949, 1953 und 1957

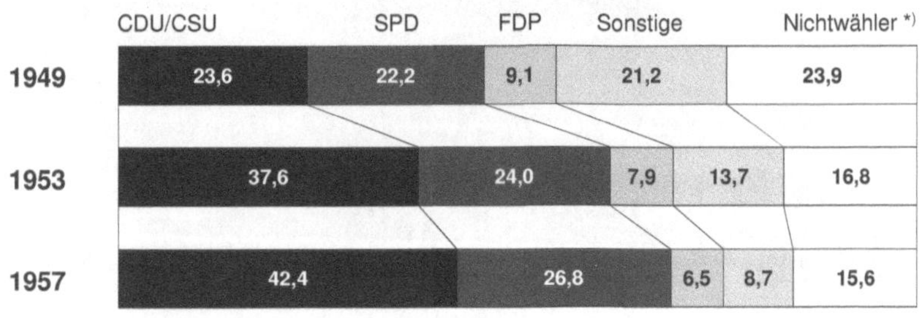

*) einschließlich ungültige Stimmen

Dieser Konzentrationsprozess war auch an der Zahl der im Bundestag vertretenen Parteien abzulesen. Im ersten Bundestag nach der Wahl 1949 waren noch 10 Parteien vertreten (CDU und CSU als eine Partei gezählt), im zweiten Bundestag 1953 waren es noch 6, nach der Wahl 1957 noch 4 Parteien (CDU/CSU, SPD, FDP und DP).

Die Union kann 1957 schon als „Volkspartei“ charakterisiert werden, der es gelang, neben dem traditionell katholischen Bereich der Wählerschaft (bis heute bilden die katholischen Kirchgänger die Kernwählerschaft der Union) auch kirchlich gebundene Protestanten sowie

9 Schmidtchen. 1959, a.a.O. S. 55

den alten Mittelstand und viele Angehörige aus der ungebundenen politischen und soziologischen Mitte an sich zu binden.

Die SPD hingegen blieb bei den ersten Wahlen in der neuen Bundesrepublik im eher linken Wählermilieu der gewerkschaftlich organisierten Arbeiter sowie der institutionell nicht gebundenen Arbeiterschaft verhaftet. Sie war auf dem Weg zu einer Volkspartei, die unterschiedliche heterogene Wählergruppen bündelt, noch nicht so weit vorangekommen wie die Union.

2.4 Die SPD auf dem Weg zur Volkspartei

Trotz der – im Vergleich zur Union allerdings eher bescheidenen – absoluten Stimmengewinne war es für die deutschen Sozialdemokraten ein Schock, dass die Union 1957 die absolute Mehrheit der Stimmen gewann. Die innerhalb der Partei noch immer vorhandene Hoffnung, vom Volk die politische und moralische Führerschaft in Deutschland übertragen zu bekommen, war endgültig zur Illusion geworden. Der SPD blieb 1957 wiederum nur die Rolle der Opposition im Bundestag. Zudem hatte sich der Rückstand zur Union seit 1949 laufend vergrößert. 1949 lag die SPD - bezogen auf die gültigen Stimmen – nur 1,8 Prozentpunkte hinter der CDU/CSU. 1953 vergrößerte sich der Rückstand auf 16,4, 1957 auf 18,4 Prozentpunkte.

Die SPD begann nun endlich, aus den nicht zufriedenstellenden Wahlergebnissen Schlussfolgerungen zu ziehen. Zunächst lösten in der Fraktion, dann auch in der Parteiführung, Reformer die Traditionalisten ab. In der Bundestagsfraktion ersetzten Herbert Wehner, Fritz Erler und Carlo Schmid die eher als klassische Funktionäre geltenden Erwin Schoettle und Wilhelm Mellies. In der Parteiführung wurde das sogenannte „Büro", der Parteiapparat der hauptamtlichen Funktionäre, durch das aus der Mitte des Parteivorstandes gewählte Präsidium ersetzt. Stellvertreter des Parteivorsitzenden wurden Herbert Wehner und Waldemar von Knoeringen.

Es setzte sich die Erkenntnis von Carlo Schmid, dem wohl brillantesten Rhetoriker in den ersten Jahren des neuen Bundestags, durch, dass die Partei „Ballast abwerfen" und sich von einer bloßen Arbeiterpartei zur „Partei des Volkes" weiterentwickeln müsse. Dieser ideologischen Entrümpelung diente das Godesberger Programm, das auf dem Parteitag in der Godesberger Stadthalle vom 13. bis 15. November 1959 diskutiert und am 15. November mit 324 zu 16 Stimmen verabschiedet wurde. Es hatte bis 1989 Gültigkeit.

Mit der mit dem Godesberger Programm vollzogenen ideologischen Entrümpelung hatte die SPD die Voraussetzungen dafür geschaffen, dass sie über das Arbeitermilieu hinaus auch für Wähler aus dem bürgerlichen Lager wählbar wurde. Neben dem „Genossen Trend" konnte in den nächsten Jahren auch der „Bürger Trend" wirksam werden.

Eine weitere Konsequenz, die die SPD aus dem Schock der 1957er Wahl zog, war, sich mit infas auch ein Institut zuzulegen, das wie das Institut für Demoskopie in Allensbach der CDU, der SPD Zugang zu wahlsoziologischen Daten und Erkenntnissen liefern sollte.

Die SPD-Führung vergewisserte sich der Dienste der in Bad Godesberg ansässigen Außenstelle des DIVO-Instituts, die für die durchgeführte Begleitstudie zur Bundestagswahl 1957 verantwortlich war. DIVO – „Deutsches Institut für Volksbefragung" – war aus der von 1945 bis 1955 von der amerikanischen Besatzungsmacht durchgeführten Forschung im Rahmen des in Potsdam beschlossenen Demokratisierungsprozesses hervorgegangen und seinerzeit das wohl beste der nach 1945 neu gegründeten Umfrageinstitute. Die drei Mitarbeiter der DIVO-Außenstelle in Godesberg – Klaus Liepelt, Wolfgang Hartenstein und Günter Schubert – bildeten den Kern des zunächst unter dem Namen „ifas" – Institut für angewandte Sozialwissenschaft – agierenden Instituts. Auf Druck des Marktforschungsinstituts Ifak musste „ifas" dann seinen Namen wegen der möglichen Verwechslungsgefahr in „infas" umbenennen.

Bei der Gründung des Instituts 1959/1960 hatte die SPD sich noch zu infas als einem ihr gehörenden Institut bekannt. So war in den Ruhr-Nachrichten vom 26. Mai 1960 zu lesen: „Die SPD hat ein eigenes Institut für Meinungsforschung in Bad Godesberg errichtet. Mit seiner Hilfe will sie ständig ihre Chancen für die Bundestagswahl 1961, die Wirksamkeit der Wahlparolen, die Popularität ihrer Spitzenpolitiker und ihre Resonanz in den verschiedenen Bevölkerungsschichten testen".[10] Doch in späteren Jahren wurde die Tatsache, dass infas ein SPD-eigenes Institut war, weitgehend verschleiert.

Die Nähe von infas zur SPD wurde allerdings auch in späteren Jahren immer wieder thematisiert, zumal infas die SPD bei vielen Wahlkämpfen - so wie schon zuvor das Institut für Demoskopie die CDU - beraten hatte – zuerst bei der Bundestagswahl 1961.

Diese Wahl war für die deutschen Sozialdemokraten eine Zäsur. Anders als bei den vorhergehenden Wahlen verließ sie den Kurs der totalen Konfrontation zur amtierenden Bundesregierung unter Führung der CDU. Sie akzeptierte die von Adenauer eingeleitete Westintegration der Bundesrepublik und das System der Marktwirtschaft. Mit ihrem in Godesberg eingeschlagenen Reformkurs wollte sie ihr Image beim Wähler verbessern. Damit dieser Reformwille auch zum gewünschten Erfolg kommen konnte, tauschte sie auch den farb- und glücklosen Erich Ollenhauer durch den seit 1957 in Berlin amtierenden Regierenden Bürgermeister Willy Brandt als Spitzenkandidaten aus. Brandt wurde in Anlehnung an die amerikanischen „Präsidentschaftskandidaten" als „Kanzlerkandidat" präsentiert – ein Begriff, der 1961 von der SPD zum ersten Mal verwendet wurde, sich seither aber bei allen weiteren Wahlen bis heute eingebürgert hat.

Willy Brandt – mit tatkräftiger Unterstützung von Herbert Wehner als neue Führungsfigur der deutschen Sozialdemokratie etabliert – konnte den Reformkurs der SPD optimal verkörpern. Aufgrund seiner Berliner Erfahrungen war er es gewohnt, im Konsens und nicht mit Konfrontation zu regieren. Entsprechend stand im Mittelpunkt des SPD-Wahlkampfes 1961 nicht mehr der totale Gegenkurs zur Regierung, sondern die Propagierung von Gemeinschaftsaufgaben. Dazu zählten unter anderem Forderungen nach einer staatlichen Mindestrente, einem Radiogerät für jeden Rentner oder einem blauen Himmel über der Ruhr.

10 zitiert nach Krebs, Thomas. Parteiorganisation und Wahlkampfführung, Wiesbaden 1996, s. 79

Blauer Himmel über der Ruhr

Willy Brandt war 1961 – also lange vor der Entstehung der Grünen – Vorreiter in Sachen Umweltpolitik. So erklärte er im April 1961 in der Beethovenhalle in Bonn: „Erschreckende Untersuchungsergebnisse zeigen, dass im Zusammenhang mit der Verschlechterung von Luft und Wasser eine Zunahme von Leukämie, Krebs, Rachitis und Blutbildveränderungen sogar schon bei Kindern festzustellen ist. Es ist bestürzend, dass eine Gemeinschaftsaufgabe, bei der es um die Gesundheit von Millionen Menschen geht, bisher fast völlig vernachlässigt wurde. Der Himmel über der Ruhr muss wieder blau werden".

Willy Brandt passte als Kandidat zu dem von den Reformern in der SPD – die Idee vom „blauen Himmel über der Ruhr" stammte von Heinrich Deist, einem der SPD-Reformer aus dem Ruhrgebiet – vollzogenen Kurswechsel: weg von der Konfrontation zur Regierung hin zu einer größeren Konsensorientierung. Die starke Konzentration des Wahlkampfes auf seine Person war somit an sich richtig.

2.5 1961: Eine Wahl unter dem Schock der „Mauer"

Um ihre Wandlung von einer Klassen- zu einer Volkspartei auch in ihrem Erscheinungsbild sichtbar zu machen, wechselte die SPD zudem von ihrer angestammten Farbe Rot zur Farbe Blau (auch dazu passte der „blaue Himmel" über der Ruhr). Selbst die SPD-Mitgliedsbücher gab es lange Jahre in der Farbe Blau und nicht mehr in Rot.

Der Reformkurs und die Personalisierung des Wahlkampfes brachten der SPD im Vorfeld der Wahl 1961 zunächst Vorteile. So lag Willy Brandt bei der Kanzlerpräferenz während des Jahres 1960 bis zum November vor Konrad Adenauer.

Adenauers Ansehen hatte vor allem durch die „Präsidentenkrise" 1959 stark gelitten. 1959 lief die Amtszeit des aus der FDP stammenden überaus beliebten ersten Bundespräsidenten der neuen Republik, Theodor Heuss, ab. Die SPD schlug deshalb als Nachfolger den in der Bevölkerung ebenfalls recht populären Carlo Schmid vor. Doch die Union wollte das Amt des Bundespräsidenten nicht nochmals einer anderen Partei überlassen. Der als Nachfolger von Heuss ausgeguckte Heinrich Krone, als ausgleichender Vorsitzender der CDU/CSU-Bundestagsfraktion allseits geachtet, zog aber das Fraktionsamt dem Amt des Präsidenten vor. Daraufhin brachte der damalige Bundesminister Gerhard Schröder Ludwig Erhard als Heuss-Nachfolger in die Diskussion. Doch das hinterließ in der Öffentlichkeit den fatalen Eindruck, als ob Konrad Adenauer seinen seit jeher ungeliebten Wirtschaftsminister abschieben und damit als seinen Nachfolger im Kanzleramt und im Amt des Parteivorsitzenden verhindern wollte. Adenauer beschloss daraufhin, selbst Präsident zu werden – offenbar in der Hoffnung, ein ähnliches Präsidialsystem wie sein Freund Charles de Gaulle in Frankreich etablieren zu können. Doch die daraufhin einsetzende öffentliche Diskussion „Adenauer dankt ab" und ein Blick in das von ihm selbst entscheidend mitgeprägte Grundgesetz, das dem Bundespräsidenten nur eine weitgehend repräsentative Aufgabe zuweist, ließ ihn von diesem Plan schnell wieder abrücken. Er blieb Kanzler; Bundespräsident wurde der eher biedere Sauerländer Heinrich Lübke.

Dieses Hickhack um die Nachfolge von Theodor Heuss schadete dem Ansehen Adenauers sehr. Er wurde nun als alterstarr, wankelmütig, verschlagen, sprunghaft und willkürlich wahrgenommen. Damit verlor er auch seine bis dahin nicht in Zweifel gezogene Fähigkeit, die CDU als noch nicht festgefügter Partei, die ein eher lockerer Zusammenschluss vieler Gruppen mit sehr unterschiedlichen Interessen war, zusammenzuhalten.

Die Union konnte ihren Wahlkampf nicht mehr wie schon 1953 und in der Endphase 1957 voll auf die Person des Kanzlers abstellen. Stattdessen versuchte sie mit dem Slogan: „Adenauer, Erhard und die Mannschaft" zu zeigen, dass die CDU außer Adenauer auch andere fähige Führungsfiguren in ihren Reihen hat.

Von all dem konnte die reformierte SPD mit ihrer neuen Leitfigur Willy Brandt profitieren – bis zu ihrem Parteitag im November 1960 in Hannover, wo Willy Brandt offiziell zum Kanzlerkandidaten seiner Partei gekürt wurde. Während die Person des Regierenden Bürgermeisters in Berlin bis dahin als eher über den Parteien stehende neue Hoffnung wahrgenommen wurde, in der manche durchaus den kommenden Kanzler sehen konnten, wurde nun vielen klar, dass Willy Brandt ohne die SPD nicht zu haben war. Der SPD aber trauten viele den von ihr eingeleiteten Wandlungsprozess nicht zu. Brandts Werte bei der Kanzlerpräferenz sanken unmittelbar nach dem Parteitag in Hannover. Im Juni 1961 lag Adenauer mit 41 zu 28 Prozent trotz seiner Ansehensverluste wieder vor Brandt.

Doch dann gab es ein Ereignis, das den Ablauf des Wahlkampfes 1961 „störte": Der Bau der „Berliner Mauer". Während die Presse im Ausland über die Zuspitzung der Lage in Berlin ausführlich berichtet hatte, waren die Bürger und die Parteien in Deutschland auf diese Krise nicht vorbereitet. Entsprechend ratlos waren die Reaktionen der meisten Politiker.

Eine Ausnahme war Willy Brandt, der durch seine konsensorientierte politische Rolle in Berlin die durch den Mauerbau ausgelösten Ängste der Bevölkerung richtig und glaubwürdig aufgriff. Adenauer hingegen setzte seine schon während des ganzen Wahlkampfes getätigten Angriffe auf die Person von Willy Brandt auch unmittelbar nach dem Mauerbau unvermindert fort. Das aber wurde ihm in der öffentlichen Diskussion und auch von den Bundesbürgern eher übel genommen.

74 Prozent der Bundesbürger bescheinigten Willy Brandt, dass er sich in der Berlin-Krise richtig verhalten hätte. Von Adenauer meinten dies nur 31 Prozent.[11] Entsprechend lag Willy Brandt bei der Kanzlerpräferenz nach dem Mauerbau wieder mit 42 Prozent vor Konrad Adenauer mit 31 Prozent.

Trotz der Kritik an Adenauer nutzte der Mauerbau letztlich jedoch der Union, weil auch Willy Brandts richtige Reaktion auf den Bau der Mauer nichts an der Einschätzung der Mehrheit der Bundesbürger änderte, dass die Union und nicht die SPD in Krisenzeiten mehr Sicherheit böte. Und Willy Brandt wurde als Mensch zwar sympathisch gefunden, doch alles in allem wurden die Repräsentanten der Union doch für fähiger gehalten als die der SPD, die Auseinandersetzungen in der harten Wirklichkeit bestehen zu können. Kurz vor dem Wahltermin hielten 57 Prozent Ludwig Erhard, 52 Prozent Konrad Adenauer und 48 Prozent Heinrich Lübke für einen Politiker mit besonderen Fähigkeiten. Erst danach folgte Willy Brandt mit 45 Prozent. Und vor der Wahl lag Adenauer bei der Kanzlerpräferenz wieder – wenn auch knapp – mit 35 Prozent vor Brandt mit 30 Prozent.

Bei der Wahl am 17. September 1961 verlor die Union zwar ihre absolute Mehrheit, erhielt mit 45,3 Prozent der gültigen Stimmen aber genauso viele Stimmen wie bei der Wahl 1953. Von den Verlusten der Union (-4,9 Prozentpunkte im Vergleich zu 1957) profitierte die FDP, die ihr Ergebnis um 5,1 Prozentpunkte von 7,7 auf 12,8 Prozent verbessern konnte.

Die FDP erzielte deshalb so viele Stimmen, weil sie sich vor der Wahl wie schon in der Zeit von 1949 bis 1956 wieder auf eine bürgerliche Koalition mit der Union festgelegt hatte – aber ohne einen Kanzler Adenauer.

Damit war das „bürgerliche" Wählerlager aus CDU, CSU und FDP 1961 mit zusammen 49 Prozent aller Wahlberechtigten genauso stark wie schon 1957, als Union und FDP zusammen auf einen Anteil von 48,9 Prozent aller Wahlberechtigten kamen.

11 Schmidtchen, 1965, a.a.O. S. 104

Die SPD nach Godesberg erhielt 1961 fast 2 Millionen Stimmen mehr als 1957. Mit ihrem Konsenskurs und dem Kanzlerkandidaten Willy Brandt hatte sie somit zwar wieder – wie schon bei den Wahlen 1953 und 1957 – das Vertrauen neuer Wähler gewonnen, doch zu dem von der SPD verhofften Machtwechsel war es auch diesmal nicht gekommen. Der SPD blieb auch im 4. Bundestag nur die Rolle der Opposition – sie musste sich weitere vier Jahre gedulden, um erneut darum zu kämpfen, Regierungsmacht ausüben zu können.

3. Die Etappen auf dem Weg zum ersten Machtwechsel in der neuen Bundesrepublik

3.1 Das Ende der Ära Adenauer und das Interregnum von Ludwig Erhard

Die FDP hatte vor der Bundestagswahl 1961 angekündigt, wieder für eine bürgerliche Koalition mit der Union zur Verfügung zu stehen – jedoch ohne einen Kanzler Adenauer. Dieses Wahlversprechen aber konnte sie so in den Koalitionsverhandlungen mit der CDU/CSU nicht durchsetzen. Sie erreichte nur, dass Adenauer einwilligte, in der Mitte der Legislaturperiode (1963) sein Amt für einen Nachfolger zur Verfügung zu stellen. Der FDP brachte das für viele Jahre den Ruf einer „Umfallerpartei" ein und kostete sie viel Vertrauen.

Die CDU aber musste nun einen Nachfolger für Adenauer finden. Ludwig Erhard, der sich seit jeher in seiner maßlosen Selbstüberschätzung für diesen Nachfolger hielt, war anders als in seinen ersten Jahren als Wirtschaftsminister zwar in der Bevölkerung als „Vater des Wirtschaftswunders" beliebt geworden, doch in der Union galt er als „führungsschwach" und „richtungslos" und wurde als „Wackelpudding" oder „Gummilöwe" verspottet.[12] Einer Mehrheit der CDU-Abgeordneten war „bei dem Gedanken an eine Kanzlerschaft Erhards" deshalb „höchst unwohl". Lieber hätte man den damaligen Außenminister Gerhard Schröder als Kanzlernachfolger vorgezogen. Konrad Adenauer, ebenfalls seit jeher davon überzeugt, dass Erhard unfähig wäre, das Amt des Bundeskanzlers auszuüben, war deshalb entschlossen, alles zu tun, um Erhard als seinen Nachfolger zu verhindern. Als Erich Peter Neumann Adenauer im März 1963 darüber informierte, dass nicht mehr 54 Prozent, wie noch unmittelbar nach der Wahl 1961, sondern nur noch 40 Prozent für Erhard als seinen Nachfolger wären, sagte

12 Hentschel, a.a.O. S. 573

Adenauer: „Den bring ich auch noch auf null".[13] Doch eindeutig für Gerhard Schröder mochte er sich auch nicht aussprechen. Und als Schröder dann selbst auf eine Kandidatur für die Adenauer-Nachfolge verzichtete – wohl weil er sich Chancen für die Zeit nach einem von ihm wie von anderen erwarteten schnellen Scheitern von Erhard als Kanzler erhoffte – gab es zu Erhard keine Alternative mehr. Im April entschied sich die CDU/CSU-Bundestagsfraktion widerwillig für Erhard als Nachfolger Adenauers. Von 251 Abgeordneten der CDU und CSU waren allerdings nur 225 anwesend und von denen votierten nur 159 (also lediglich 63 Prozent der gesamten Fraktion) für Erhard. Zum Bundeskanzler gewählt wurde Ludwig Erhard dann am 16. Oktober 1963 mit 279 Stimmen – 24 Abgeordnete der Regierungskoalition aus Union und FDP gaben ihm nicht die Stimme.

Trotz vieler Vorbehalte in den Reihen der Abgeordneten der Union war Erhard aber in der Bevölkerung immer noch recht populär. Zu Beginn des Wahljahres 1965 gaben 49 Prozent der Bundesbürger an, Erhard wäre ihnen nach der Bundestagswahl im Herbst als Bundeskanzler lieber als Brandt. Nur 25 Prozent hätten Brandt Erhard vorgezogen.[14]) Erhard wurde von den Wählern als „menschlicher" eingeschätzt als Brandt: Man hielt ihn für freundlich und liebenswürdig, ehrlich und aufrichtig, bedächtig und abwägend, unbestechlich und christlich, fromm und warmherzig. Brandt hingegen wurde als sozial, mutig, modern und charmant eingeschätzt.

Angesichts des recht positiven Profils von Erhard bei den Wahlbürgern verzichtete die SPD – anders als 1961 bei einem im Ansehen stark geschwächten Adenauer – auf eine personale Konfrontation. Willy Brandt konzentrierte sich deshalb in diesem Wahlkampf auf die Präsentation der inhaltlichen Komponenten. Dabei verzichtete die SPD auch 1965 wie schon 1961 auf eine konsequente Oppositionspolitik und hielt an ihrer „Gemeinsamkeitspolitik" fest. Das passte zudem besser zu einer SPD, für die im Verlauf ihres Reformprozesses nicht mehr wie in den ersten Wahlkämpfen nach 1949 die Übernahme der alleinigen Regierungsgewalt oberstes Ziel war. Sie war nunmehr auch bereit, sich zusammen mit der Union die Regierungsverantwortung zu

---

13 Hentschel, a.a.O. S. 574
14 Schmidtchen, 1965, a.a.O., S. 107

Eigenschaftsprofil Brandt und Erhard Anfang 1965

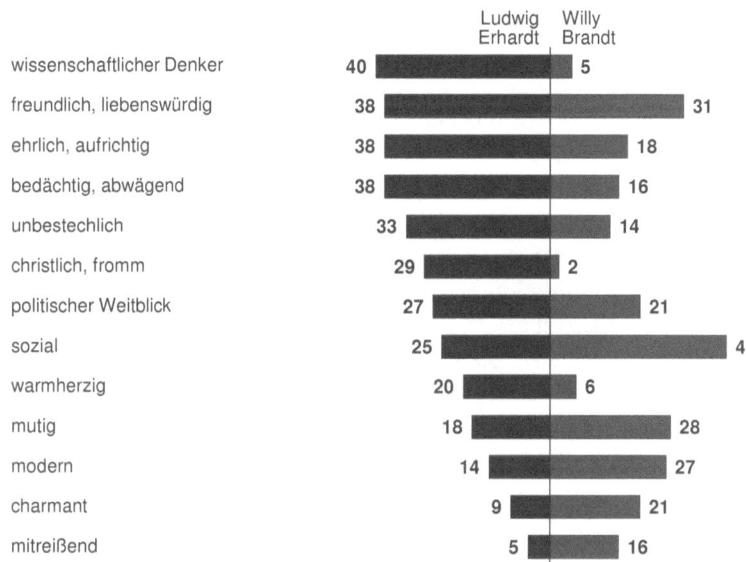

Quelle: Repräsentativerhebung des Instituts für Demoskopie Allensbach Januar 1965

teilen. Vor allem Herbert Wehner war die treibende Kraft in Richtung einer solchen Regierungsbeteiligung der SPD – ob in einer „Großen Koalition" oder einer Allparteienregierung. Aus der Oppositionspartei SPD wurde so eine Art „Koalitionspartei in Wartestellung".[15] Befürworter einer Großen Koalition gab es inzwischen auch in der Union. Und selbst Konrad Adenauer, für den bislang immer eine klare Abgrenzung zur SPD Priorität hatte, war – alleine schon um dem gehassten Erhard zu schaden bzw. ihn zu verhindern - nicht mehr abgeneigt, mit der SPD zu koalieren.

Ihrer neuen Rolle entsprechend setzte die SPD deshalb auch im Wahlkampf 1965 wieder auf „Gemeinschaftsprojekte" – wie z.B. die Gesundheitsversorgung, eine Verbesserung der Arbeitsbedingungen,

15 Krebs, a.a.O. S. 73

den Schutz der Landschaften, die Reinhaltung der Luft, etc.. Der SPD trauten bei diesen Gemeinschaftsaufgaben auch mehr Bürger als der CDU politische Kompetenz zu. Das galt z.B. für eine sichere und ausreichende Altersversorgung, die Schaffung von ausreichendem und bezahlbarem Wohnraum, eine Vermögensbildung für alle Schichten, eine gerechte Steuerpolitik oder die Förderung des Sports und des Umweltschutzes. Der CDU traute man vor allem in außenpolitischen Belangen Kompetenz zu.

Einen Wahlkampf nicht wie in der Vergangenheit gegen, sondern für etwas zu machen – das passte auch besser zu einem Kanzlerkandidaten wie Willy Brandt. Bei einer gemeinsamen Sitzung von Parteirat und Kontrollkommission bekannte er im August 1965: „Die Menschen draußen, die ganz überwiegende Mehrheit – und gerade auch die, die wir gewinnen wollen -, die wollen nicht einen Wahlkampf des Schimpfens haben. ... Und so richtig es ist, dass wir bestimmte Dinge zurechtrücken müssen – ich werde eben in den Vordergrund stellen, dass wir den Wahlkampf nicht gegen etwas, sondern dass wir den Wahlkampf für etwas führen“.[16]

Willy Brandt glaubte bei dieser Wahl auch an eine echte Siegchance für sich und die SPD und rechnete mit einem Ergebnis von deutlich über 40 Prozent.[17] Bestärkt wurde er in diesem Glauben durch die von Emnid und dem Institut für Demoskopie publizierten Zahlen der Wahlabsicht. Beide Institute sagten ein Kopf-an-Kopf-Rennen zwischen der Union mit Erhard und der SPD mit Willy Brandt voraus. Elisabeth Noelle-Neumann hatte noch in einem Interview mit der ZEIT zwei Tage vor dem Wahltermin gesagt: „Ich würde mich gar nicht wundern, wenn die SPD gewänne“.[18]

Doch am Wahlabend durfte Noelle-Neumann im ZDF die Ergebnisse einer kurz vor der Wahl durchgeführten Umfrage, nach der die CDU/CSU klar vor der SPD liegen würde, verkünden. Die Diskrepanz zwischen der Kopf-an-Kopf-Vorhersage und dem tatsächlichen Wahlergebnis erklärte Noelle-Neumann damit, dass diese „Änderung der Wahlabsicht“ in „letzter Minute“ zustande gekommen sei.[19]) Doch der

16 Krebs, a.a.O. S. 100

17 Krebs, a.a.O. S. 91

18 Noelle-Neumann. Die Erinnerungen, München 2006, S. 256

19 Noelle-Neumann. Die Erinnerungen, München 2006, S. 257

Verdacht wurde seinerzeit geäußert, dass die richtigen Erkenntnisse über den Wahlausgang bereits länger bekannt gewesen seien, aber geheim gehalten worden wären, um der CDU bei der Mobilisierung ihrer potentiellen Wähler zu helfen.

Es wird nicht mehr zu klären sein, was 1965 im Hinblick auf die ermittelten Wahlabsichten wirklich geschah. Allerdings ist der von Noelle-Neumann behauptete „last-minute-swing“ wenig plausibel, da kurz vor dem Wahltermin am 19. September 1965 keine spektakulären Ereignisse stattfanden, die einen solchen Umschwung in der Wählermeinung ausgelöst haben könnten.

Überdies lagen der SPD Zahlen vor, nach denen es kein Kopf-an-Kopf-Rennen, sondern einen Sieg der CDU/CSU geben würde. Diese Zahlen waren von infas, dem SPD-eigenen Institut, ermittelt worden. infas sah spätestens ab Juni 1965 einen sich bis zum Wahltag vergrößernden Vorsprung der Union.

Das Ergebnis der infas-Untersuchungen entsprach auch eher als die Kopf-an-Kopf-Vorhersagen von Emnid und Allensbach den Erwartungen von Herbert Wehner und anderen (wie dem damaligen SPD-Werbeleiter Karl Garbe), die mit einem Stimmenzuwachs von bestenfalls einigen Prozentpunkten, aber keinesfalls mit einem Sieg rechneten. Doch Herbert Wehner, Karl Garbe und Klaus Liepelt „klärten den Kanzlerkandidaten wider besseren Wissens nicht darüber auf“ und hielten ihre Informationen geheim. Wehner hielt es für wichtig, eine Siegesperspektive aufrecht zu erhalten und Willy Brandt wegen dessen „mentaler Empfindsamkeit“ während der Kampagne im Glauben dieser Siegeschance zu lassen.[20]

Wegen dieser zurückgehaltenen Informationen kam es, nachdem Willy Brandt nach der Wahl davon erfahren hatte, im Rahmen der Konferenz der Landes- und Bezirksgeschäftsführer am 17. November 1965 zu einer heftigen Kontroverse und einem Eklat zwischen Brandt und infas. In der Folge hatte Willy Brandt dann entscheidenden Anteil daran, dass infas – obwohl der SPD gehörend – als Beratungsinstitut der Partei zunehmend kaltgestellt und durch Infratest bzw. Infratest-Ableger ersetzt wurde.

20 Krebs, a.a.O., beschreibt dies ausführlich ab S. 87

Am Wahltag 1965 stieg die Zahl der SPD-Wähler wiederum um 1.4 Millionen von 11.4 auf 12.8 Millionen. Das entsprach einem Zuwachs bei den gültigen Stimmen von 3,1 Prozentpunkten von 36,2 auf 39,3 Prozent. Von allen Wahlberechtigten hatten im September 1965 genau ein Drittel (33,3 %) der SPD ihre Stimme gegeben.

Aber nicht nur die SPD erhielt 1965 mehr Stimmen als 1961, sondern auch die CDU konnte ihren Stimmenanteil um 1.2 Millionen von 14.3 auf 15.5 Millionen steigern. Mit 47,6 Prozent der gültigen Stimmen hatte sie einen Vorsprung vor der SPD von 8,3 Prozentpunkten.

Wähler und Nichtwähler bei der Bundestagswahl 1965

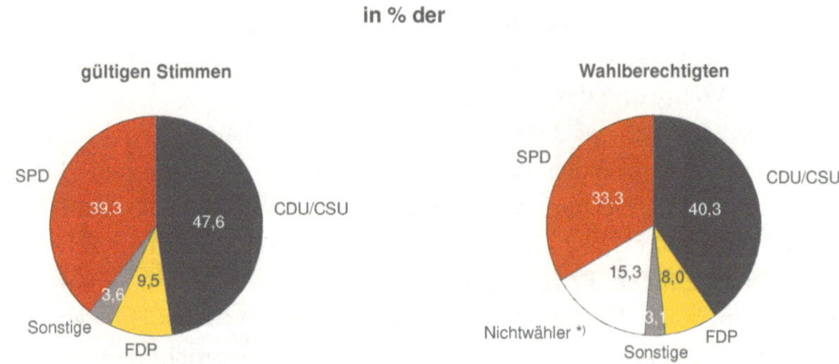

*) einschließlich ungültige Stimmen

Ludwig Erhard sah den Stimmengewinn als seinen persönlichen Erfolg. Seine Kritiker, die auf ein schlechtes Ergebnis gehofft hatten, um ihn als Kanzler ablösen zu können, konnten ihre Pläne angesichts des guten Wahlergebnisses nicht realisieren, sondern mussten Erhard weiterhin als Kanzler ertragen. Auch die Befürworter einer Großen Koalition von Union und SPD mussten sich weiter gedulden, bis sie ihre Pläne in die Tat umsetzen konnten.

3.2 Die erste Große Koalition in der Bundesrepublik

Die Bundestagswahl 1965 ließ Erhard aus seiner Sicht aus dem „Schatten Adenauers" heraustreten. Jetzt war er nicht „bloß Kanzler-Nachfolger", sondern „Kanzler aus eigenem Recht".[21] Und er glaubte – so sagte er es unmittelbar nach der Wahl im Fernsehen - diese Wahl „ist auch eine Bestätigung der Politik, für die ich verantwortlich zeichne, für meine Persönlichkeit und meine Amtsführung".[22]

Doch weil außer Erhard selbst ihm trotz des Wahlausgangs 1965 keiner mehr die „Fähigkeit für das anspruchsvolle Amt" zutraute[23], kam sein Fall schnell. Nach vielen Tölpeleien in der Außenpolitik und innenpolitischen Schwierigkeiten, mit denen er nicht fertig werden konnte, musste er im Herbst 1966 zurücktreten –obwohl er inzwischen Konrad Adenauer auch im CDU-Vorsitz abgelöst hatte (und sogar endlich auch CDU-Mitglied geworden war).

Zu Erhards schnellem Fall trug schließlich bei, dass die CDU bei der Landtagswahl in Nordrhein-Westfalen am 10. Juli 1966 eine schwere Niederlage erlitt, die in der Union vor allem auch Ludwig Erhard angelastet wurde. Nordrhein-Westfalen war ja – anders als heute kolportiert – nicht das „Stammland" der deutschen Sozialdemokratie. Bis 1966 hatte die CDU das Land - zum Teil mit absoluter Mehrheit – regiert, während in anderen Bundesländern – neben den beiden Stadtstaaten Bremen und Hamburg auch die Flächenstaaten Niedersachsen und Hessen – sowie in West-Berlin die SPD schon länger die dominante politische Kraft war. Unterbrochen wurde die CDU-Herrschaft in Nordrhein-Westfalen nur einmal für kurze Zeit, als 1956 die „Jungtürken" in der FDP (Wolfgang Döring, Walter Scheel, Willy Weyer) einen Aufstand gegen die Bundes-FDP mit ihrem Hang für Adenauer probten und beim ersten konstruktiven Misstrauensvotum in der Bundesrepublik Fritz Steinhoff zum Ministerpräsidenten wählten und mit der SPD und dem Zentrum eine Koalition bildeten. Doch diese Landesregierung amtierte nur kurze Zeit. Im Juli 1958 erhielt die CDU wie auch 1962 bei der Landtagswahl wieder die absolute Mehrheit der Stimmen. Franz Meyers wurde als Nachfolger des kurz vor der Wahl verstorbenen langjährigen CDU-Ministerpräsidenten Karl Arnold Ministerpräsident.

Doch bei der Landtagswahl 1966 gelang es der SPD mit einem bis dahin eher unbekannten Kandidaten für das Amt des Ministerpräsi-

21 Hentschel, a.a.O., S. 786
22 Hentschel, a.a.O., S. 800
23 Hentschel, a.a.O., S. 787

denten namens Heinz Kühn, 49,5 Prozent der gültigen Stimmen und 99 der 200 Mandate zu erhalten. Allerdings war diese Landtagswahl auch hervorragend mit Hilfe des von der SPD für Zwecke der Wahlkampfberatung gegründeten Instituts infas geplant und vorbereitet gewesen. Zunächst gelang es, den Bekanntheitsgrad von Heinz Kühn durch ein Plakat, das Kühn in einem schlecht sitzenden Anzug von Kopf bis Fuß abbildete, auf ein ähnlich hohes Niveau zu heben, wie den von Franz Meyers. Ein geschickter Wahlkampf („SPD – und wir sind über den Berg") erreichte dann, dass Heinz Kühn auch bei der Ministerpräsidentenpräferenz kräftig zulegen und letztendlich für die SPD fast die absolute Mehrheit erhalten konnte. In Düsseldorf entschied sich die SPD dann – anders als in Bonn – für eine Koalition mit der FDP.

In Bonn jedoch konnte nach dem Rücktritt von Ludwig Erhard die schon länger von Politikern der Union und der SPD angedachte Große Koalition gebildet werden. In der SPD war es vor allem Herbert Wehner, dem ein auch mögliches Bündnis seiner Partei mit der FDP aufgrund des knappen Mehrheitsverhältnisses (251 SPD- und FDP Abgeordnete gegenüber 245 CDU/CSU-Abgeordneten) zu riskant erschien, zumal ein großer Teil der FDP-Abgeordneten weiterhin eher eine erneute Koalition mit der Union befürwortete. Außerdem wollte Wehner, nachdem die SPD in vielen Kommunen und in Ländern wie Hessen oder Niedersachsen mit Ministerpräsidenten wie Georg-August Zinn oder Hinrich Wilhelm Kopf großes Vertrauen bei den Bürgern errungen hatte, auch auf Bundesebene unter Beweis stellen, dass die SPD regierungsfähig sei. Nur durch eine Regierungsbeteiligung lasse sich – so Wehner – das in weiten Teilen der Bevölkerung noch immer vorherrschende negative Image der SPD als einem „roten Bürgerschreck" verändern. Die CDU stellte in der ersten Großen Koalition der Republik mit Kurt-Georg Kiesinger den Kanzler und sechs weitere Minister. Drei Minister stellte die CSU, neun die SPD.

Die wichtigsten Ziele der Großen Koalition waren u.a. eine Finanzreform und eine neue Aufgabenverteilung zwischen Bund und Ländern, ein Investitionsprogramm zur Ankurbelung der Wirtschaft, Initiativen zur Friedenspolitik mit ersten Ansätzen der neuen Ostpolitik, die Einführung der Notstandsgesetze und die Änderung des Wahlrechts (es sollte ein Mehrheitswahlsystem eingeführt werden).

Die Wahlrechtsreform scheiterte – nicht zuletzt am Widerstand der SPD-Basis, die gestützt auf Berechnungen von infas befürchtete, dass mit einem Mehrheitswahlrecht ein Machtwechsel auf Bundesebene auf lange Zeit nicht möglich wäre. Dass das „eigene" Institut die Pläne zur Einführung des Mehrheitswahlrechts mit zu Fall brachte, erzürnte wiederum Willy Brandt, dessen Abneigung gegenüber infas weiter wuchs und der dafür sorgte, dass neben infas auch das Münchener Infratest-Institut zur Beratung der SPD herangezogen wurde.

Die Pläne zur Notstandsgesetzgebung lehnten vor allem viele Intellektuelle in der Republik ab. Ihr Widerstand gegen die Pläne der Großen Koalition stärkte die sogenannte „APO" – die außerparlamentarische Opposition – getragen vor allem von der Studentenbewegung. Höhepunkte des Widerstands waren die gewalttätigen Demonstrationen im Jahr 1968.

Dass die 1964 gegründete neue rechtsradikale Partei NPD bei Landtagswahlen zwischen 1966 und 1968 große Erfolge hatte und in sieben der damaligen zehn Landtage (ohne das Abgeordnetenhaus von Berlin) einzog, wurde von vielen der Großen Koalition angelastet. Nur in Hamburg, in Nordrhein-Westfalen und im Saarland war die NPD nicht in den Landtagen bzw. der Bürgerschaft vertreten. Kritiker der Großen Koalition führten die Erfolge der NPD darauf zurück, dass Große Koalitionen mit ihrer übergroßen Mehrheit im Parlament und einer schwachen Opposition (CDU/CSU und SPD verfügten im damaligen Bundestag über 446, die FDP-Opposition nur über 49 Sitze) die Ränder des Parteienspektrums stärkten. Doch die Wähler der NPD in den 1960er Jahren waren überwiegend alte Nazis (typisch dafür waren Männer des Jahrgangs 1922, eine Alterskohorte, die zu den größten Unterstützern des Nazi-Regimes zählte), die unabhängig von der in Bonn regierenden Koalition das neue rechtsradikale Angebot im Parteienspektrum begrüßten und mit ihrer Stimme bei Wahlen stärkten. Und dass die NPD bei der Bundestagswahl 1969 an der Fünf-Prozent-Hürde scheiterte und nicht in den Bundestag einzog, ist eher ein Beleg dafür, dass Große Koalitionen nicht zwangsläufig die radikalen Ränder stärken. 1969 kam es dennoch zu einer Zäsur in der bisherigen Wahlgeschichte der Bundesrepublik.

3.3 Der Machtwechsel 1969

Im Frühjahr 1969 wurde Gustav Heinemann als Nachfolger von Heinrich Lübke der dritte Bundespräsident. Heinemann war ursprünglich CDU-Mitglied und im ersten Kabinett Adenauer Innenminister. Nach seinem Austritt aus der CDU gründete er eine eigene Partei, die Gesamtdeutsche Volkspartei (GVP), zu deren Mitgliedern u.a. auch Johannes Rau gehörte. Die GVP-Mitglieder traten dann in die SPD ein. Heinemann wurde im dritten Wahlgang mit 512 Stimmen der SPD- und dem größten Teil der FDP-Vertreter in der Bundesversammlung gewählt. Auf Gerhard Schröder, den Kandidaten der Union, der inzwischen Verteidigungsminister in der Großen Koalition war, entfielen 506 Stimmen. Dass die meisten FDP-Vertreter für Heinemann stimmten, war Walter Scheel zu verdanken, der die FDP – so wie es schon 1956 in Nordrhein-Westfalen erprobt wurde – in ein Bündnis mit der SPD führen wollte.

Willy Brandt gewann mit seiner Friedenspolitik und den ersten zaghaften Ansätzen einer neuen Ostpolitik Profil als Außenminister. Zur wichtigsten Figur der SPD im Kabinett der Großen Koalition aber wurde Karl Schiller, schon von äußerer Gestalt ein totales Gegenteil zu Ludwig Erhard, von 1949 bis 1966 ein Symbol der deutschen Wirtschaftspolitik. Doch Schiller verfolgte auch eine andere Wirtschaftspolitik als Ludwig Erhard und ging grundsätzlich von einer aktiven Rolle des Staates aus. Dazu dienten Instrumente wie die „Konzertierte Aktion", eine Gesprächsrunde aus Vertretern des Staates, der Unternehmen, der Gewerkschaften, der Verbände und der Wissenschaft, die sich ab Februar 1967 regelmäßig trafen. Ziel dieser Runde war, eine „soziale Symmetrie" im Wirtschaftsgeschehen herzustellen. Ein weiteres wichtiges Steuerungsinstrument war das sogenannte „Stabilitätsgesetz" („Gesetz zur Förderung der Stabilität und des Wachstums der Wirtschaft" vom Juni 1967).

Eine weitere Neuerung war die „Mifrifi" („Mittelfristige Finanzplanung"), für die Wirtschaftsminister Schiller und Finanzminister Franz-Josef Strauß verantwortlich waren. Beide arbeiteten eng und harmonisch zusammen – was ihnen den wohlwollenden Namen „Plisch und Plum" eintrug. Schiller, der die Wirtschaftspolitik – anders als Erhard – mit griffigen Formeln für die Menschen verständlich machen konnte, wurde so der populärste der SPD-Minister in der Großen Koalition.

Die Nagelprobe, ob Wehners Strategie, die SPD von ihrem Negativ-Image zu befreien und den Bürgern ihre Regierungsfähigkeit auch auf Bundesebene zu beweisen, aufgegangen war oder nicht, war dann die Bundestagswahl 1969.

Die Union setzte bei der Bundestagswahl 1969 voll auf den Kanzler und plakatierte: „Auf den Kanzler kommt es an". Die Entscheidung traf die Union vor allem deshalb, weil Kurt-Georg Kiesinger bei der Kanzlerpräferenz mit 52 Prozent klar vor Willy Brandt mit 27 Prozent lag.

Plakat Kiesinger 1969

Willy Brandt hatte zwar als Außenminister Konturen und Respekt gewonnen, doch als Kanzler konnte man sich ihn noch immer nicht recht vorstellen. Willy Brandt ging es 1969 somit ähnlich wie 2009 Frank-Walter Steinmeier, der ebenfalls als Außenminister geschätzt wurde, aber nach dem Wunsch der Mehrheit der Bürger nicht Kanzler werden sollte.

Doch trotz Kiesingers Beliebtheit erwies sich die Entscheidung der Union für einen Kanzlerwahlkampf als falsch, denn nicht der SPD-Kanzlerkandidat Willy Brandt war Kiesingers Kontrahent, sondern aufgrund des Verlaufs des Wahlkampfes der SPD-Wirtschaftsminister Karl Schiller. Er lag bei der Frage nach den fähigsten deutschen Politikern gleichauf mit Kanzler Kiesinger.

Als es dann im Wahlkampf um die Frage ging, ob die DM aufgewertet werden solle oder nicht, wurde diese Kontroverse zwischen dem Kanzler und seinem Wirtschaftsminister ausgetragen: Schiller befürwortete die Aufwertung, Kiesinger war dagegen. Dass Kiesinger von seinem Kanzler-Thron herunterstieg und den Konflikt mit Schiller suchte, war deshalb ein Fehler, weil die Bürger eher dem Fachmann Schiller glaubten als dem in Wirtschaftsfragen eher als Laien eingeschätzten Kanzler.

Alles in allem wurde Karl Schiller zum entscheidenden personalen Symbol der SPD im 1969er Wahlkampf. Die von der SPD mit dem Hauptslogan „Wir schaffen das moderne Deutschland" verbreitete Aufbruchsstimmung verkörperte Schiller glaubhaft.

1969 war im Übrigen nicht – wie bis heute oft behauptet – die „Willy-Wahl", nach der es zum ersten Mal in der Geschichte der Bundesrepublik zu einem Machtwechsel kam. Anders als die Frankfurter Allgemeine WOCHE im Mai 2016 in ihrer Titelgeschichte über den Niedergang der Volkspartei SPD meinte, waren es damals nicht „vor allem Studenten und Katholiken", „die die Ostpolitik der SPD unterstützten und Willy Brandt zum ersten sozialdemokratischen Bundeskanzler machten".[24] Der Machtwechsel 1969 wurde vielmehr ermöglicht durch die „Schiller-Wähler" – also jener Wählerschicht aus der Mitte der Gesellschaft, die die SPD bis dahin nicht erreichen konnte, die jetzt aber wegen ihres Vertrauens zu Schiller zur SPD stießen.

24 Frankfurter Allgemeine Woche Nr. 20, 13. Mai 2016, S. 15

SPD-Plakat

Die SPD wurde 1969 zudem durch eine Vielzahl von Intellektuellen, Kulturschaffenden, Wissenschaftlern und Sportlern unterstützt. Dazu zählten u.a. Fernsehstars wie Hans-Joachim Kulenkampff oder Peter Frankenfeld, Schauspieler wie Inge Meysel oder Götz George, Unternehmer wie Philip Rosenthal oder Felix Wankel, Publizisten wie Rüdiger Proske oder Sportler wie Heinz Füttere oder Helde Rosendahl. Alle stellten sich für Testimonial-Kampagnen zur Verfügung.

Dank der Schiller-Wähler und der Unterstützung durch Intellektuelle, Künstler, etc. kam die SPD 1969 auf 42,7 Prozent der gültigen Stimmen und überschritt damit zum ersten Mal die 40-Prozent-Marke. Der Abstand zur Union, der 1957 auf 18,4 Prozentpunkte angestiegen war, betrug nur noch 3,4 Prozentpunkte. Durch die Regierungsarbeit in der Großen Koalition war es der SPD – wie von Herbert Wehner gewollt – gelungen, die Vorbehalte gegen die Sozialdemokraten abzubauen, die auch nach den in Godesberg eingeleiteten Reformen weiter bestanden.

Mit zum Erfolg der SPD 1969 hatte auch beigetragen, dass die Planung des Wahlkampfes – so wie es bei den Wahlkämpfen der Union 1953 und 1957 durch das Institut für Demoskopie in Allensbach der Fall gewesen war – optimal durch infas unterstützt wurde. infas hatte die der Wahlforschung zur Verfügung stehenden Instrumente bei der Oberbürgermeisterwahl in München 1966 (bei der Hans-Jochen Vogel

78 Prozent der abgegebenen Stimmen erhielt!) sowie der für die SPD überaus erfolgreichen Landtagswahl in Nordrhein-Westfalen im Juli 1966 erprobt und bei der Bundestagswahl 1969 weiter optimiert. Der Wahlkampf zur Bundestagswahl 1969 dürfte dadurch einer der besten gewesen sein, den die SPD jemals geführt hat.

Durch die sich entwickelnde Computertechnologie war infas schon 1965/1966 in der Lage, mit Hilfe einer sogenannten „Kontrastgruppenanalyse" Wählersegmente zu identifizieren, die für die Höhe der Parteiensympathien verantwortlich waren.

Dabei zeigte sich, dass die extremen Pole dieser Segmente einerseits die gewerkschaftlich organisierten Arbeiter mit einem SPD-Anteil von 66 Prozent und andererseits die katholischen Kirchgänger mit einem SPD-Anteil von nur 11 Prozent waren.

Die SPD wurde bei den Wahlen von 1949 bis 1965 im Wesentlichen von Wählern aus dem traditionell linken Lager gewählt. Doch mit Hilfe dieses „Genossen Trend" hätte sie die 40-Prozent-Marke nicht überschreiten können. Erst durch die nach dem Godesberger Parteitag eingeleiteten Reformen, die von Karl Schiller durch seine Arbeit in der Großen Koalition für viele Angehörige der der SPD bis dahin eher fernstehenden Schichten auch sichtbar und erfahrbar gemacht wurden, kam der „Bürger-Trend" in Gang, also die Wählerzuwanderung aus eher bürgerlichen Schichten.

Die auf Erhebungen in den Jahren 1965 bis 1969 basierenden Erkenntnisse von infas zeigen, dass die SPD ihre Wählersubstanz im traditionell linken Bereich schon 1965 ausgeschöpft hatte. Und im traditionell katholischen Bereich konnte sie auch 1969 kaum Zuwächse erzielen. Doch in den beiden „Zwischenbereichen", den Gruppen mit „Mehrfachbindungen" – also Angestellten oder Beamten mit gewerkschaftlichen Bindungen oder aufgestiegenen Arbeitern, die zwar Bindungen an die Gewerkschaft, aber auch Werte der Mittelschicht übernommen hatten - oder der Gruppe der traditionell Konservativen konnte die SPD zwischen 1965 und 1969 neue Wähler gewinnen. In der Gruppe mit „Mehrfachbindungen" stieg die Präferenz der SPD von 1965 bis 1969 um 7 Prozentpunkte, in der Gruppe der eher konservativ Orientierten um 10 Prozentpunkte.

Wählersegmente in der Bundesrepublik 1966

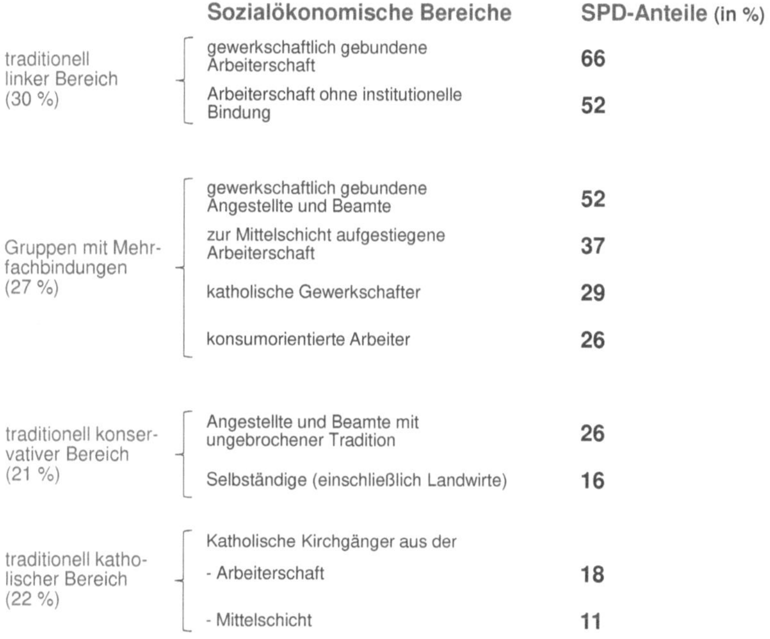

	Sozialökonomische Bereiche	SPD-Anteile (in %)
traditionell linker Bereich (30 %)	gewerkschaftlich gebundene Arbeiterschaft	66
	Arbeiterschaft ohne institutionelle Bindung	52
Gruppen mit Mehrfachbindungen (27 %)	gewerkschaftlich gebundene Angestellte und Beamte	52
	zur Mittelschicht aufgestiegene Arbeiterschaft	37
	katholische Gewerkschafter	29
	konsumorientierte Arbeiter	26
traditionell konservativer Bereich (21 %)	Angestellte und Beamte mit ungebrochener Tradition	26
	Selbständige (einschließlich Landwirte)	16
traditionell katholischer Bereich (22 %)	Katholische Kirchgänger aus der	
	- Arbeiterschaft	18
	- Mittelschicht	11

Quelle: Liepelt/Mitscherlich, 1968

Die Präferenzen für die CDU/CSU änderten sich sowohl im linken als auch im traditionell katholischen Wählersegment zwischen 1965 und 1969 nicht. Doch in den beiden „Zwischenbereichen" verlor die CDU/CSU Sympathien.

Entwicklung der Parteipräferenzen in einzelnen Wählersegmenten 1965 bis 1969

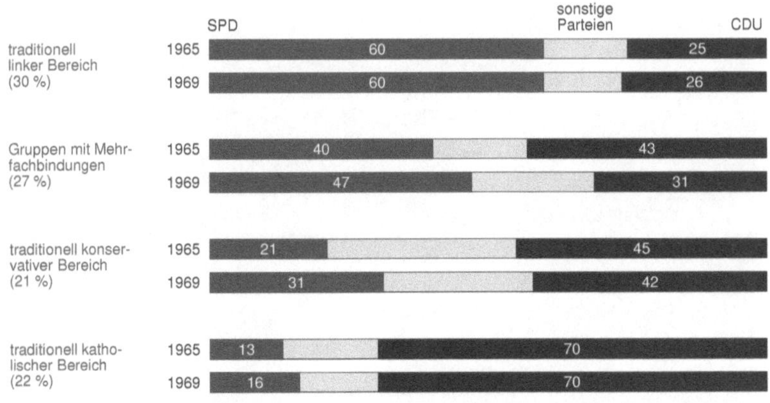

Quelle: infas-Repräsentativerhebungen 1965 - 1969

Wie stark der „Schiller-Sog" bei der Bundestagswahl 1969 in den bürgerlichen Regionen war, zeigt sich auch bei einem Vergleich der Entwicklung der Parteianteile zwischen den Bundestagswahlen 1965 und 1969 im Bundesgebiet insgesamt sowie in der Stadt Köln und im Wahlkreis 60 in der Südstadt, einem Wahlkreis mit überwiegend bürgerlichen Vierteln, in denen die CDU traditionell stärkste Partei war. Während die SPD im Bundesgebiet insgesamt 1969 im Vergleich zu 1965 3,4 Prozentpunkte hinzugewann und die Union 1,5 Prozentpunkte verlor, konnte die SPD in der Stadt Köln insgesamt 9,2 und im Wahlkreis 60 sogar 13,0 Prozentpunkte hinzugewinnen. Und die CDU verlor in Köln und im Wahlkreis 60 9 bzw. mehr als 9 Prozentpunkte.

Zwanzig Jahre nach der Gründung der Bundesrepublik war die Demokratie in Deutschland - anders als in der Weimarer Republik - gefestigt und von der übergroßen Mehrheit der Bürger akzeptiert. Union und SPD wurden von drei Vierteln der Wahlberechtigten gewählt. Die sonstigen Parteien, nach 1949 von zahlreichen Bürgern gewählt, wurden nur noch von weniger als 5 Prozent der Wahlberechtigten gewählt. Als einzige Partei neben CDU/CSU und SPD blieb nur die FDP im politischen Spektrum vertreten. Der Anteil der Nichtwähler pendelte sich bei rund 15 Prozent der Wahlberechtigten ein.

Der „Bürger Trend" 1969

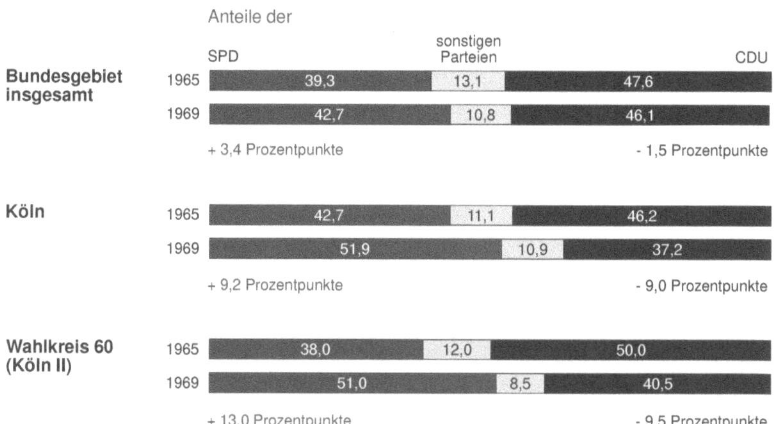

Wähler und Nichtwähler bei den Bundestagswahlen 1949 bis 1969

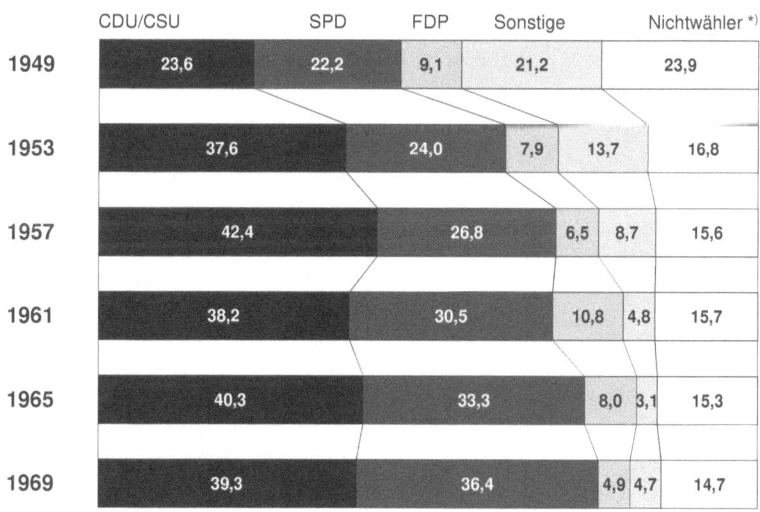

*) einschließlich ungültige Stimmen

4. Die sozialliberale Ära 1969 bis 1982

4.1 Die Bildung der sozialliberalen Koalition 1969

Bei der Bundestagswahl 1969 erhielten CDU und CSU zusammen 242 Sitze im Bundestag, die SPD 224. Die FDP mit 30 Sitzen konnte somit der Union und der SPD zu einer Mehrheit verhelfen.

Die FDP, die sich noch 1961 und 1965 für eine Koalition mit der Union entschieden hatte, begann sich im Vorfeld der 1969er Wahl umzuorientieren. Ein erster sichtbarer Hinweis darauf war, dass die meisten FDP-Vertreter in der Bundesversammlung im Mai 1969 den SPD-Kandidaten Gustav Heinemann zusammen mit der SPD zum Bundespräsidenten gewählt hatten. Der langsam auch in der Bundes-FDP an Einfluss gewinnende Walter Scheel, der schon 1956 in Nordrhein-Westfalen mitgeholfen hatte, ein Bündnis mit der SPD herbeizuführen, hatte schon im Mai 1969 mit Willy Brandt die Bildung einer SPD-FDP-Koalition vereinbart - sofern es das Wahlergebnis ermöglichen würde.

Nachdem das Wahlergebnis 1969 tatsächlich eine Koalition aus SPD und FDP ermöglichte, verabredeten Willy Brandt und Walter Scheel noch in der Wahlnacht trotz der knappen Mehrheit von nur 12 Stimmen (242 Abgeordnete der CDU/CSU gegenüber 254 Abgeordneten der SPD und der FDP) die Bildung einer sozialliberalen Koalition.

Die Entscheidung von Willy Brandt für eine kleine Koalition mit der FDP war eine Art Putsch gegen große Teile der Parteiführung der SPD, die – allen voran Herbert Wehner – lieber das Bündnis mit der Union fortgesetzt hätten. Herbert Wehner sah das Bündnis aus SPD und FDP als nicht stabil genug an, um eine Legislaturperiode von vier Jahren zu überstehen. Er fürchtete, dass vor allem der national-konservative Flügel der FDP mit engen Verbindungen zur Union sich gegenüber einer SPD-FDP-Regierung nicht loyal verhalten würde.

Doch als auch Bundespräsident Gustav Heinemann einem sozialliberalen Bündnis seinen Segen gab („Willy mach's"), unterrichteten

Brandt und Scheel am 3. Oktober 1969 den Bundespräsidenten von ihrer Absicht, zusammen eine Regierung bilden zu wollen. Ohne einen formellen, ausführlich ausgehandelten Koalitionsvertrag einigten sich die Fraktionen von SPD und FDP schnell auf die Bildung der sozialliberalen Koalition. Schon am 21. Oktober konnte deshalb die Wahl des neuen Bundeskanzlers erfolgen. Willy Brandt erhielt 251 von 495 abgegebenen Stimmen – nur zwei mehr als zur „Kanzlermehrheit" erforderlich gewesen waren. 3 der 254 Abgeordneten der neuen Koalition verweigerten Brandt ihre Stimme – nach eigenem Bekunden waren das die FDP-Abgeordneten Erich Mende, Siegfried Zoglmann und Heinz Starke.

Willy Brandts Regierungserklärung am 28. Oktober 1969 stand unter dem Motto: „Wir wollen mehr Demokratie wagen". Er verkündete umfangreiche innenpolitische Reformvorhaben - insgesamt 30. Eines davon war die Senkung des aktiven Wahlalters von 21 auf 18 und des passiven Wahlrechts von 25 auf 21 Jahre. In der Deutschland- und Ostpolitik kündigte er einen Kurswechsel an. Brandts Regierungserklärung wurde in den Medien als „die anspruchsvollste und hochfliegendste Regierungserklärung in der Geschichte der Bundesrepublik" gelobt. Der Politikwissenschaftler Wilhelm Hennis sprach allerdings etwas skeptischer von einem „Mythos der zweiten Stunde Null von 1969 nach der Notgründung von 1945", den Brandt mit dieser Regierungserklärung erweckt hätte.

Durch die von Willy Brandt geweckten Hoffnungen stieg die Zahl der SPD-Anhänger, so dass die SPD in den Umfragen zum ersten Mal seit langen Jahren wieder vor der Union lag. Und – für die weitere Entwicklung der SPD äußerst folgenhaft – die SPD gewann viele neue Mitglieder. Obwohl die SPD schon 1957 mit 630.000 Mitgliedern ähnlich viele Mitglieder wie in der Weimarer Republik und deutlich mehr als aktuell 2017 – und das nur im Gebiet der damaligen Bundesrepublik – hatte, kam es nach dem Ende der Großen Koalition zwischen 1969 und 1974 zu einer rapiden Zunahme der Mitgliederzahl auf knapp eine Million. Dagegen nimmt sich der nach der Nominierung von Martin Schulz zu registrierende Mitgliederzuwachs wie ein schwaches Rinnsal aus.

Doch trotz aller positiven Bewertungen der sozialliberalen Koalition und trotz der großen Zustimmung bei den Bürgern behielt Herbert

Wehner mit seinen Befürchtungen Recht. Die ohnehin knappe Mehrheit der SPD/FDP-Regierung schrumpfte durch Abwerbungen und Abwanderungen von Abgeordneten der FDP, aber auch der SPD zur Union immer mehr. So wechselten schon im September 1970 die drei FDP-Abgeordneten Mende, Zoglmann und Starke, die schon bei der Kanzlerwahl Willy Brandt ihre Stimme verweigert hatten, zur CDU/CSU-Fraktion. Im Januar 1972 folgte der Übertritt von Herbert Hupka (SPD), damals stellvertretender Vorsitzender des Bundes der Vertriebenen und Vorsitzender der Landsmannschaft Schlesien, zur CDU bzw. CSU. Hupka hatte große Bedenken gegen Brandts Ostpolitik. Im April 1972 trat dann auch noch der FDP-Abgeordnete Wilhelm Helms zur CDU über. Damit verfügte die sozialliberale Koalition nur noch über eine Mehrheit von 2 Sitzen. 249 Abgeordneten der SPD und FDP standen 247 CDU/CSU-Abgeordnete gegenüber. Da aber zwei weitere FDP-Abgeordnete (vom eher konservativen Flügel der Partei) – Gerhard Kienbaum und Knut von Kühlmann-Stumm – aus ihrer Abneigung gegen ein Bündnis der FDP mit der SPD keinen Hehl machten und auch über ihren Übertritt öffentlich spekuliert wurde, beschloss Rainer Barzel, seit Oktober 1971 nicht nur Vorsitzender der CDU/CSU-Bundestagsfraktion, sondern als Nachfolger von Kurt-Georg Kiesinger auch Parteivorsitzender der CDU, den Kanzlersturz zu wagen. So fand am 27. April 1972 im Deutschen Bundestag das erste konstruktive Misstrauensvotum statt.

Doch zum Entsetzen Barzels und zur freudigen Überraschung all der vielen SPD-Anhänger und Freunde des sozialliberalen Bündnisses erhielt Barzel bei der Abstimmung nur 247 Stimmen – zwei weniger als erforderlich.

Willy Brandt blieb Bundeskanzler, weil 2 oder vielleicht sogar 3 CDU/CSU-Abgeordnete Rainer Barzel die Stimme verweigerten. Einer davon war der 1969 eher zufällig über die baden-württembergische Landesliste in das Parlament gelangte Julius Steiner, der von SPD-Fraktionsgeschäftsführer Karl Wienand 50.000 DM erhalten hatte, um Barzel seine Stimme nicht zu geben. Ob das Geld – wie nach 1989 gemutmaßt – letztendlich vom Ministerium für Staatssicherheit der damaligen DDR stammte, dürfte wohl nie eindeutig aufgeklärt werden.

Rainer Barzel hatte beim ersten konstruktiven Misstrauensvotum der Bundesrepublik zwar keine Mehrheit erhalten, doch die SPD-FDP-

Koalition hatte ebenfalls keine Mehrheit mehr. Vorzeitige Neuwahlen waren somit der einzige Ausweg aus diesem Patt im Bundestag. Sie wurden für den 19. November 1972 angesetzt.

4.2 Die ersten vorgezogenen Neuwahlen der Bundesrepublik 1972

Obwohl Willy Brandts Regierungserklärung nach der Bildung der sozialliberalen Koalition große Hoffnungen weckte und überwiegend positiv aufgenommen wurde, waren die Sympathien für die SPD nicht stabil. Vor allem die durch die Abwanderer von der FDP verursachte Instabilität der Regierungskoalition führte dazu, dass im Herbst 1971 laut einer Allensbach-Umfrage die CDU/CSU 5 Prozentpunkte vor der SPD lag. Im Umfeld des Misstrauensvotums im Frühjahr 1972 lag dann die SPD wieder mit 8 Prozentpunkten vor der Union, doch das änderte sich wieder, nachdem die Koalition trotz des gescheiterten Misstrauensvotums keine Mehrheit mehr im Bundestag hatte und Karl Schiller Anfang Juli 1972 seinen Rücktritt anbot, den Kanzler Willy Brandt annahm. Schiller war seit dem Rücktritt von Finanzminister Alex Möller im Mai 1972 durch die Zusammenlegung des Wirtschafts- mit dem Finanzministerium „Superminister" im Kabinett Brandt/Scheel. Ein solcher Super-Star mit entsprechenden Allüren bewirkte in der engeren Führung der SPD eine gewisse „Schiller-Müdigkeit", doch bei den Bürgern besaß Schiller noch großen Rückhalt. Nach seinem Rücktritt im Juli 1972 glaubten deshalb nur noch 20 Prozent an einen Sieg der SPD, 47 Prozent aber an einen Sieg der Union. Und noch im September desselben Jahres ermittelte das Institut Infratest einen Stimmenanteil von 51 Prozent für CDU und CSU, zumal Schiller zusammen mit Ludwig Erhard nun auch mit Kritik an der SPD/FDP-Regierung Stimmung für die CDU/CSU-Opposition machte.

Doch die SPD konnte mit einem Thema punkten: der von Willy Brandt mit Hilfe von Egon Bahr („Wandel durch Annäherung") und mit Unterstützung von FDP-Außenminister Walter Scheel eingeleiteten neuen Ostpolitik. Trotz heftiger Widerstände von CDU und CSU – noch im Wahlkampf wollte die CDU den Bürgern weismachen, dies werde die „letzte freie Wahl" in Deutschland sein – wurde die Brandt'sche Ostpolitik von einer Mehrheit der Deutschen akzeptiert.

72 Prozent hielten laut Erkenntnissen des Politikwissenschaftlers Werner Kaltefleiter die Ostpolitik für eine „erfreuliche", nur 9 Prozent für eine „weniger erfreuliche" Sache. Und 76 Prozent verknüpften die positiv bewertete Ostpolitik mit der SPD.

Die Entscheidung der SPD, die Ostpolitik zum zentralen Wahlkampfthema und die Bundestagswahl 1972 zu einem Plebiszit für oder gegen die Ostpolitik zu machen, erwies sich insofern als richtig. Ebenso richtig war es, diesen Wahlkampf voll auf die Person von Willy Brandt zu konzentrieren. Brandt hatte für seine Ostpolitik einhelliges Lob aus dem Ausland erfahren. Und nach der Verleihung des Friedensnobelpreises verpufften 1972 die wie schon in allen Wahlkämpfen, in denen Willy Brandt Kanzlerkandidat war, aufflammenden Verunglimpfungen unter Hinweis auf seine uneheliche Geburt, seine Emigrationszeit oder seine persönlichen Schwächen ohne die früher zu registrierende Wirkung. Brandt kam zudem die Schwäche seines Gegenkandidaten Rainer Barzel zugute, der als blasser und zu glatter Politiker bei der Mehrheit der Bürger recht unbeliebt war. Herbert Wehner titulierte ihn als „Schleimer" oder „der Ölige".

Bei der Kanzlerpräferenz lag Willy Brandt mit 48 Prozent 22 Prozentpunkte vor Rainer Barzel mit 26 Prozent. Und sein Rückhalt bei den SPD-Anhängern war mit 93 Prozent deutlich größer als der von Rainer Barzel bei den CDU-Anhängern, von denen sich nur 63 Prozent für ihn entschieden hätten. Brandt und Scheel hinterließen zudem in den damals üblichen TV-Debatten (das heute übliche „Duell" zwischen den Kanzlerkandidaten gab es seinerzeit noch nicht) den deutlich besseren Eindruck als die Vertreter der CDU und der CSU, Barzel und Strauß. So gaben laut Forschungsgruppe Wahlen nach der Debatte im Fernsehen 41 Prozent der Zuschauer an, Brandt habe ihnen am besten von den vier Diskussionsteilnehmern gefallen. 30 Prozent nannten Walter Scheel, aber nur 13 Prozent Rainer Barzel und nur 8 Prozent Franz-Josef Strauß.

Das Bild Willy Brandts dominierte denn auch folgerichtig alle Werbemittel der SPD – ob Plakate, Anzeigen oder TV-Spots. Die SPD nutzte so den Kanzlerbonus ihres Kandidaten optimal.

Mit Rainer Barzel hingegen konnte die Union nicht werben. Er wurde fast unkenntlich in einem „Mannschafts-Plakat" versteckt.

Wahlwerbung zur Bundestagswahl 1972

Die Ostpolitik hatte nicht nur zu einer harten Konfrontation zwischen der Regierung und der CDU/CSU-Opposition, sondern auch zu klaren Fronten innerhalb der Medien geführt. Vor allem das ZDF-Magazin mit seinem Moderator Gerhard Löwenthal opponierte gegen die Brandt'sche Politik. Aber auch die Blätter des Springer-Verlags sowie die FAZ, das Handelsblatt, die Quick und die Neue Revue machten gegen die Ostpolitik Front. Unterstützt wurde die neue Ostpolitik durch den SPIEGEL, den STERN, die ZEIT, die Frankfurter Rundschau und die Süddeutsche Zeitung.[25] Die SPD setzte gegen die geballte Medienmacht der Gegner der Ostpolitik auf eine von den SPD-Mitgliedern und den vielen Unterstützern aus Kultur, Wissenschaft und Kunst getragene „Gegenöffentlichkeit". Manfred Görtemaker spricht in seiner „Geschichte der Bundesrepublik Deutschland" von einem „Bekenntniswahlkampf", bei dem sich neben den SPD-Mitgliedern und den Unterstützern aus der intellektuellen Szene auch viele „Normalbürger"

25 Ennen, Ilka. Der lange Weg zum Triumph der „Willy-wählen"-Wahl: Willy Brandt als Wahlkämpfer – 1961 bis 1972, in: Jackob, Nikolaus (Hrsg.). Wahlkämpfe in Deutschland, Wiesbaden 2007, S. 186

für die Ostpolitik und die sozialliberale Regierung engagierten. Der Bundestagswahlkampf dürfte der Wahlkampf in der Bundesrepublik gewesen sein, in dem die meisten Aufkleber und Buttons im Alltag sichtbar wurden – die meisten mit dem Slogan „Willy wählen".

1972 – und nicht 1969 – war tatsächlich eine „Willy-Wahl". Sie brachte der SPD den bislang höchsten Stimmenanteil. Mit 45,8 Prozent erhielt die SPD zum ersten Mal seit 1949 mehr gültige Stimmen als die Union mit 44,9 Prozent. Fast 17.2 Millionen Wahlberechtigte – 3.1 Millionen mehr als 1969 – wählten SPD. Aber trotz des Rückgangs des Anteils der gültigen Stimmen um 1,2 Prozentpunkte von 46,1 auf 44,9 Prozent erhielt auch die Union über 1.6 Millionen Stimmen mehr als drei Jahre zuvor. Dieser Stimmenzuwachs für beide große Parteien war möglich, weil die Wahlbeteiligung mit 91,1 Prozent so hoch war wie nie bei einer Bundestagswahl zuvor – und auch bei keiner späteren Bundestagswahl.

Das Ergebnis der Bundestagswahl 1972

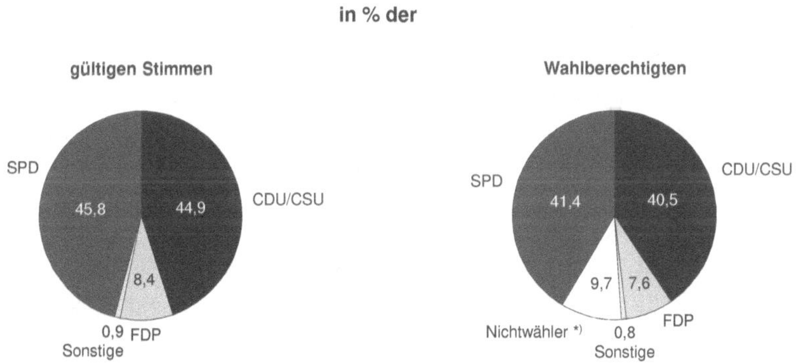

*) einschließlich ungültige Stimmen

4.3 Auf dem Weg zum Zweiparteiensystem

1972 hatten 82 Prozent aller Wahlberechtigten SPD bzw. CDU oder CSU gewählt. Der FDP gaben noch 7,6 Prozent aller Wahlberechtigten ihre Stimme, während andere Parteien von noch nicht einmal einem Prozent gewählt wurden. Knapp 10 Prozent gingen nicht zur Wahl.

Damit war aus dem Vielparteiensystem von 1949 quasi ein Zwei-Parteien-System geworden. Nur die FDP war von den vielen anderen Parteien noch übriggeblieben und hatte genügend Anhänger, um neben SPD und Union weiter existieren zu können. Gebraucht wurde sie, um Regierungswechsel herbeizuführen; denn auch fast ein Vierteljahrhundert nach Gründung der Bundesrepublik war noch keine Regierung abgewählt worden. So war der Machtwechsel 1969 nicht durch eine große Unzufriedenheit einer Mehrheit der Bürger mit einer der beiden großen Parteien zustande gekommen, sondern durch den Koalitionswechsel der Liberalen.

SPD und Union hatten ihre Bindekraft seit der ersten Bundestagswahl 1949 von Wahl zu Wahl steigern können. 1949 gab ihnen noch nicht einmal die Hälfte aller Wahlberechtigten die Stimme. 1972 waren es fast doppelt so viele. SPD und CDU/CSU wurden zu Recht als „Volksparteien“ bezeichnet, als Parteien also, die verschiedene heterogene Wählergruppen bündeln konnten. Außer der FDP, für die es eine feste Wählerklientel aus dem klassischen Mittelstand (Handwerker, kleine Unternehmer, Freie Berufe, leitende Angestellte, etc.) gab, wurde keine andere Partei für irgendein Wählersegment mehr gebraucht. Alle Wählergruppen von rechts bis links – mit Ausnahme der wenigen Wähler aus dem liberalen Milieu – wurden von SPD und Union gebunden.

Die letzte, 1969 noch messbare Gruppe von Wählern am äußersten rechten Rand des Parteienspektrums, die NPD-Wähler, wurden 1972 ebenfalls integriert. Bis nach der NPD wieder eine rechtsradikale Bewegung einen nennenswerten Zulauf von Wählern erhielt, vergingen dann mehr als eineinhalb Jahrzehnte.

Die NPD hatte nach ihrer Gründung 1964 eine Reihe damals als spektakulär empfundener Erfolge erzielt. Entstanden war die NPD aus den Resten der ehemaligen DRP (Deutsche Reichspartei), der DP (Deutschland Partei), der „Vaterländischen Union“ und dem nationalliberalen Flügel der FDP, der sich 1956 von der FDP abgespalten hatte und zunächst unter dem Namen FVP agierte.

Bei der Bundestagswahl 1965 erhielt die NPD nur 2 Prozent der gültigen Stimmen. Doch zwischen 1966 und 1968 konnte die NPD in sieben der damaligen 10 Landtage einziehen: 1966 in Hessen und Bayern; 1967 in Bremen, Rheinland-Pfalz und Schleswig-Holstein und 1968 in Baden-Württemberg. Lediglich im Saarland und in Nordrhein-Westfalen, wo in dieser Zeit keine Landtagswahl stattfand bzw. die NPD nicht kandidierte, sowie in Hamburg, wo die NPD – anders als in Bremen – die 5-Prozent-Hürde nicht überwinden konnte, waren die damaligen Rechtsradikalen nicht in den Länderparlamenten vertreten. Besonders viele Stimmen erhielt die NPD in Baden-Württemberg, wo sie von sieben von 100 Wahlberechtigten gewählt wurde (das entsprach fast 10 Prozent der gültigen Stimmen). 1968 war die NPD somit in jenem Bundesland besonders stark, in dem die zweite rechtsradikale Bewegung in der alten Bundesrepublik – die Republikaner – bei den Landtagswahlen 1992 und 1996 und die heutige AfD seit 2013 überdurchschnittlich viele Wähler an sich binden konnte.

NPD-Stimmen bei den Landtagswahlen 1966 bis 1968

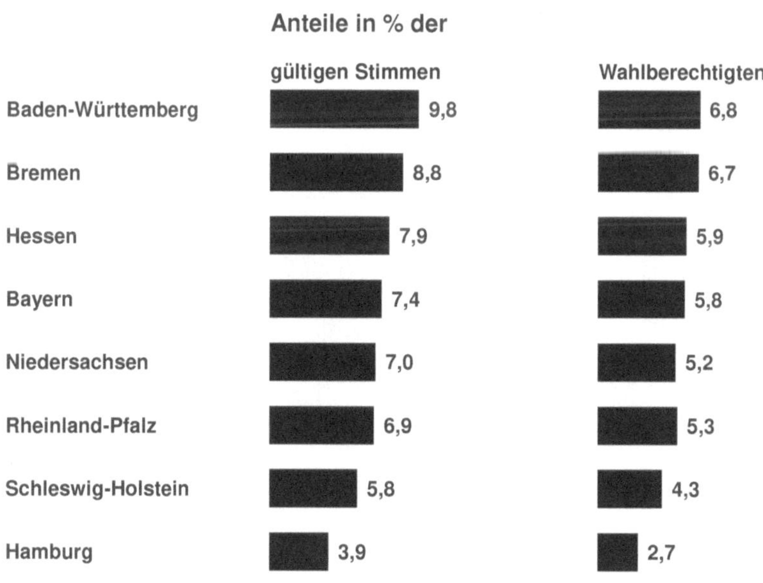

Bemerkenswert ist, dass die soziale Struktur der NPD-Wähler bzw. -Anhänger in den 1960er Jahren der der heutigen AfD-Anhänger weitgehend ähnelt. Unter den NPD- bzw. AfD-Anhängern waren bzw. sind mehr Männer als Frauen, eher die mittleren als die jüngeren und älteren Wähler, überdurchschnittlich viele Arbeiter und Selbständige, eher Bürger mit mittleren bzw. höheren Einkommen und eher diejenigen, die pessimistische ökonomische Erwartungen haben.

Soziale Struktur der NPD-Wähler 1965

	Wähler bzw. Befragte insgesamt %	NPD-Wähler bzw. Anhänger %
Männer*)	46	60
Frauen	54	40
21- bis 29-Jährige*)	18	14
30- bis 44-Jährige	30	30
45- bis 59-Jährige	27	33
60 Jahre und älter	25	23
Arbeiter**)	39	45
Angestellte	20	14
Beamte	8	5
Selbständige	15	23
Rentner	18	13
Haushaltsnettoeinkommen (DM)**)		
– unter 400	12	10
– 400 bis 800	44	41
– 800 bis 1.200	32	33
– über 1.200	12	16
private Wirtschaftserwartungen**)		
– optimistisch	16	15
– neutral	52	40
– pessimistisch	32	45

Quelle: *) Repräsentative Wahlstatistik 1965

**) infas-Repräsentativerhebung, Dezember 1966

Unabhängig von der fast gleichen sozialen Struktur der NPD-Anhänger in den 1960er Jahren und der heutigen AfD-Anhänger, ist bemerkenswert, dass auch die Behandlung beider rechtsradikaler Bewegungen in der medialen und öffentlichen Diskussion große Parallelen aufweist. So hatten sich ähnlich wie heute auch schon in den 1960er Jahren wie einer Analyse von infas über die „Anhänger der neuen Rechtspartei" aus dem Frühjahr 1967 zu entnehmen ist, „Presse und Öffentlichkeit" mehr als für das „Abschneiden der großen Parteien" für „die Chancen der NPD" interessiert. Und wie heute waren laut infas auch damals „wirre Gerüchte über bevorstehende Erdrutsche zugunsten der NPD" im Umlauf.

Und eine Empfehlung, die infas aus der Analyse der NPD-Anhänger seinerzeit zog, passt ebenso in die heutige Zeit: „Die eigentliche Gefahr der zukünftigen Entwicklung dürfte darin liegen, dass die demokratischen Parteien, je mehr sie dem Missverständnis unterliegen, sie könnten durch forsches Auftreten und nationalistisches Vokabular den Rechtsextremismus unterlaufen und gegenstandslos machen, der NPD möglicherweise erst helfen, in unserer Gesellschaft einen Ankerplatz zu finden."[26]

Trotz ihrer Erfolge bei den Landtagswahlen zwischen 1966 und 1968 gelang es der NPD bei der Bundestagswahl 1969 aber nicht, den Sprung in den Bundestag zu schaffen. Mit 4,3 Prozent der gültigen Stimmen scheiterte sie an der 5-Prozent-Hürde. Von allen Wahlberechtigten wählten 1969 3,7 Prozent die NPD.

Nach der Bundestagswahl 1972 spielte auch die NPD aufgrund der großen Bindekraft, die die beiden großen Volksparteien entfaltet hatten, keine Rolle mehr. Die Deutschen hatten endgültig das demokratische System und die im Rahmen dieses Systems sich entwickelnden Parteien verinnerlicht. SPD und Union waren von der großen Mehrheit der Deutschen akzeptierte Volksparteien geworden, die die verschiedensten Wählergruppen mit recht unterschiedlichen Interessen zu integrieren vermochten.

26 infas-politogramm: Anhänger der neuen Rechtspartei, Bonn-Bad Godesberg 1967, S. 2 und S. 34

4.4 Nach der Willy-Wahl 1972: Rückkehr der Realität

Anders als nach der Wahl 1969 konnte nach dem triumphalen Wahlsieg der SPD bei der „Willy-Wahl" keine vergleichbare Aufbruchsstimmung erzeugt werden. Alleine die Regierungsbildung, die 1969 extrem schnell erfolgte, verlief 1972 äußerst schleppend. Hinzu kam, dass Willy Brandt sich am Kehlkopf operieren lassen musste und deshalb längere Zeit „sprachlos" war. Zudem überfiel ihn nach der Erschöpfung des Wahlkampfes zusätzlich einer seiner periodischen Depressionsanfälle.

Im Rahmen der weitgehend ohne Brandt von Herbert Wehner und Helmut Schmidt vorgenommen Weichenstellungen für die neue Regierung wurde aber auch offenkundig, dass die 1969 groß angekündigten Reformen nicht nur ins Stocken geraten waren, sondern an einer Reihe organisatorischer Hürden und Widerstände scheiterten.

So standen die für die Planung der Reformen erforderlichen personellen und finanziellen Ressourcen wegen der sich verschlechternden Finanzlage letztendlich nicht zur Verfügung, obwohl das Personal im Kanzleramt von 250 auf 400 aufgestockt wurde. Doch die „Planungsplanung" mit Hilfe von umfassenden, aber bürokratischen „Vorhaben-Erfassungssystemen" und entsprechenden „Planungsbeauftragten" stieß nicht nur schnell an die Grenzen der Machbarkeit, sondern auch auf heftige Widerstände der einzelnen Ressortchefs im Kabinett – allen voran Helmut Schmidt, der nach Schillers Rücktritt das Finanz- und Wirtschaftsministerium übernommen hatte.

Außerdem gab es eine „Reform-Inflation". Alle auch eigentlich ganz „normalen" Vorhaben wurden in „Reform" umgetauft. Hans-Jürgen Wischnewski, der erste hauptamtliche Bundesgeschäftsführer der SPD, sprach von „drei Reformen pro Woche". Damit wurde die im Ansatz gut gemeinte Reformpolitik eher ins Lächerliche gezogen.

Letztendlich aber scheiterten die groß angekündigten inneren Reformen auch daran, dass sich Willy Brandt als Kanzler und Walter Scheel als Außenminister primär um die Außen- und insbesondere die Ost- und Deutschlandpolitik kümmerten, sich aber für die Innenpolitik kaum engagierten.

Bald kam dann das „Ende des Wachstums" hinzu. Das wirtschaftliche Wachstum ging von 7,5 Prozent im Jahr 1969 auf 0,5 Prozent

1974 zurück. Im gleichen Zeitraum stieg die Inflationsrate von 2 auf 6 Prozent. Und die Zahl der Arbeitslosen stieg von 200.000 auf fast 600.000. Angesichts dieser Rezession versagten die von Schiller geschaffenen Instrumente der Globalsteuerung, zumal die Gewerkschaften ihre Mitarbeit in der „konzertierten Aktion" einstellten.

Die Gewerkschaften waren angesichts der hohen Preissteigerungen, die in manchen Branchen bis zu 8 Prozent ausmachten, nicht mehr zur Lohndisziplin bereit. Die ÖTV mit ihrem damaligen Vorsitzenden Heinz Kluncker forderte 15 Prozent Lohnerhöhung. Im Machtkampf mit Kluncker und der ÖTV konnte sich Willy Brandt nicht durchsetzen, sondern musste nachgeben, was das Vertrauen in seine Kanzlerfähigkeiten weiter beeinträchtigte.

Brandts Führungsschwäche wurde im verlorenen Machtkampf mit der ÖTV ein weiteres Mal offenkundig. Zudem isolierte sich Brandt in seiner Partei und ihrer Führung zunehmend, indem er einen kleinen Kreis von Vertrauten um sich scharte, in der ZEIT als „Hofstaat" bezeichnet. Selbst ein Brandt-Freund wie Günter Grass beklagte diese „Abschirmung durch übereifrige Berater".[27] So abgekapselt wurde Willy Brandt immer mehr der Realität entrückt, die nur noch in winzigen Portionen bis zum Palais Schaumburg, dem Sitz des Kanzleramtes, durchdrang. Schließlich wurde Brandt als „Willy Wolke" verhöhnt.

Die SPD erhielt die Quittung für eine ohne klare Führung dahindümpelnde, von Interessengruppen beliebig erpressbare Regierung Anfang März 1974 bei der Wahl zur Bürgerschaft der Freien und Hansestadt Hamburg, einer ihrer angestammten Hochburgen. Gegenüber der letzten Bürgerschaftswahl 1970 verlor die SPD 10,4 Prozentpunkte, während die CDU 7,8 und die FDP 3,8 Prozentpunkte hinzugewannen. Zum ersten Mal dachten führende SPD-Vertreter über einen Kanzlersturz nach. Herbert Wehner hatte schon zuvor, im September 1973 anlässlich einer Moskau-Reise Brandt vor mitgereisten Journalisten kritisiert: Die „Nummer eins" sei – so Wehner – „entrückt" und „abgeschlafft" und „bade zudem gerne lau".

Zum Rücktritt Brandts kam es dann zwei Monate nach dem für die SPD verheerenden Ausgang der Hamburger Bürgerschaftswahl im

27 Günter Grass: zitiert nach Görtemaker, Manfred. Geschichte der Bundesrepublik Deutschland, Frankfurt am Main 2004, S. 574

Mai 1974. Letzter Anlass war, dass Günter Guillaume, Brandts persönlicher Referent im Kanzleramt, als DDR-Spion enttarnt und verhaftet worden war.

4.5 Die Kanzlerschaft Helmut Schmidts

Am 16. Mai 1974 wurde Helmut Schmidt als Nachfolger Willy Brandts zum Kanzler der Bundesrepublik Deutschland gewählt.

Helmut Schmidt hatte die Führungskraft, die Willy Brandt nur selten gezeigt hatte – so wie bei seiner Reaktion auf den Mauerbau im August 1961 oder seinem „Putsch" gegen Herbert Wehner bei der Weichenstellung in Richtung einer Koalition mit der FDP in der Wahlnacht 1969. Doch nach der so klar gewonnenen Wahl 1972 ließ er jedwede Führungsstärke vermissen. Helmut Schmidt hingegen hatte schon bald nach seinem Einzug in den Bundestag 1953 wegen seiner rhetorischen Fähigkeiten und seiner Debattierfreudigkeit die eher anerkennende Bezeichnung „Schmidt-Schnauze" erhalten. Seine Führungsfähigkeit hatte er als Vorsitzender der SPD-Bundestagsfraktion während der Zeit der Großen Koalition 1966 bis 1969, als Verteidigungs-, Finanz- und Wirtschaftsminister in der Bundesregierung, vor allem aber während der verheerenden Sturmflut in Hamburg 1962 als dortiger Innensenator bewiesen. Mit mehreren Büchern zur Verteidigungs- und Bündnispolitik hatte er zudem auch international Anerkennung erworben.

In seiner Partei gehörte Schmidt zu den wichtigsten Reformern, die den Erneuerungsprozess der Partei nach Godesberg vorangetrieben hatten. Entsprechend verfolgte er wieder aufkommende neo-marxistische Strömungen in der SPD – anders als Willy Brandt – mit großem Misstrauen. Und im Gegensatz zu Brandt pflegte er einen nüchtern-pragmatischen Regierungsstil, der sich am Machbaren orientierte.

Das alles spiegelte sich auch bei Schmidts Personalentscheidungen bei der Umbildung der Bundesregierung nach seiner Übernahme der Kanzlerschaft wider. „Politische Intellektuelle" wie Egon Bahr, Horst Ehmke oder Klaus von Dohnanyi verloren ihre Posten ebenso wie ein von Schmidt als „Spinner" bewerteter Erhard Eppler (dessen Amt als Entwicklungsminister dann aber doch Egon Bahr übernehmen durfte).

Schmidt versammelte stattdessen gestandene Sozialdemokraten im Kabinett – wie Hans Apel, Karl Ravens oder Gewerkschafter wie Walter Arendt, Georg Leber, Kurt Gscheidle, Hans Matthöfer oder Helmut Rohde.

Schmidts Kabinett war - anders als das von Willy Brandt - ein homogenes Team – konzentriert auf pragmatisches Handeln. Angesichts des durch die Ölkrise ausgelösten Konjunktureinbruchs mit der Folge der schärfsten Rezession in der bisherigen Geschichte der Bundesrepublik im Jahr 1975 war ein solcher Regierungsstil auch vonnöten. Ende des Jahres 1975 hatten die Bemühungen der Schmidt-Regierung Erfolg – es kam zu einem leichten Aufschwung, der sich im Wahljahr 1976 fortsetzte. Trotz dieses Aufschwungs reduzierte sich die Zahl der Arbeitslosen allerdings kaum.

Kanzler- und Koalitionspräferenzen 1976

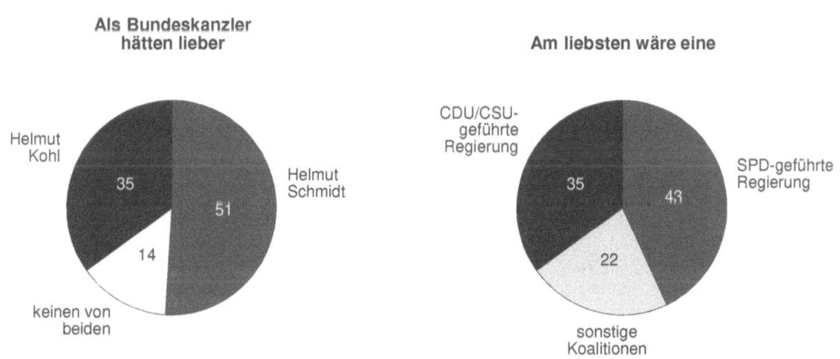

Quelle: infas-Repräsentativerhebung 1976

Im Sommer 1976 lag Helmut Schmidt bei der Kanzlerpräferenz mit 51 Prozent klar vor Helmut Kohl, dem rheinland-pfälzischen Ministerpräsidenten, der 1973 den CDU-Vorsitz von Rainer Barzel übernommen hatte und Kanzlerkandidat der Union geworden war – für ihn votierten 35 Prozent. Und die Präferenz für eine SPD-geführte Bundesregierung war mit 43 Prozent größer als die für eine von der CDU/CSU-geführten Regierung. Bemerkenswert war allerdings, dass sich 10 Prozent eine CDU/CSU-, aber nur 1 Prozent eine SPD-Alleinregierung wünschten. Bei der SPD sollte also die FDP eine Korrekturfunktion haben, um die Gefahr überbordender Reformen – wie es bei der Brandt-Regierung der Fall gewesen war - zu verhindern.

Doch trotz der Popularität von Helmut Schmidt und der vorhandenen Präferenzen zur Fortsetzung der SPD/FDP-Koalition sowie der Erfolge der Schmidt-Regierung in der Wirtschaftspolitik gelang es der Union bei der Bundestagswahl 1976, ihren Anteil an den abgegebenen gültigen Stimmen im Vergleich zur Wahl 1972 von 44,9 auf 48,6 Prozent zu steigern, während der SPD-Anteil von 45,8 auf 42,6 Prozent zurückging.

Während 1972 beide Volksparteien vom Rückgang der Nichtwähler profitieren konnten und mehr Wähler mobilisierten als bei der Bundestagswahl 1969, gelang es der Union 1976 bei einem im Vergleich zu 1972 weitgehend konstanten Anteil der Nichtwähler und der für die FDP bzw. für die anderen noch kandidierenden Parteien abgegebenen Stimmen, SPD-Wähler von 1972 zu gewinnen. Bezogen auf alle Wahlberechtigten stieg der Anteil der CDU/CSU von 40,5 auf 43,7 Prozent (ein prozentualer Zuwachs von fast 8 Prozent), während der SPD-Anteil von 41,4 auf 38,3 Prozent zurückging (ein prozentualer Verlust von 7,5 Prozent). Zur absoluten Mehrheit (wie 1957) fehlten der Union 1976 bei einer im Vergleich zu 1957 höheren Wahlbeteiligung nur knapp 520.000 Stimmen.

Wähler und Nichtwähler bei den Bundestagswahlen 1969, 1972 und 1976

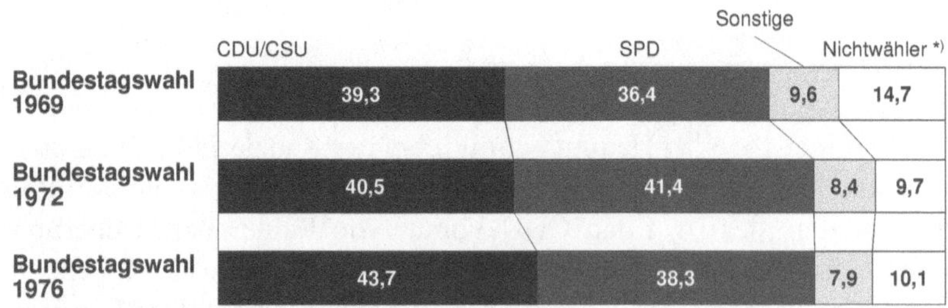

*) einschließlich ungültige Stimmen

Was hatte sich geändert, dass die Union trotz der Popularität von Helmut Schmidt und der Erfolge seiner Regierung in der Wirtschaftspolitik 1976 fast wieder wie schon 1957 die absolute Mehrheit der Stimmen erreicht hätte?

4.6 Strukturelle Veränderungen in den Volksparteien in den 1970er Jahren

In den 20 Jahren, die es von der Gründung der Bundesrepublik 1949 bis zum ersten „Machtwechsel" 1969 gedauert hatte, waren die Strukturen von Union und SPD weitgehend unverändert geblieben. Die CDU, anders als die katholische Zentrums-Partei der Weimarer Republik als Sammelbecken aller Christen gedacht, blieb dank der Dominanz von Adenauer und der von ihm ausgebauten „Kanzlerdemokratie" im Wesentlichen ein „Kanzlerwahlverein", der die Aufgabe hatte, genügend Wähler bei den Bundestagswahlen zu mobilisieren, um das wichtigste Amt im Staat auch besetzen zu können. Andere Funktionen einer Partei konnte die CDU mangels einer größeren Zahl von Mitgliedern nicht erfüllen.

Die SPD hingegen knüpfte an ihre Tradition im Kaiserreich und der Weimarer Republik an und sah sich als Interessenvertretungspartei der Arbeiterklasse, der sie von der Wiege bis zur Bahre durch vielfältige organisatorische Angebote wie eigene Bildungseinrichtungen und sogar eigene Medien Unterstützung angedeihen ließ. Die vielen SPD-Mitglieder hatten nicht nur Einfluss auf die grundsätzliche Richtung der Politik der Partei, sondern nutzten auch viele Vorteile, die ihnen die Mitgliedschaft in Beruf und Gesellschaft bot.

Erst nach dem Machtwechsel 1969 änderte sich an den bis dahin weitgehend unveränderten Strukturen für beide Volksparteien viel. Die Folgen dieser nach 1969 einsetzenden Veränderungsprozesse in CDU und SPD sind teilweise bis heute zu spüren.

4.6.1 Die Union nach 1969

Dass die CDU in den ersten 20 Jahren der Bundesrepublik im Wesentlichen ein „Kanzlerwahlverein" war, zeigt sich auch deutlich an den sehr unterschiedlichen Mobilisierungsraten der Partei bei Bundestagswahlen und den zwischen zwei Bundestagswahlen stattfindenden

Landtagswahlen. Da für die nicht sonderlich zahlreichen Mitglieder, aber auch die vielen Wähler und Anhänger der CDU höhere Priorität hatte, das Kanzleramt zu besetzen, konnte die Union bei den Bundestagswahlen 1953 bis 1969 zwischen 37,6 Prozent und 42,4 Prozent aller Wahlberechtigten zur Stimmabgabe für die CDU bzw. CSU bewegen. Wer aber im jeweiligen Bundesland oder im Wohnort Ministerpräsident oder Bürgermeister war bzw. wurde, war für die CDU-Anhänger eher nachrangig, so dass bei den Landtagswahlen zwischen den Bundestagswahlen weniger als 30 oder nur knapp über 30 Prozent der Wahlberechtigen der CDU oder CSU ihre Stimme gaben.

Ähnliche Unterschiede bei der Mobilisierung der Wähler bei Bundestags- und Landtagswahlen gab es bei der SPD in der Anfangsphase der Bundesrepublik nicht. Sie erhielt bei Landtagswahlen immer ähnlich viele oder oft sogar mehr Stimmen als bei der jeweils vorangegangenen Bundestagswahl. Der SPD gelang also anders als der Union die Mobilisierung ihrer Wähler sowohl bei Bundestags- als auch bei Landtagswahlen.

Während die Union auf Bundesebene die klar dominierende politische Kraft war, konnte die SPD von der Mobilisierungsschwäche der Union bei Wahlen auf Landes- und kommunaler Ebene profitieren und ähnlich stark wie CDU und CSU werden. So betrug der Vorsprung der Union vor der SPD bei der Bundestagswahl 1957 bei den abgegebenen gültigen Stimmen 18,4 Prozentpunkte. In der Summe der Landtagswahlen zwischen 1957 und 1961 aber schrumpfte der Vorsprung der Union auf 3,8 Prozentpunkte. Und in der Summe der Landtagswahlen zwischen 1965 und 1969 erhielt die SPD sogar mehr Stimmen als die Union: Mit 12.128.000 Stimmen lag sie – wenn auch knapp – vor der Union mit 11.977.000 Stimmen.

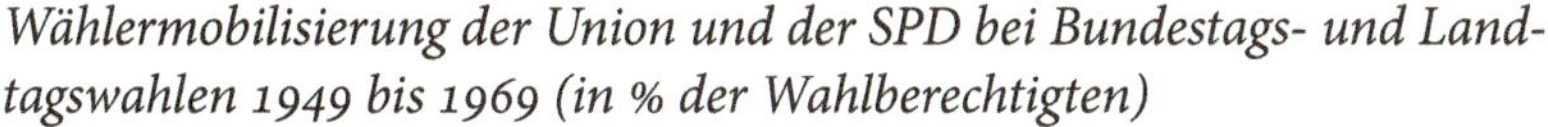

Wählermobilisierung der Union und der SPD bei Bundestags- und Landtagswahlen 1949 bis 1969 (in % der Wahlberechtigten)

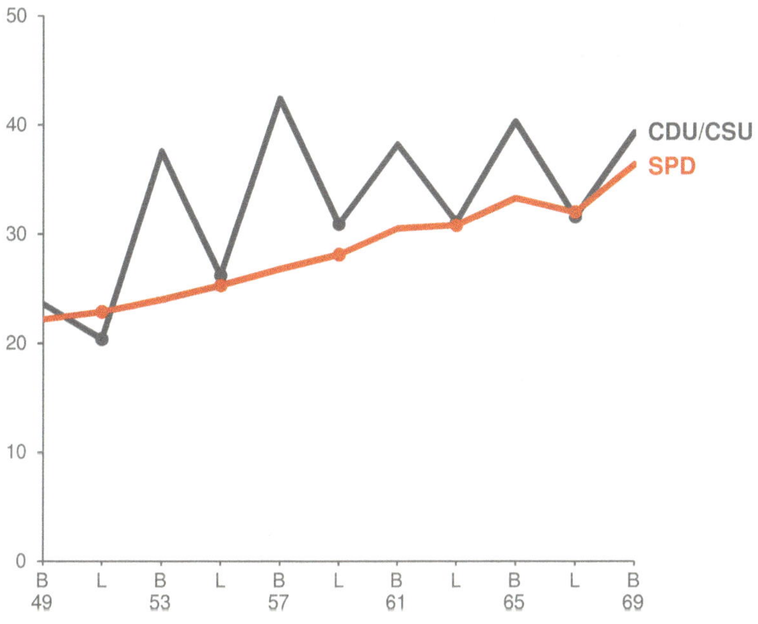

Dass die SPD bei Landtags- und Kommunalwahlen ähnlich viele oder sogar mehr Wähler als bei den jeweils vorangegangenen Bundestagswahlen mobilisieren konnte, hing auch damit zusammen, dass die SPD in den 1950er und 1960er Jahren einen deutlich höheren Organisationsgrad aufwies als die Union. So entfielen schon Anfang der 1950er Jahre auf 100 SPD-Wähler 10 SPD-Mitglieder. Die Organisationsdichte der CDU aber war mit rund 2 Mitgliedern je 100 CDU-Wählern deutlich niedriger. Die SPD konnte so die Wählerschaft mit einem Netz von Mitgliedern durchziehen. Sie erfüllte damit die Vorgabe von Herbert Wehner, der in der SPD auch für Organisationsfragen zuständig war, flächendeckend „Stimmbezirksobmänner" zu etablieren, die in ihren personalen Kontaktnetzen um Vertrauen für die SPD werben sollten.

Nachdem die CDU nach der Bildung der SPD-FDP-Koalition durch die Wahl von Willy Brandt zum Kanzler nicht mehr das für ihre

Mitglieder und Anhänger wichtigste Amt im Staat besetzte, war sie gezwungen, sich in Richtung einer modernen Mitgliederpartei zu entwickeln. Das begann schon unter dem Vorsitz von Rainer Barzel, wurde aber nach dessen Rücktritt vom CDU-Vorsitz im Mai 1973 von dessen Nachfolger Helmut Kohl, der Barzel bei der Vorstandswahl 1971 noch unterlegen war, intensiv weiterbetrieben. Generalsekretär wurde Kurt Biedenkopf, der zusammen mit Helmut Kohl die Weichen in Richtung einer Entwicklung zu einer voll organisierten Mitgliederpartei stellte.

Als Folge der Neuorganisation der CDU nach dem Machtwechsel 1969 stieg die Mitgliederzahl der CDU bis 1974 um fast 75 Prozent von 300.000 auf 520.000. Anders als bei den vorhergehenden Wahlen wurden die Mitglieder der CDU bei der Bundestagswahl 1976 gezielt dazu motiviert, sich in der Öffentlichkeit auch offen zur CDU zu bekennen. Das gelang auch tatsächlich, wie Untersuchungen des Instituts für Demoskopie belegen. So gaben 1972 nur 9 Prozent der Wahlberechtigten an, sie hätten im Wahlkampf Aufkleber der CDU oder CSU wahrgenommen. 1976 waren es mit 29 Prozent dreimal mehr. Und auch bei der Frage danach, welche Parteianhänger im Wahlkampf am aktivsten gewesen seien, stieg der Anteil derer, die das von den CSU/CSU-Anhängern meinten, von 8 auf 30 Prozent. Der Anteil derer, die das von den SPD-Anhängern glaubten, sank zwischen 1972 und 1976 von 44 auf 18 Prozent.[28]

Zudem wurde der Wahlkampf 1976 von der Union durch die Überbetonung ideologischer Differenzen stark polarisiert. Das gipfelte in dem CDU-Slogan „Freiheit statt Sozialismus". Die CSU formulierte mit „Freiheit oder Sozialismus" noch pointierter. Erfunden hatte den Slogan Alfred Dregger, der langjährige Vorsitzende der hessischen CDU und ein Vertreter eines extrem konservativen politischen Kurses.

28 Petersen, Thomas. Helmut Kohls Wahlkämpfe, in: Jackob, Niklaus (Hrsg.), a.a.O. S. 198

Wahlplakate der Union 1976

Die gelungene Wählermobilisierung der Union bei der Bundestagswahl 1976 war jedoch nicht nur auf die Neuorientierung der CDU unter dem neuen Führungsduo Kohl und Biedenkopf zurückzuführen. Viele potentielle Wähler der CDU/CSU, denen es früher gleichgültig war, wie ihr Land oder ihre Wohngemeinde regiert wurde, fühlten sich nun verpflichtet, auch bei Landtags- und Kommunalwahlen zur Wahl zu gehen und ihre Stimme der CDU oder CSU zu geben. Die jeweiligen Landtags- und Kommunalwahlen wurden als Vehikel gesehen, um die Macht in der damaligen provisorischen Hauptstadt Bonn wieder zurückzuerobern. Entsprechend war die bis 1969 zu registrierende Mobilisierungsschwäche der CDU bei den Wahlen zu den Landesparlamenten nicht mehr vorhanden. In der Summe der Landtagswahlen zwischen 1972 und 1976 wurde die CDU bzw. CSU von 17.3 Millionen Wählern gewählt – das waren über 500.000 mehr als bei der vorangegangenen Bundestagswahl 1972.

Mit Kohl und Biedenkopf an der Spitze der CDU wurde nicht nur ein sichtbarer Generationswechsel in der Parteiführung vollzogen, sondern in der Parteigeschichte der CDU begann eine neue Ära.

4.6.2 Die SPD nach 1969

Aber nicht nur für die CDU begann nach dem Machtwechsel von 1969 eine neue Etappe in ihrer Entwicklung, sondern auch in der SPD vollzogen sich gravierende Veränderungen.

Die SPD hatte schon im Kaiserreich einen Grad der organisatorischen Durchdringung der Wählerschaft erreicht, wie er in den heutigen westlichen Gesellschaften kaum noch vorzufinden ist. 1906 fanden sich unter den rund 3 Millionen Wählern der Sozialdemokratie 400.000 straff organisierte Mitglieder. Auf 100 SPD-Wähler kamen seinerzeit 13 Mitglieder.

Von der jähen und nachhaltigen Zäsur in der Entwicklung des deutschen Parteiwesens durch die Machtergreifung der Nationalsozialisten wurde die SPD als mitgliederstärkste und organisationskräftigste Partei des Kaiserreichs und der Weimarer Republik am schwersten betroffen. Es war deshalb auch für die SPD nach dem Zusammenbruch des Nationalsozialismus schwer, an ihre alte Stärke wieder anzuknüpfen.

Dennoch hatte die SPD schon 1947 wieder 875.000 Mitglieder, die am Wiederaufbau des demokratischen politischen Systems mitwirken wollten und sich durch eine Mitgliedschaft in der Partei vielleicht auch Vorteile für sich selbst erhofften. Als die Hoffnungen der deutschen Sozialdemokraten, beim Neuaufbau Deutschlands die Führungsrolle zu übernehmen, durch die Wahlerfolge der Union enttäuscht wurden, schrumpfte die Mitgliederzahl der SPD bis 1957, dem Jahr des bisher größten Wahltriumphs der Union, um ein Viertel auf rund 630.000 Mitglieder.

Nach dem mit Ende der Großen Koalition vollzogenen Machtwechsel und den von Willy Brandt in den ersten Jahren seiner Kanzlerschaft geweckten hohen Erwartungen an die von der SPD geführten Regierung, war dann eine rapide Zuwanderung neuer SPD-Mitglieder zu beobachten. Von 1969 bis 1974 wuchs die Zahl der SPD-Mitglieder um nahezu ein Drittel auf knapp eine Million.

Während der zwischen 1969 und 1974 zu beobachtende große Mitgliederzustrom bei den Unionsparteien nicht zu größeren organisatorischen Schwierigkeiten geführt hatte, sondern ihr im Gegenteil bei der Mobilisierung ihres Wählerpotentials hilfreich war, brachte die drastisch wachsende Zahl neuer Mitglieder der deutschen Sozialdemokratie große innerparteiliche und innerorganisatorische Probleme.[29] Das lag nicht am quantitativen Zuwachs so vieler neuer Mitglieder; denn bei den noch größeren Zuwachsraten bei den Mitgliedern der Union hätte es dort ja stärkere organisatorische Verwerfungen geben müssen als bei der SPD – was aber nicht der Fall war.

Verursacht wurden die Schwierigkeiten, die der durch den Machtwechsel von 1969 und die von Brandt geschürten hohen Erwartungen an die SPD-Regierung im Bund ausgelöste Mitgliederschub der SPD brachte, durch eine zunehmende Diskrepanz zwischen der Wähler- und Mitgliederstruktur der Partei.

Zu Beginn des letzten Jahrhunderts bis zur Weimarer Republik war – wie es Robert Michels schon 1906 formulierte – der Industriearbeiter „die Säule, auf der sich die sozialdemokratische Organisation ... so gut wie ganz aufbaute". Sie war die „naturgegebene Basis", die „die Wurzeln ihrer Kraft" bildete.[30] In der SPD war damals vor allem der von Wilhelm Liebknecht als „revolutionäres Proletariat" und „Arbeiteraristokratie" bezeichnete Teil der Arbeiterschaft organisiert, nicht hingegen das „Lumpenproletariat" der „Ärmsten und Allerärmsten" (also das heute von der SPD umworbene „Prekariat").

Auch noch nach 1945 war die Arbeiterschaft das Rückgrat der SPD-Organisation. 1956 waren zwei Drittel der SPD-Mitglieder Arbeiter, ein knappes Viertel Angestellte oder Beamte und rund ein Zehntel Selbständige. Damit war der Anteil der Arbeiter in der SPD-Mitgliedschaft deutlich höher als unter den Erwerbstätigen insgesamt, von denen etwas mehr als die Hälfte (52 %) Arbeiter waren.

Bis 1974 ging im Zuge des sozialen Wandels in Richtung Dienstleistungsgesellschaft der Arbeiteranteil unter den Erwerbstätigen um 7 Prozentpunkte von 52 auf 45 Prozent zurück. Unter den SPD-Mitgliedern aber war der Rückgang des Arbeiteranteils deutlich größer: Der Anteil sank um 24 Prozentpunkte von 66 auf 42 Prozent. Der Arbeiter-

---

29 Vgl. die ausführliche Darstellung in: Güllner, Manfred. Daten zur Mitgliederstruktur der SPD: Von der Arbeiterelite zu den Bourgeoissöhnchen, in: Transfer2: Wahlforschung: Sonden im politischen Markt, Opladen 1977, S. 91-106

30 Michels, Robert. Die deutsche Sozialdemokratie - Parteimitgliedschaft und soziale Zusammensetzung, in: Archiv für Sozialwissenschaften. XXIII, 1906, S. 471 ff

anteil unter den SPD-Wählern war 1974 mit 53 Prozent größer als der Arbeiteranteil unter den SPD-Mitgliedern.

Soziale Struktur der Erwerbstätigen sowie der SPD-Mitglieder 1956 und 1974

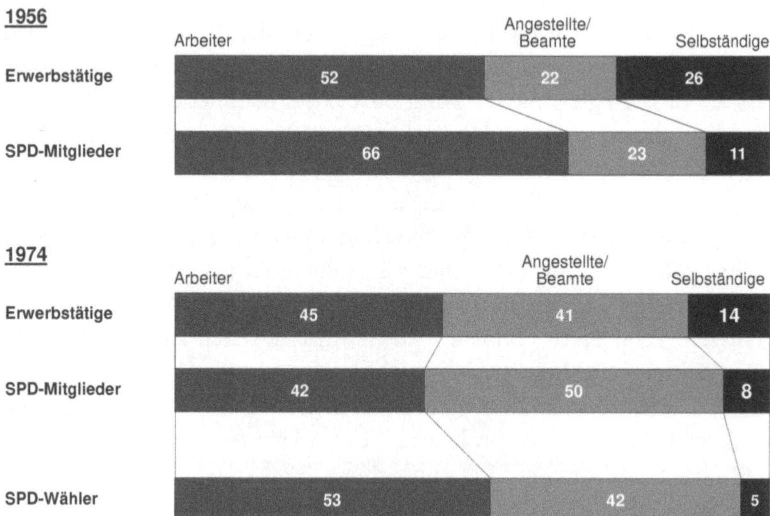

Auch unter den neuen Mitgliedern der SPD gab es immer weniger Arbeiter. Waren unter den Neuzugängen zur SPD bis 1969 noch zwei Drittel Arbeiter, sank deren Anteil nach 1969 auf zwei Fünftel. Die Mehrheit der neuen Mitglieder der Partei waren Angestellte und vor allem Beamte sowie Schüler und Studenten, die nach ihrem Eintritt in den Beruf wohl kaum als Arbeiter tätig werden würden.

Der im Rahmen des sozialen Wandels einsetzende Trend zu Angestellten und Beamten war in der Gesamtwählerschaft bei weitem nicht so ausgeprägt, wie er sich in der SPD-Mitgliedschaft zu Beginn der 1970er Jahre zeigte. Bevor in der Gesellschaft insgesamt die Mittelschichten dominierten, entwickelte sich die SPD zu einer Partei der Mittelschichten.

Drastisch ausgeprägt war diese Tendenz bei den SPD-Funktionären. So betrug der Anteil der Arbeiter an der Gesamtmitgliedschaft der SPD im Landesverband Nordrhein-Westfalen Anfang 1974 44 Prozent.

Von den Vorsitzenden der SPD-Ortsvereine waren indessen nur 23 Prozent Arbeiter. Und von den Unterbezirksvorsitzenden an Rhein und Ruhr waren nur 11 Prozent Arbeiter. Lediglich unter den damals noch notwendigen Ortsvereinskassierern, die für die Beibringung der Mitgliedsbeiträge verantwortlich waren, war der Arbeiteranteil mit 44 Prozent so hoch wie in der Mitgliedschaft insgesamt.

Struktur der SPD-Mitglieder und Funktionäre in Nordrhein-Westfalen 1974

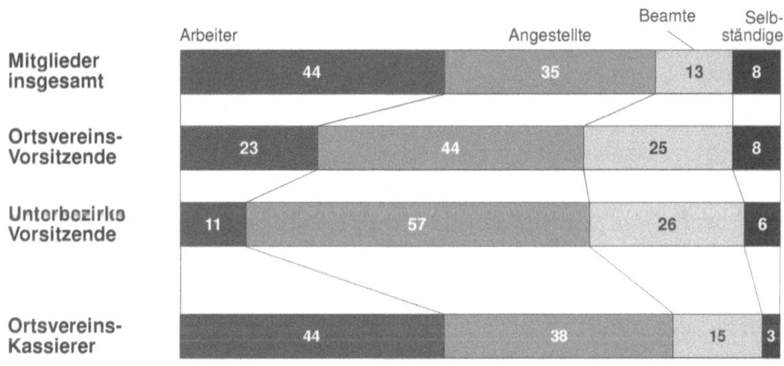

Deutliche Unterschiede zeigten sich zwischen den nach 1969 neu in die SPD geströmten und den älteren Mitgliedern auch bei den Rekrutierungskanälen und den Beitrittsmotiven. So hatten in der Weimarer Republik bei zwei Dritteln der SPD-Mitglieder schon deren Väter ein SPD-Mitgliedsbuch. Und auch nach 1945 waren die Väter der Hälfte der SPD-Mitglieder auch schon Mitglied der Partei gewesen. Bei den nach 1969 eingetretenen Mitgliedern gab es hingegen nur noch 19 Prozent, deren Väter bereits SPD-Mitglied gewesen waren. Während viele alte Mitglieder durch den Einfluss des Elternhauses oder der Familie in die SPD „hineinsozialisiert" wurden, spielte die politische Sozialisation durch die Familie bei den jüngeren SPD-Mitgliedern keine große Rolle mehr. Verloren ging bei den neuen Mitgliedern auch die enge Verflechtung mit den Gewerkschaften. Waren früher bis zu 70 Prozent der SPD-Mitglieder gleichzeitig auch Mitglied in einer Gewerkschaft, sank dieser Anteil bei den nach 1969 eingetretenen Mitgliedern auf unter 40 Prozent. Die Verflechtung mit anderen Organisationen der Arbeiterschaft spielte bei den SPD-Mitgliedern seit 1969 eine immer geringere Rolle.

Fast die Hälfte der nach 1969 eingetretenen SPD-Mitglieder gab an, ihre politischen Anschauungen würden sich von denen der Eltern unterscheiden – sie seien nämlich „radikaler". Die eigene, eher konservative Biografie wurde von den jungen Mitgliedern dann oft ideologisch überkompensiert. Die SPD wurde nicht mehr als Volkspartei gesehen, sondern – obwohl man selbst nicht aus Arbeiterfamilien stammte – als „Arbeiterpartei" bezeichnet. Gewinne der Unternehmen wurden als „Profite" gebrandmarkt und die Zeitungen als „bürgerliche Presse" verunglimpft. Und im Gegensatz zu den älteren Mitgliedern, für die eine Wahl links von der SPD nicht in Frage kam, hielten es viele der neuen Mitglieder durchaus für möglich, auch eine Partei links von der SPD zu wählen.

Anders als in den Unionsparteien führte der Mitgliederschub der SPD nach 1969 zu eruptionsartigen strukturellen Veränderungen. Die traditionelle Mitgliederbasis der SPD wurde in vielen SPD-Ortvereinen an den Rand des Parteilebens abgedrängt. Die den bei den „Neu-Linken" damals als „Kultwein" geschätzten „Edelzwicker" lieber als das proletarische Bier der alten Genossen trinkenden jüngeren Mitglieder drängten aber nicht nur die alten Mitglieder an den Rand und aus den von der Partei zu vergebenden Ämtern, sondern sorgten auch dafür, dass die traditionelle Anhängerschaft der SPD dieser sich neu formierenden SPD zunehmend entfremdet wurde.

Die große Zahl der neuen SPD-Mitglieder eher bürgerlicher Herkunft nach 1969 führte aber auch nicht zu einer größeren Annäherung an deren Herkunftsschichten. Im Gegenteil: Durch den Wandel der SPD von der „Arbeiterelite" zu den radikalisierten „Bourgeois-Söhnchen" wandten sich viele der durch den Reformprozess der SPD nach Godesberg zur SPD gekommenen „Schiller-Wähler" aus der Mitte der Gesellschaft wieder von der SPD ab.

Der nach dem Sieg der Reformer auf dem Godesberger Parteitag vorherrschende und vor allem von Karl Schiller und Helmut Schmidt geprägte pragmatische, am Machbaren orientierte Politikstil wurde von der durch die neuen Mitglieder wieder gepflegten, aber von den

Wählern als überwunden geglaubten Theoriediskussion mit entsprechenden Re-Ideologisierungstendenzen zunehmend überlagert.

Zwangsläufig wuchs in der durch Schiller und Schmidt für die SPD gewonnenen Mittelschicht die Angst vor einer erneuten Radikalisierung der SPD. Nach dem SPD-Parteitag in Hannover 1973, auf dem es harte Auseinandersetzungen zwischen den neuen und alten Mitgliedern und einen spürbaren Linksrutsch gab, gaben entsprechend auch 44 Prozent aller Bundesbürger an, die SPD habe sich nach links entwickelt. Dass es in der SPD große Auseinandersetzungen gab, hatten 52 Prozent wahrgenommen. Und über 50 Prozent glaubten auch, dass die Jungsozialisten eher kommunistische als sozialdemokratische Ideen verfolgen und somit einen schlechten Einfluss auf die SPD haben würden. Trotz des Spitzentrios in der Partei – Brandt, Schmidt, Wehner – glaubten schon 1973 29 Prozent der Bundesbürger, dass die radikalen Kräfte in der SPD an Einfluss gewonnen hätten.

Angst vor einer Radikalisierung der SPD (1973)

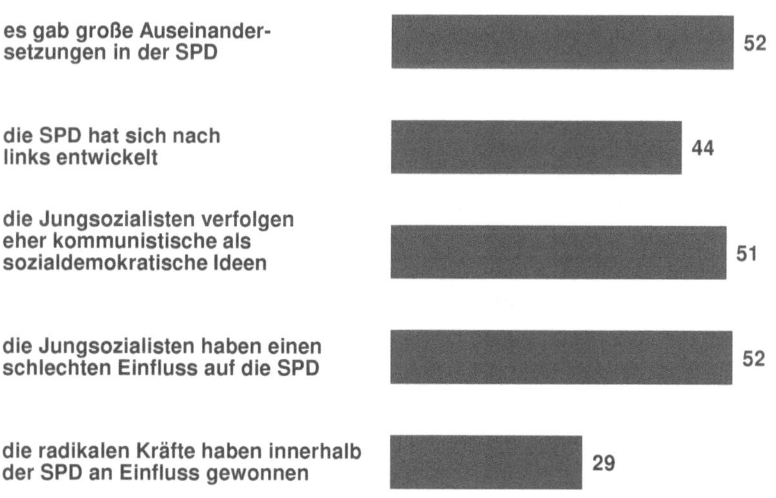

Quelle: infas-Repräsentativerhebung, 1973

Erste Alarmzeichen, dass die strukturellen Verschiebungen in der SPD-Mitgliedschaft auch Auswirkungen auf die Bereitschaft der Wähler hatten, der SPD ihre Stimme zu geben, zeigten sich im Übrigen auch schon bei der Bundestagswahl 1972.

Während die SPD 1972 bei den gültigen Stimmen im gesamten Bundesgebiet um 3,2 Prozentpunkte im Vergleich zu 1969 zulegen konnte, stagnierte die SPD in den urbanen Dienstleistungsmetropolen bzw. sie erhielt sogar weniger Stimmen als 1969. So betrug der Zuwachs in Köln nur 0,9 Prozentpunkte. In Hamburg und Hannover stagnierte die SPD-Stimmenzahl, während in München, Frankfurt und Stuttgart sogar Verluste (-0,8, - 1,6 bzw. – 2,2 Prozentpunkte) für die SPD zu verzeichnen waren.

Die von den Bürgern eher als negativ empfundenen Entwicklungen in der SPD nach 1969 zeigten sich auch an den zurückgehenden Zustimmungen zur SPD bei Landtagswahlen – so z.B. in Hessen, das in den 1950er und 1960er Jahren als „sozialdemokratisches Musterland" galt. Während die SPD bei der Bundestagswahl 1969 von 41,8 Prozent der Wahlberechtigten gewählt wurde, ging der Anteil bei der hessischen Landtagswahl ein Jahr später im Herbst 1970 um ein Zehntel auf 37,7 Prozent zurück. 1972 konnte die SPD bei der Bundestagswahl 1972 wieder deutlich mehr Wähler an sich binden (44,2 Prozent der Wahlberechtigten). Doch von diesen fast 1.7 Millionen Wählern der „Willy-Wahl" 1972 wählten bei der Landtagswahl 1974 nur noch knapp 1.4 Millionen die SPD – also ein Wählerschwund zwischen 1972 und 1974 von 18 Prozent.

Noch größer war der Wählerschwund der SPD in Hessen auf der kommunalen Politikebene. Konnte die SPD bei den Kommunalwahlen 1972 fast 40 Prozent der hessischen Wahlberechtigten an sich binden, fiel der Anteil innerhalb eines Jahrzehnts bis 1981 um ein Viertel auf unter 30 Prozent.

Wie drastisch sich der Vertrauensverlust auf kommunaler Ebene vollzog, zeigt sich am Beispiel der einstigen SPD-Hochburg Frankfurt am Main.

Während die SPD bei den Bundestagswahlen 1976 und 1980 von fast 40 Prozent aller Wahlberechtigten gewählt wurde, gaben der Frankfurter SPD bei den Wahlen zur Stadtverordnetenversammlung im März 1977 und im März 1981 nur noch 28 bzw. 23 von 100 Wahlberechtigten ihre Stimme. Die CDU, die bei den Bundestagswahlen weniger Stimmen erhielt als die SPD, lag 1977 und 1981 zum ersten

Der Niedergang der SPD im sozialdemokratischen Musterland Hessen 1969 bis 1981

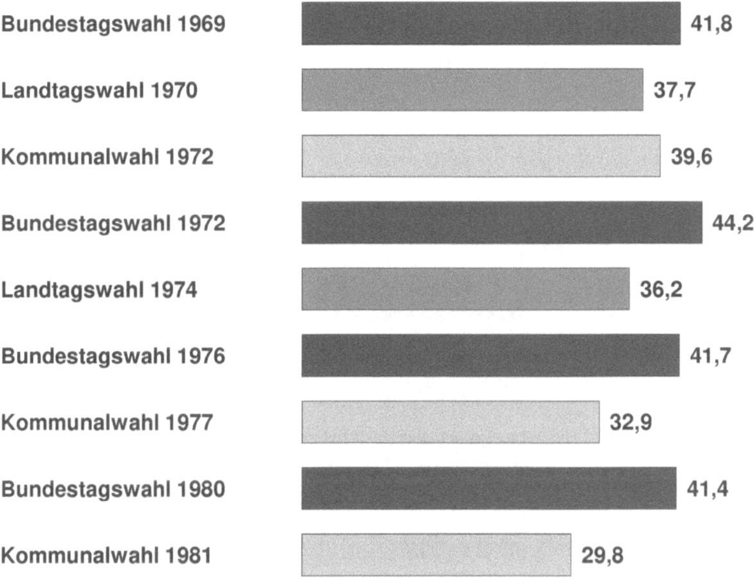

Mal seit dem Ende des Zweiten Weltkriegs klar vor der SPD und erhielt so wie die SPD bei den meisten Kommunalwahlen seit 1956 nunmehr mit 51,3 bzw. 54,2 Prozent die absolute Mehrheit der abgegebenen gültigen Stimmen und der Sitze in der Frankfurter Stadtverordnetenversammlung. Walter Wallmann, ein bis dahin in Frankfurt unbekannter Bundestagsabgeordneter aus Marburg, konnte so – nachdem Rudi Arndt vom Amt des Oberbürgermeisters zurückgetreten war – zum ersten CDU-Oberbürgermeister von Frankfurt gewählt werden. Er behielt dieses Amt bis 1986, als Helmut Kohl ihn zum ersten Bundesumweltminister ernannte. Zwischen 1977 und 2012 stellte die CDU 29 Jahre den Frankfurter Oberbürgermeister. Die SPD konnte nur 6 Jahre lang – von 1989 bis 1995 – wieder das Amt des Oberbürgermeisters besetzen.

Nicht nur in Frankfurt am Main, auch in München verlor die SPD Mitte der 1970er Jahre das Amt des Oberbürgermeisters. 1978 sank der SPD-Anteil bei der Wahl zum Stadtrat der bayerischen Hauptstadt von 52,5 Prozent bei der vorhergehenden Kommunalwahl 1972 um 14,9 Prozentpunkte auf 37,6 Prozent. Die CSU hingegen steigerte ihren Anteil an den abgegebenen gültigen Stimmen von 35,7 um 14,4 Prozentpunkte auf 50,1 Prozent. Ihr Oberbürgermeisterkandidat Erich Kiesl erhielt sogar 51,4 Prozent.

SPD- und CDU-Wähler in Frankfurt am Main bei Bundestags- und Kommunalwahlen 1976 bis 1981 (in % der Wahlberechtigten)

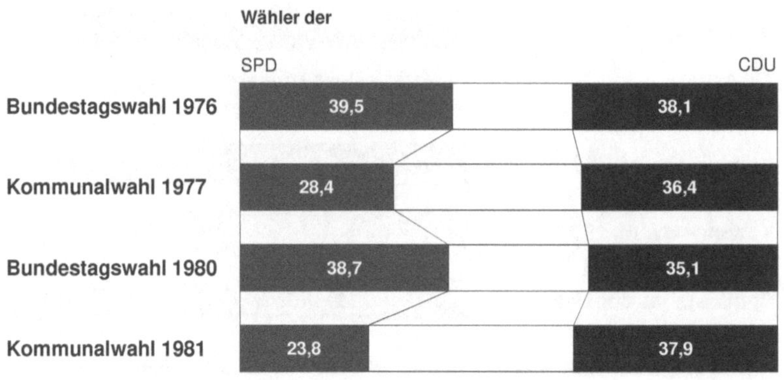

Die Beispiele Hessen, Frankfurt am Main und München zeigen, dass ein hoher Mitgliederzuwachs nicht automatisch auch mehr Wählerstimmen bringt. Um das Vertrauen der Wähler zu halten oder das von neuen Wählern zu gewinnen, kommt es – das musste die SPD nach dem Mitgliederschub nach 1969 vielerorts erfahren – nicht allein auf die Quantität, sondern vor allem auf die strukturelle Zusammensetzung der Mitgliedschaft an.

Bei der SPD hatte die Eintrittswelle neuer Mitglieder Anfang der 1970er Jahre zu einer extremen Distanz zwischen Wähler- und Mitgliederbasis geführt. Durch die vielen neuen „überbildeten" Mitglieder, die zunehmend in den SPD-Ortsvereinen den Ton angaben, wurde die SPD ihren angestammten Wählern aus der Arbeiterschicht fremd. Zudem aber verprellten die neuen Mitglieder aus eher bürgerlichen Schichten wegen ihres verbalen Radikalismus die nach Godesberg neu gewonnenen Wähler aus der Mitte der Gesellschaft („Schiller"- bzw. „Schmidt"-Wähler).

Diese Abkehr der nach der Entideologisierung der SPD neu gewonnenen Mitte-Wähler von der SPD vollzog sich zunächst auf der lokalen, dann aber auch auf der Landesebene. Vor Ort wurde für die Wähler eher als auf der Ebene der Bundespolitik erfahrbar, dass sich die politischen Vorstellungen der SPD und zunehmend auch die kommunalpolitische Praxis nicht mehr an den Bedürfnissen der Mehrheit der Bürger, sondern überwiegend an den wieder ideologischen Dogmen der nur eine Minderheit der Gesellschaft repräsentierenden SPD-Führungskader orientierte. So wurden in der praktischen Stadtentwicklungs- und Verkehrspolitik mit einer bereits damals einsetzenden Verteufelung des Autos die Bedürfnisse der klassischen Wählerklientel der SPD nicht mehr berücksichtigt. Und Forderungen wie die der damaligen Juso-Vorsitzenden Heidemarie Wieczorek-Zeul im Bezirk Hessen-Süd, die Traktoren der Bauern in Vogelsberg zu enteignen und in ein Kollektiv einzubringen, verprellten und verunsicherten sowohl die Stammwähler als auch die neu gewonnenen Mitte-Wähler der SPD.

Der Schachzug des damaligen hessischen Ministerpräsidenten Albert Oswald, Heidemarie Wieczorek-Zeul 1974 den Weg an die Bundesspitze der Jungsozialisten in Bonn dadurch zu ermöglichen, dass er ihr eine gut dotierte Stelle beim Bildungstechnologischen Zentrum (BTZ) besorgte, half nicht mehr, das negative Bild der SPD Hessen-Süd beim Wähler wieder zu verbessern. Selbst ein SPD-Vertreter mit ausreichendem Intellekt, wie der Soziologe und Hochschullehrer Ludwig von Friedeburg, war als hessischer Kultusminister im Kabinett Oswald in so starkem Maße vom Radikalismus-Virus der südhessischen SPD infiziert, dass er durch seine ideologisch fixierten Bildungsrichtlinien die Mehrheit der Eltern in Hessen gegen die Partei aufbrachte. Alfred Dregger als CDU-Spitzenkandidat konnte so mit seinem Versprechen, als Ministerpräsident jeden 10. Lehrer an hessischen Schulen entlassen zu wollen, der CDU bei der Landtagswahl 1974 fast zur absoluten Mehrheit verhelfen.

Die SPD war Mitte der 1970er Jahre in zwei Parteien zerfallen: Die reideologisierte SPD vor Ort in vielen Bundesländern und die „Schmidt-SPD", die auf Bundesebene noch wählbar war, aber – wie der Ausgang der Bundestagswahl 1976 zeigte – dennoch Mühe hatte, sich gegenüber der erneuerten Union mit Helmut Kohl an der Spitze zu behaupten.

4.6.3 Die Professionalisierung von Union und SPD in den 1970er Jahren

Nachdem die CDU lange Zeit keinen effizienten hauptamtlichen Apparat aufgebaut hatte, sondern im Wesentlichen aus dem Kanzleramt gesteuert wurde, musste sie sich nach dem Verlust der halben Macht nach Bildung der Großen Koalition 1966 und dem Verlust der ganzen Regierungsmacht nach Bildung der sozialliberalen Koalition 1969 neu organisieren. Dabei war die enge Symbiose zwischen Kanzleramt, den im Umfeld des Bundespresseamtes wirkenden „Tarnorganisationen" zur Propagierung der Regierungs- und Parteipolitik und dem Institut für Demoskopie in Allensbach schon nach dem Rücktritt von Konrad Adenauer weitgehend aufgelöst worden. Erich Peter Neumann, eine der zentralen Figuren im „Think-Tank" von Otto Lenz, ging 1961 als Bundestagsabgeordneter der hessischen CDU selbst in die Politik. Und mit Ludwig Erhard und dessen unmittelbaren Beratern gab es keine vergleichbaren Kontakte – weder zwischen Erhard und Erich Peter Neumann noch mit seiner Ehefrau, zumal 1963 der enge Kontakt zwischen Elisabeth Noelle-Neumann und Helmut Kohl begann. Kohl verhalf ihr zu ihrer Professur an der Universität Mainz und wurde seither auf seinem politischen Weg zunächst zum Ministerpräsidenten in Rheinland-Pfalz, dann zum CDU/CSU-Oppositionsführer und schließlich zum Bundeskanzler in Bonn laufend von Elisabeth Noelle-Neumann beraten.

Erich Peter Neumann spielte nach dem Kanzler-Wechsel 1963 von Adenauer zu Erhard und nach seinem Ausscheiden aus dem Bundestag 1965 in der Union keine Rolle mehr und wurde so auch für Elisabeth Noelle-Neumann uninteressant und entbehrlich. Er wurde aus Allensbach verbannt und musste den Rest seines Lebens in der Bonner Vertretung des Instituts verbringen. Er wurde – wie Noelle-Neumann in ihren „Erinnerungen" recht brutal schildert - „Alkoholiker". Über seinen Tod am 12. Juni 1973 war sie dann „erleichtert"; denn sonst hätte er „in eine psychiatrische Klinik eingeliefert werden müssen".[31]

Die CDU organisierte in der Nach-Adenauer- und Nach-Erhard-Ära ihre Politikberatung und Wahlkampfplanung auf verschiedenen Wegen neu und gründete 1967 das „wissenschaftliche Institut der Kon-

31 Noelle-Neumann. Erinnerungen, a.a.O. S. 243 f.

rad-Adenauer-Stiftung“ (WIKAS). WIKAS arbeitete mit zwei Instituten eng zusammen, dem Getas-Institut in Bremen unter Leitung von Hans-Jürgen Ohde (der das Institut später an das Hamburger Institut GfM verkaufte, das wiederum vom französischen Konzern IPSOS übernommen wurde), und einem Institut namens WEMA in Köln. Leiter des WEMA-Instituts war ein Kölner Soziologe namens Horst Schmelzer, der der CDU seine „Wertmusteranalyse“ („WEMA“) als neues Instrument der Sozialforschung andiente. Damit – so Schmelzer – würde die klassische Sozial- und Wahlforschung abgelöst und ersetzt. WEMA schröpfte die CDU und auch das Land Rheinland-Pfalz heftig und brachte Helmut Kohl den ersten Untersuchungsausschuss in seiner politischen Laufbahn ein. WEMA und Schmelzer hatten für die rund 4 Millionen DM, die sie vom Land Rheinland-Pfalz für den Aufbau eines „kybernetischen Planungsmodells“ erhalten hatten, so gut wie nichts geleistet. Nach der Insolvenz von WEMA betätigte sich Schmelzer dann unter dubiosen Umständen als Finanzjongleur.

Die vielen Ungereimtheiten von WEMA fielen aber auch den WIKAS-Mitarbeitern auf, die die Zusammenarbeit mit Schmelzer recht bald wieder einstellten.

1970 wurde WIKAS in „Sozialwissenschaftliches Forschungsinstitut“ (SFK) umbenannt. Die Leitung übernahm Werner Kaltefleiter, gleichzeitig Lehrstuhlinhaber an der Universität Kiel.

Mit der Wahl von Helmut Kohl zum neuen CDU-Vorsitzenden und von Kurt Biedenkopf zum CDU-Generalsekretär wurde dann die Forschungs-, Planungs- und Beratungstätigkeit der CDU wiederum neu organisiert – mit spürbaren positiven Folgen für die Partei bei der Bundestagswahl 1976. Elisabeth Noelle-Neumann spielte aufgrund ihres engen Kontaktes zu Helmut Kohl eine ähnlich entscheidende Rolle bei der Vorbereitung der CDU-Wahlkämpfe wie zuvor Erich Peter Neumann bei Adenauer.

Die CDU knüpfte somit einerseits wieder an die ursprünglichen Beratungsformen in der Adenauer-Ära an. Neben der auf die Person Kohl zugeschnittenen und auf einer gewachsenen Vertrauensbasis beruhenden Beratung durch Noelle-Neumann nutzte die CDU aber auch die Dienste und Expertisen anderer Institute wie Emnid, Contest-Census, Basis-Research (dessen Geschäftsführer Helmut Jung später mit GMS ein eigenes Institut gründete, das vor allem qualitative Forschungen für die CDU und vor allem die CSU durchführte) und die Forschungsgruppe Wahlen, deren Vorstandsmitglied Gibowski nach 1990 ins Bundespresseamt wechselte und dort die Meinungsforschung der Regierung koordinierte. Ab 1982 hatte die CDU ja auch wieder Zugriff auf die Forschungsressourcen des Bundespresseamtes. Der BPA-Forschungsetat wanderte zu einem großen Teil wie schon zu Adenauers Zeiten zum Institut für Demoskopie.

Alles in allem war die Union einerseits durch die Kontinuität der Beratung durch das IfD und andererseits durch die Pluralität der anderen genutzten Institute für die Politikforschung gut gerüstet.

In der SPD vollzog sich die Professionalisierung der Politikberatung in deutlich anderer Weise als in der Union – und nicht unbedingt zum Vorteil der Partei.

Durch die Beteiligung an der Regierung 1966, vor allem aber durch den Machtwechsel 1969 und den dadurch möglichen Zugriff auf Ressourcen der Regierung sowie durch die inzwischen staatlich abgesicherte Parteienfinanzierung standen der SPD Anfang der 1970er Jahre mehr Mittel und dadurch auch andere Möglichkeiten der Politikforschung zur Verfügung als in den Jahren zuvor. Bis 1969 wurde die Politikberatung und die Vorbereitung der Wahlkämpfe fast ausschließlich durch das SPD-eigene infas-Institut vorgenommen. Die kommunalen Wahlkämpfe in den 1960er Jahren (z.B. in München), der erfolgreiche Wahlkampf zur Landtagswahl in Nordrhein-Westfalen 1966 und der 1969er Wahlkampf zur Bundestagswahl waren von infas in direkter Zusammenarbeit mit der Parteiorganisation vorbereitet worden.

Durch die schon beschriebene Aversion des SPD-Vorsitzenden Willy Brandt gegenüber infas kam es allerdings auch schon vor 1969 zu den ersten Entfremdungstendenzen zwischen der SPD und „ihrem" Institut. Schon bald nachdem Brandt Außenminister geworden war, schickte er einen seiner Vertrauten, Leo Bauer, zu Infratest nach München, um Möglichkeiten einer Kooperation mit der SPD auszuloten. Und es wurden erste Aufträge von der SPD bzw. vom Bundespresseamt und dem Außenministerium an Infratest vergeben. Nach 1969 wurden dann in der „SPD-Baracke" neue Mitarbeiter eingestellt, die sich auch um die Politik- und Wahlforschung kümmern sollten. Volker Riegger und Henning von Borstell, beides keine Sozialwissenschaftler, sondern nach einem Studium der Volkswirtschaftslehre und Wirtschaftsgeschichte am wirtschaftswissenschaftlichen bzw. finanzwissenschaftlichen Lehrstuhl der Universität München tätig, wurden so in der „Baracke“ für die Wählerforschung und Öffentlichkeitsarbeit zuständig.

Während infas bis 1969 unmittelbaren Zugang zu der SPD-Spitze hatte und die ermittelten Befunde auch selbst interpretierte sowie bei der Umsetzung der Befunde in praktische Maßnahmen beraten konnte, wurden nunmehr von infas ermittelte Untersuchungsergebnisse von Riegger und von Borstell zensiert, nach deren Gutdünken bewertet und erst dann an die Zuständigen in der Partei weitergeleitet.

Die Zusammenarbeit von Riegger und von Borstell war aufgrund ihrer Münchener Herkunft mit dem ebenfalls in München ansässigen Infratest-Institut von vornherein enger als mit infas. Nicht zu Unrecht wurde seinerzeit von der „Schwabinger Beratungs-Schickeria“ gesprochen, der neben Infratest auch aus dem Institut ausgeschiedene Mitarbeiter wie Werner Sörgel oder Horst Becker angehörten. Becker gründete später zusammen mit einem weiteren früheren Infratest-Mitarbeiter, Walter Ruhland, das Institut „Polis“.

Während infas seine Befunde und daraus abgeleitete Erkenntnisse ohne besonders große taktische Rücksichtnahmen auf Befindlichkeiten einzelner Führungspersonen oder gerade in der SPD tonangebender Flügel zu präsentieren pflegte, neigten die Vertreter von Infratest und der Infratest-Ableger zusammen mit Riegger und von Borstell dazu, Ergebnisse nur nach Opportunität gefiltert und bruchstückhaft in die Entscheidungsprozesse der Partei einzuspeisen.

Nachdem die SPD bei der Hamburger Bürgerschaftswahl 1974 über 10 Prozentpunkte verloren hatte, hatte infas die SPD auf die Ursachen dieses Wählerschwundes hingewiesen. Schon die Wahlergebnisse bei der Bundestagswahl 1972 in den Dienstleistungsmetropolen hatten gezeigt, dass der soziologische Trend zur Dienstleistungsgesellschaft und die politische Entwicklung der SPD zur Volkspartei wegen der innenpolitischen Veränderungen sich nicht mehr wie zuvor ergänzten. Im Ergebnis der Hamburger Bürgerschaftswahl sah infas nun ein weiteres Signal, dass von den Dienstleistungszentren der Republik eine politische Tendenz ausging, durch die die SPD auf ihre Position in den 1950er Jahren zurückfallen könne. Durch weitere Studien in Großstädten (der sogenannten „Metropolenstudie") wurde diese Analyse von infas erhärtet und weitgehend bestätigt.

Doch vielen in der SPD missfielen diese Erkenntnisse. Unterstützt wurden sie von den neuen Münchener Beratern der SPD. So behauptete einer dieser neuen Berater, Werner Sörgel, in einer Sitzung des SPD-Vorstandes, in der die Ergebnisse der Metropolenstudie diskutiert werden sollten, den von infas behaupteten negativen Großstadttrend für die SPD gäbe es so nicht; denn in der Stadt Wolfsburg habe die SPD keine Verluste, sondern Gewinne zu verzeichnen. Obwohl die SPD in allen anderen 68 der 69 damaligen Großstädte mit mehr als 100.000 Einwohnern Verluste hatte, reichte diese Feststellung der Mehrheit des Vorstandes und dem Parteivorsitzenden Brandt aus. Eine Diskussion der infas-Befunde, die der SPD Hinweise und Rezepte gegen diesen Trend hätten geben können, fand daraufhin in der SPD nicht mehr statt.

Ebenso erging es den Befunden einer breit angelegten Mitgliederstudie, die unter dem Kürzel „K-Studie" auf Empfehlung von Hans Koschnick, dem damaligen Bremer Bürgermeister und stellvertretenden SPD-Vorsitzenden, sowie von Holger Börner, der im Oktober 1976 neuer hessischer Ministerpräsident geworden war, von infas und Infratest gemeinsam durchgeführt wurde. Hier waren wichtige Erkenntnisse über die durch den großen Mitgliederschub nach 1969 ausgelösten Friktionen zwischen der traditionellen Mitgliederbasis und der neu entstandenen Funktionärskaste gewonnen worden. Doch da auch das viele in der SPD-Führung nicht hören wollten, wurden die Ergebnisse, deren Beachtung einige der zwangsläufig eingetretenen krisenhaften Entwicklungen in der SPD hätten verhindern können, nicht weiter behandelt. Außer einer kurzen Präsentation im SPD-Vorstand und in einer Organisationskommission von Herbert Wehner sowie einem von Horst Becker im Vorwärts verfassten nichtssagenden Artikel wurde über die Ergebnisse dieser wohl größten Parteimitgliederstudie in Deutschland und vielleicht Europa nichts verlautbart. Selbst die Daten dieser Studie waren schon bald nicht mehr auffindbar.

infas wurde zunehmend von den Helfershelfern von Infratest im Parteiapparat als „Störenfried" diskreditiert und Schritt für Schritt von der Beratung der SPD ausgeschlossen.

Anstelle von infas konnte Infratest – wie Anja Kruke in ihrer Dissertation „Demoskopie in der Bundesrepublik Deutschland" zutreffend feststellt – „im Laufe der Siebziger Jahre seinen demoskopischen Einfluss als Hausinstitut der SPD verstärken und ausweiten".[32]

Mit der Ausschaltung von infas, dem Institut, das sich die SPD nach der Wahlniederlage 1957 zugelegt hatte, um Zugang zu wahlsoziologischen Daten und Erkenntnissen zu erhalten, verlor die SPD zunehmend auch die Fähigkeit, gesellschaftliche Realitäten adäquat wahrzunehmen. Die SPD ignorierte Krisen und die daraus resultierenden Vertrauens- und Bedeutungsverluste und nahm die wahren Ursachen dafür nicht zur Kenntnis. Stattdessen suchte sie immer neue Ausflüchte, die es ihr erlaubten, die eigenen Versäumnisse als Ursachen ihrer Schwierigkeiten zu verdrängen. Auf die SPD traf und trifft die Beschreibung eines englischen Politikforschers zu, der die deutschen Sozialdemokraten mit jemandem verglich, der den Einsturz eines Hauses nicht auf das stattgefundene Erdbeben zurückführt, sondern darauf, dass jemand im Haus ein Möbelstück verrückt hätte.

Die nach dem Wahlsieg von 1972 einsetzenden Schwierigkeiten und Probleme der SPD hatten insofern auch viel mit der im Vergleich zur CDU wenig optimal verlaufenden Professionalisierung der Partei nach 1969 zu tun.

32 Kruke, Anja. Demoskopie in der Bundesrepublik Deutschland. Düsseldorf 2007, S. 299

5. Das Ende der sozialliberalen Ära

5.1 Die Strauß-Wahl 1980

Die durch die vielen neuen Mitglieder eingeleitete und vorangetriebene Reideologisierung und Radikalisierung der SPD verprellte die nach Godesberg neu gewonnenen Wählerschichten in zunehmendem Maße. Heftige Verluste bei kommunalen und Landtagswahlen waren die Folge. Helmut Schmidt konnte diese negative Entwicklung durch seine hohe Popularität auf Bundesebene zunächst noch überdecken und hielt die Abwanderung von Wählern bei der Bundestagswahl 1976 in Grenzen. Doch die Union erreichte mit Helmut Kohl schon 1976 ein unerwartet gutes Ergebnis, das neben der negativen Entwicklung der SPD und der nicht mehr adäquaten Nutzung ihrer Beratungsressourcen vor allem auch der Erneuerung der CDU zu verdanken war.

Der 1976er Erfolg der Union geriet allerdings bald darauf schon wieder in Gefahr durch den heftigen Konflikt zwischen den Schwesterparteien CDU und CSU, der nach der Wahl 1976 ausbrach. Hauptgrund dieses Konflikts zwischen CDU und CSU war, dass der CSU-Vorsitzende Franz-Josef Strauß Helmut Kohl nicht für fähig hielt, Kanzler zu werden oder zu sein. Kohl – so meinte Strauß – neige dazu, Probleme auszusitzen, statt sie zu lösen. Im Vergleich zu Helmut Schmidt wirke er hausbacken und plump. Strauß sah sich in seinem negativen Urteil über Kohl auch durch dessen missglückte Jungfernrede als Oppositionsführer im Bundestag bestätigt.

Kohl, der sein Amt als Ministerpräsident in Rheinland-Pfalz nach der Wahl 1976 aufgegeben und den Vorsitz der CDU/CSU-Bundestagsfraktion übernommen hatte, eröffnete im Dezember 1976 die Aussprache über die rhetorisch wie immer ausgefeilte Regierungserklärung von Helmut Schmidt. Dabei „verirrte" er sich – wie es Manfred Görtemaker schildert – in „Schlagworten und missglückten Sprachbildern". Als er unter Hinweis auf die angebliche „Rentenlüge" der Bundesregierung sagte „Wer so die Axt an die Wurzeln des Vertrauens legt, ist dabei, den Lebensnerv der Demokratie zu gefährden, wenn nicht gar zu zerstören" machte Herbert Wehner einen seiner berüchtigten und gefürchteten Zwischenrufe und rief mit lauter Grabesstimme: „Morgenstunde hat Kohl im Munde". Das Desaster für Kohl wurde vollends für alle Abgeordneten sichtbar, als Franz-Josef Strauß nach Kohl eine Schmidt rhetorisch ebenbürtige Rede hielt.

Nach diesem Desaster, das Kohl in seinen Erinnerungen verständlicherweise nicht erwähnt (Kohl schreibt nur, er habe die Regierungserklärung von Schmidt als „Dokument der Ratlosigkeit" bezeichnet), meldete er sich im ganzen Jahr 1977 nur dreimal zu Wort. Obwohl Oppositionsführer saß er – wenn er überhaupt im Plenarsaal erschien – stumm auf seinem Platz.[33]

Höhepunkt des CDU-CSU-Konflikts war der Kreuther Beschluss der CSU zur Aufkündigung der seit 1949 im Bundestag bestehenden Fraktionsgemeinschaft mit der CDU. Dieser Beschluss wurde zwar wieder rückgängig gemacht, doch die persönliche Animosität von Strauß gegenüber Kohl blieb bestehen. Sein Urteil über Kohl „Er wird nie Kanzler werden; er ist total unfähig" hat Strauß niemals revidiert. Wegen der pausenlosen Kritik an seiner Person sah sich Kohl gezwungen, auf eine erneute Kanzlerkandidatur bei der nächsten Bundestagswahl 1980 schon frühzeitig im Frühjahr 1979 zu verzichten. Da auch der von Kohl vorgeschlagene niedersächsische Ministerpräsident Ernst Albrecht als Kanzlerkandidat in der Gesamtfraktion der Union nicht durchsetzbar war, musste Kohl die Entscheidung der Fraktion vom 2. Juli 1979, Franz-Josef Strauß zum gemeinsamen Kanzlerkandidaten von CDU und CSU aufzustellen, hinnehmen.

Kohl hoffte dabei auf eine Niederlage von Strauß bei der Wahl 1980, um ihn dadurch „endgültig los" zu sein. Kohls Rechnung ging auf - Strauß hatte gegen Helmut Schmidt keine Chance, weil der 1980 trotz aller krisenhaften Entwicklungen in der SPD den Höhepunkt seiner Popularität erreicht hatte. Er war beliebter als Konrad Adenauer 1957 und Willy Brandt 1972. 66 Prozent der Wahlberechtigten gaben im Juni 1980 in einer Untersuchung von Marplan an, Helmut Schmidt sei ihnen als Bundeskanzler lieber als Franz-Josef Strauß. Den wünsch-

33 Görtemaker, Manfred. a.a.O., S. 701

ten sich nur 23 Prozent als Kanzler, weil viele ihn für unsozial, unkontrollierbar und unberechenbar hielten.

Kanzlerpräferenzen 1980

Als Bundeskanzler hätten lieber

Helmut Schmidt

66 %

Franz Josef Strauß

23 %

Bei der Bundestagswahl am 5. Oktober 1980 erhielt die Union mit ihrem Kanzlerkandidaten Strauß 44,5 Prozent der abgegebenen gültigen Stimmen – 4,1 Prozentpunkte weniger als 1976 mit Helmut Kohl. Die SPD erhielt wie 1976 weniger Stimmen als die Union – konnte ihr Ergebnis aber geringfügig um 0,3 Prozentpunkte von 42,6 auf 42,9 Prozent verbessern. Zusammen mit der FDP, die ihren Anteil von 7,9 auf 10,6 Prozent steigern konnte, hatte die sozialliberale Koalition eine komfortable Mehrheit. SPD und FDP zusammen verfügten im neuen Bundestag über 271 Sitze – 18 mehr als in der Wahlperiode 1976 bis 1980. Die CDU/CSU-Opposition erhielt nur 226 Sitze – 17 weniger als bei der Wahl zuvor und 45 weniger als die Regierung.

Zum ersten Mal kandidierte 1980 die neu gegründete Partei der Grünen bei einer Bundestagswahl. Mit 1,5 Prozent der gültigen Stimmen lag sie aber weit unter der für den Einzug in das Parlament erforderlichen 5-Prozent-Marke. Doch das sollte sich bei der nächsten Bundestagswahl ändern.

5.2 Das Ende von Helmut Schmidt

Obwohl die SPD 1980 wie auch schon 1976 keine geschlossene Partei mehr war und wegen ihrer Radikalisierung viele potentielle Wähler verprellte, konnte die Union aus eigener Kraft keinen Regierungswechsel herbeiführen. Dazu benötigte sie – wie schon 1969 die SPD bei dem ersten Machtwechsel in der Geschichte der Bundesrepublik – die FDP.

Und die tat ihr auch schon bald nach der Wahl 1980 den Gefallen und war zu einem Koalitionswechsel bereit. Die FDP fürchtete zunehmend, in den Abwärtsstrudel der SPD, der auf Bundesebene ja nur durch die große Popularität von Helmut Schmidt gebremst wurde, hineinzugeraten und so in ihrer Existenz bedroht zu werden. In Berlin und Niedersachsen ging die FDP deshalb wieder Partnerschaften mit der CDU ein. Hans-Dietrich Genscher, FDP-Vorsitzender und nach der Wahl von Walter Scheel zum Bundespräsidenten Außenminister und Vizekanzler im Kabinett Schmidt, pflegte im Stillen intensive Kontakte zur CDU – nicht nur mit Kohl, sondern auch mit den Ministerpräsidenten von Niedersachsen, Ernst Albrecht, und Schleswig-Holstein, Gerhard Stoltenberg, sowie mit Richard von Weizsäcker, der ebenfalls mit Hilfe der FDP nach langen Jahren der SPD-Vorherrschaft 1981 zum neuen Regierenden Bürgermeister von Berlin gewählt worden war. Weizsäcker sah seine Berliner Koalition aus CDU und FDP als Modellfall auch für Bonn – und sich als möglichen Kanzler.

Doch Genscher erkannte, dass nur Helmut Kohl nach der Niederlage von Strauß bei der Bundestagswahl 1980 ernsthaft als CDU-Aspirant auf das Kanzleramt in Frage kam und führte mit ihm die entscheidenden Gespräche über einen Wechsel der FDP zur Union.

Die in der FDP gehegten Gedanken, die Koalition mit der SPD aufzukündigen, wurden im Frühjahr 1982 durch das Ergebnis der Landtagswahl in Niedersachsen dringlicher und entsprechend konkreter. Bei dieser Wahl schaffte die FDP zwar mit 5,9 Prozent noch den Wiedereinzug in den Landtag – doch Ernst Albrecht konnte und musste eine CDU-Alleinregierung bilden, weil seine Partei die absolute Mehrheit erhalten hatte. Die vom desolaten Zustand der SPD und von der immer stärker nachlassenden Unterstützung der Politik von Helmut Schmidt durch seine Partei ausgehende Bedrohung für die Existenz auch der Liberalen führte dazu, dass Genscher mit Kohl für den Fall des Koalitionswechsels der FDP eine Art „Überlebensgarantie" für seine Partei vereinbarte. Bei einem Wechsel von der SPD zur Union sollte die FDP auch nach den danach erforderlichen Neuwahlen die gleiche Anzahl von Ministern mit möglichst den gleichen Ressorts erhalten. Seine Partei stimmte Genscher mit einem „Wendebrief" („Eine Wende ist notwendig") auf den Koalitionswechsel ein.

Am 30. Juni 1982 stimmten in der letzten Sitzung des Bundestags vor der Sommerpause 6 FDP-Abgeordnete gegen den Haushaltsentwurf der Regierung. Damit war das Ende der sozialliberalen Koalition absehbar. Das faktische Ende kam dann am 17. September, als Helmut Schmidt die FDP-Minister entließ und Neuwahlen vorschlug. Helmut Kohl hingegen bevorzugte ein konstruktives Misstrauensvotum und wurde am 1. Oktober 1982 mit den Stimmen der CDU, CSU und FDP als Nachfolger von Helmut Schmidt zum Bundeskanzler gewählt. Für den 6. März 1983 wurden Neuwahlen zum Bundestag angesetzt.

6. Pannen, Pech und Pleiten: Die Kanzlerschaft Helmut Kohls bis zur Wiedervereinigung

6.1 Die Bundestagswahl 1983: Auf dem Weg zu einem Mehrparteiensystem

Wäre Helmut Schmidt bei der vorgezogenen Neuwahl des Bundestags im März 1983 noch einmal als Kanzlerkandidat für die SPD angetreten, wäre keinesfalls sicher gewesen, ob der von einer Mehrheit der Bundestagsabgeordneten zum Kanzler gewählte Kohl auch von einer Mehrheit der Wähler gewählt worden wäre; denn beliebt war Kohl als Person ja trotz eines guten Wahlergebnisses für die Union auch schon 1976 nicht gewesen. Und der Sturz des viel beliebteren Kanzlers Helmut Schmidt hatte ihn eher weitere Sympathien gekostet. Doch Helmut Schmidt war sich darüber im Klaren, dass große Teile seiner Partei nicht mehr hinter ihm standen. Das zeigte sich dann ja auch für ihn schmerzhaft auf dem außerordentlichen SPD-Parteitag in Köln im November 1983, als nur noch 14 Delegierte für, 400 jedoch gegen den Schmidt'schen Kurs in der Sicherheitspolitik stimmten. Helmut Schmidts Warnung an seine Partei auf diesem Parteitag: „Das Ethos, die Moral als Grundlage der Politik bedürfen zu ihrer Verwirklichung der Ratio, der Vernunft, ja der Leidenschaft zur Vernunft“[34] wurde von der großen Mehrheit der Parteitagsdelegierten und weiten Teilen der SPD insgesamt mit Gleichgültigkeit oder sogar Verachtung quittiert. Dies sehen Teile der SPD und ihr in einzelnen Medien Nahestehende auch noch heute so. So jubelte z.B. der Journalist Stefan Reinecke in dem Qualitätsmedium taz noch im November 2009 nach der katastrophalen Niederlage der SPD bei der Bundestagswahl 2009, dass die SPD nach Helmut Schmidts Sturz 1982 wieder „auf der Höhe der Zeit“ gewesen sei. Dass die SPD nach dem von ihr selbst mit zu verantwortenden und teilweise sogar mit herbeigeführten Sturz von Schmidt 16 Jah-

34 zitiert nach ZEIT vom 25.11.1983

re in der Opposition verharren musste, bis sie 1998 mit Gerhard Schröder wieder den Kanzler stellen konnte, wird bei solchen Einschätzungen allerdings ausgeblendet.[35]

Wie wenig beliebt Kohl auch nach seiner Wahl zum Kanzler war, zeigen die Werte der Kanzlerpräferenzen Anfang 1983. Mit 40 Prozent lag Hans-Jochen Vogel, auf den sich die SPD als Kanzlerkandidaten geeinigt hatte, vor Kohl mit 38 Prozent - und das, obwohl auch Hans-Jochen Vogel bei den Bürgern nicht sonderlich beliebt war. Vogel wurde nach seiner Tätigkeit als Oberbürgermeister in München, mehreren Kabinettsposten in der Bundesregierung und einer kurzen Zeit als Regierender Bürgermeister von Berlin zwar eine gewisse politische Kompetenz zugebilligt - doch Sympathien besaß er bei den meisten Bundesbürgern nicht.

Im Verlauf des Wahlkampfes 1983 konnte Kohl seinen Wert bei der Kanzlerpräferenz nur wenig um 5 Prozentpunkte von 38 auf 43 Prozent steigern. Da Hans-Jochen Vogel aber im Laufe des Wahlkampfes 6 Prozentpunkte einbüßte, lag er mit nur noch 34 Prozent kurz vor der Wahl 9 Prozentpunkte hinter Kohl.

Kanzlerpräferenz 1983

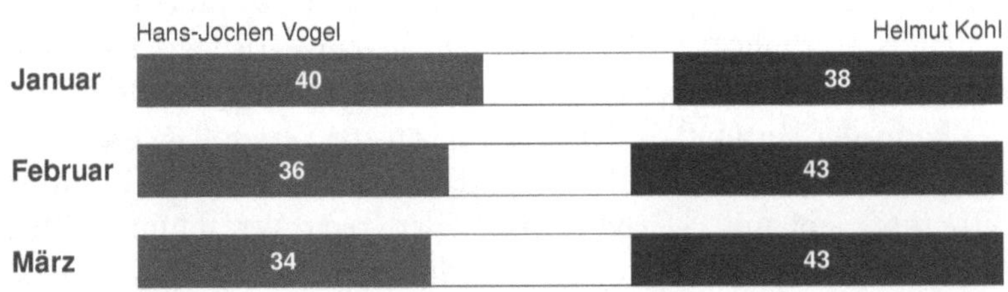

Quelle: infas-Repräsentativerhebungen, 1983

35 Reinecke, Stefan. taz vom 12. November 2009

Da beide Kanzlerkandidaten bei der vorgezogenen Neuwahl des Bundestags im März 1983 nicht sonderlich populär waren, waren Sachfragen für die Wahlentscheidung der Bürger wichtiger als 1980. Das war insbesondere für die SPD-Anhänger so: Während 1980 bei der Alternative Schmidt-Strauß 39 Prozent angaben, die Frage wer Kanzler bleiben oder werden solle, sei wichtiger als Sachfragen, hatten Sachfragen 1983 auf die Wahlentscheidung auch der SPD-Anhänger einen deutlich größeren Einfluss als die Kanzlerkandidaten.

Für Anhänger der Union hingegen waren angesichts des nicht sonderlich attraktiven Kandidaten „ihrer" Partei schon 1980 wie dann auch 1983 die Sachfragen entscheidender als der Kanzlerkandidat.

Bei den Sachthemen setzte die SPD nach Schmidts Sturz wieder auf eine eher „linke" Themenvielfalt. Im Mittelpunkt standen vielfältige Facetten des Gerechtigkeitsthemas. Die Wahlwerbung der SPD war ein Versuch, im Kern einen Anti-Kohl-Wahlkampf mit Sachthemen zu führen. Da hieß es zum Beispiel in den SPD-Anzeigen: „Wer Kohl wählt, bekommt automatisch neue Raketen", „Wer Kohl wählt, stimmt gegen die Frauen", „Wer Kohl wählt, stimmt für höhere Mieten" oder „Wer Kohl wählt, stimmt für die Verschärfung der Arbeitslosigkeit".

Doch die Vielfalt der „Gerechtigkeits"-Themen prallte am simplen CDU-Motto „den Aufschwung wählen" ab. Die CDU erhielt 48,8 Prozent der gültigen Stimmen – 4,3 Prozentpunkte mehr als 1980.

Die SPD fiel bei den abgegebenen Stimmen wieder unter die 40-Prozent-Marke. Mit 38,2 Prozent lag sie um 4,7 Prozentpunkte unter ihrem Ergebnis von 1980. Der FDP-Anteil ging von 10,6 um 3,6 Prozentpunkte auf 7,0 Prozent zurück. Und zum ersten Mal zogen die Grünen mit 5,6 Prozent der gültigen Stimmen in den Bundestag ein.

Der CDU-Wahlkampf 1983

Die Bundestagswahl 1983 markiert einen Wendepunkt in der Wahlgeschichte der Bundesrepublik. Bis dahin war die Bundesrepublik auf dem Weg zu einem Zweiparteiensystem, in dem nur die FDP noch als Mehrheitsbeschaffer für eine der beiden fast gleich groß gewordenen Volksparteien gebraucht wurde.

Die FDP hatte es seit 1961 – zumindest rechnerisch – in der Hand, entweder der Union oder der SPD zu einer regierungsfähigen Mehrheit zu verhelfen. Doch 1983 war diese Balance nicht mehr vorhanden. Nur mit der Union konnte die FDP nach dieser Wahl eine Regierung bilden.

Die Bundestagswahl 1983

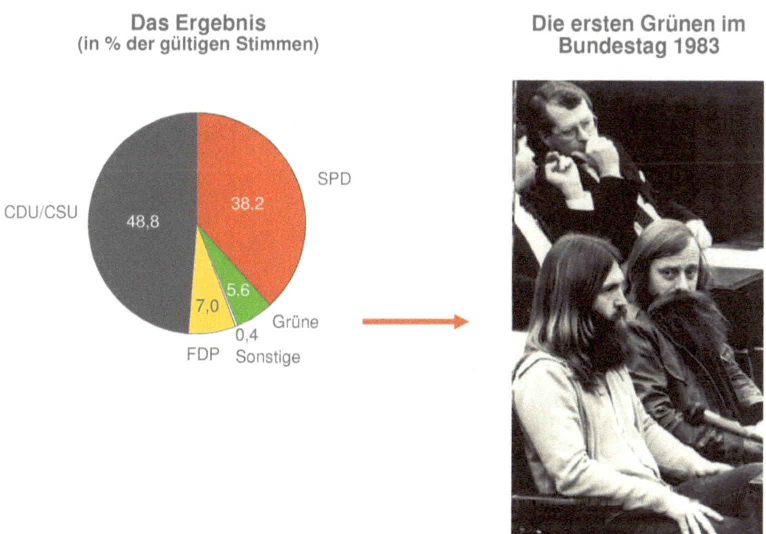

SPD- und FDP-Anteile 1961 bis 1983 sowie Anteile der CDU/CSU (in % der gültigen Stimmen)

Bundestags-wahl	Zur Regierungsbildung erforderliche Mehrheit	SPD	FDP	SPD und FDP	CDU/CSU
	%	%	%	%	%
1961	47,2	36,2	12,8	49,0	45,3
1965	48,3	39,3	9,5	48,8	47,6
1969	47,4	42,7	5,8	48,5	46,1
1972	49,6	45,8	8,4	54,2	44,9
1976	49,6	42,6	7,9	50,5	48,6
1980	49,1	42,9	10,6	53,5	44,5
1983	49,9	38,2	7,0	45,2	48,8

Die SPD war im Verhältnis zur Union so schwach geworden wie in den 1950er Jahren. Der Vorsprung der Union vor der SPD betrug 10,6 Prozentpunkte. Größer war der Vorsprung der Union nur bei den Bundestagswahlen 1953 und 1957 gewesen.

Prozentdifferenz (gültige Stimmen) CDU/CSU und SPD

Bundestagswahl	
1949	+ 1,8
1953	+ 16,4
1957	+ 18,4
1961	+ 9,1
1965	+ 8,3
1969	+ 3,4
1972	- 0,9
1976	+ 6,0
1980	+ 1,6
1983	+ 10,6

Die SPD, die ihr Anhängerpotential von rund einem Fünftel bei der ersten Bundestagswahl 1949 bis zur Bundestagswahl 1972 auf rund zwei Fünftel verdoppeln konnte, hatte nach dem Sturz von Helmut Schmidt viele der Wähler, die sie kontinuierlich vor allem nach ihrer Erneuerung in Godesberg neu gewonnen und bis 1980 an sich gebunden hatte, wieder verloren. Ihr Anhängerpotential schrumpfte 1983 wieder auf ein Drittel.

Die Union hingegen verfügte seit 1957 über einen geradezu monolithischen Anhängerblock von rund zwei Fünfteln (oder mehr) der Wahlberechtigten. Dieses bereits 1957 gewonnene Anhängerpotential konnte die Union bei fast allen Bundestagswahlen bis 1983 an sich binden. Gewisse Mobilisierungsschwierigkeiten gab es nur bei Ereignissen wie dem Bau der Berliner Mauer oder der umstrittenen Kanzlerkandidatur von Franz-Josef Strauß.

Die durch die Reform der SPD nach 1957 mühsam erlangte Chance eines Regierungs- und Machtwechsels durch Koalitionsbildung mit der FDP war nach der Reideologisierung weiter Teile der SPD seit 1983 nicht mehr gegeben. Es sollte 16 Jahre dauern, bis die SPD wieder in der Lage war, einen Regierungswechsel vorzunehmen und den Kanzler stellen zu können.

Für die Lage der SPD nach dem Sturz von Helmut Schmidt war kennzeichnend, dass die Arbeiter weitgehend an den Rand der Partei gedrängt, die mühsam für die SPD gewonnenen Wähler der Mitte wieder verprellt und auch die neu entstandene Schicht der „Postmaterialisten" nicht an die SPD gebunden wurde.

Die Arbeiter, die in der langen Geschichte der SPD die klassische Basis der Mitglieder und Wähler der SPD bildeten, spielten innerhalb der Partei im Laufe der 1970er Jahre eine immer geringere Rolle, weil sie von den neu in die Partei geströmten Mitgliedern systematisch an den Rand gedrängt wurden. Der Mitgliederzustrom zwischen 1969 und 1974 bestand überwiegend aus jungen, überbildeten „Bourgeois-Söhnchen" – so hatte sie Robert Michels schon 1906 charakterisiert -, das heißt überwiegend Kindern aus bürgerlichen Lehrer-, Beamten- oder Pfarrhaushalten mit überdurchschnittlicher Bildung, jedoch keinerlei Bindung an die Arbeiterbewegung bzw. die Gewerkschaften, aber einem großen Nachholbedarf an radikalen „sozialistischen" Symbolen. Diese Umschichtung in der Mitgliederstruktur machte aber die Arbeiter nicht nur zu einer Marginalgruppe innerhalb der Partei, sondern durch die damit einhergehende Änderung der Ziele und der politischen Programmatik der SPD reduzierte sich auch der Einfluss der Arbeiterschicht in der Politik und letztendlich in der gesamten Gesellschaft. Weil die klassische Interessenvertretungspartei der Arbeiter ihre Stammklientel zunehmend im Stich ließ, kam es zur massenhaften Wahlenthaltung der Arbeiterwähler – zunächst auf lokaler, zunehmend aber auch auf Bundesebene - und damit zur Schwächung der SPD.

Aber nicht nur die Arbeiter fühlten sich von der SPD im Stich gelassen, sondern auch die neue Mittelschicht, die ihr 1969 nach 20jähriger CDU-Vorherrschaft die Übernahme der Regierungsverantwortung ermöglicht hatte.

Die von der SPD nach Godesberg mitgetragenen Werte dieser neben dem klassischen Mittelstand entstandenen neuen Mittelschicht wurden in den 1970er Jahren durch die wieder reideologisierte SPD zunehmend wieder verteufelt. Werte wie: individuelle Konsumorientierung, individuelle Wohnformen, leistungsorientiertes Denken, Aufstiegs- und Karriereerwartungen machte die SPD in den 1970er Jahren systematisch verächtlich. Folgerichtig gab es in den neuen Mittelschichten, die ohnehin in einem gewissen Konflikt zwischen kollektiven öffentlichen Tugenden und ihren privaten Interessen standen, massive Abwanderungen zur Union. In den urbanen Dienstleistungsmetropolen und bei lokalen Wahlen waren diese Abwanderungstendenzen bereits in den 70er Jahren deutlich zu registrieren. Ohne Helmut Schmidt setzte sich diese Abwanderung seit 1983 auch auf Bundesebene fort.

Neben der auch durch die sozialdemokratische Politik geförderten Entstehung der „neuen" Mittelschichten war als Folge der weitgehenden Absicherung der Wechselfälle des Lebens und der massiven Expansion der Bildung im Zuge des dadurch ausgelösten „Wertewandels" eine weitere neue Schicht von besser gebildeten, überwiegend aus wohlhabenden Elternhäusern stammenden Jüngeren entstanden. Für diese neuen Schichten standen nicht mehr die materielle Versorgung und Absicherung, sondern eher nicht-materielle Werte im Vordergrund.

Obwohl in den SPD-Funktionärskadern seit den 1970er Jahren die Anhänger dieses neuen, „postmaterialistischen" Wertesystems überproportional vertreten waren (schon 1977 präferierte ein Viertel der damaligen SPD-Ortsvereinsvorsitzenden postmaterialistische Wertemuster), konnte die SPD diese neue Wählergruppe nicht an sich binden, sondern überließ sie der neuen grünen Bewegung.

6.2 Die Grünen als neue (vierte) Partei im Parteiensystem der Bundesrepublik

Die gängigen Thesen über die Entstehung der grünen Bewegung in der Bundesrepublik besagen, die Grünen seien in den 1970er Jahren als eine der „neuen sozialen Bewegungen" aus Protest gegen allzu drängende Problemlagen entstanden. Die Grünen und ihre Unterstützer beschreiben die Entwicklung der Grünen auch geradezu emphatisch – so einer ihrer früheren Förderer in Niedersachsen, der Umweltforscher Harmut Bossel: „Schon drohte das politische Leben in der Bundesrepublik unter der wachsenden Vergletscherung der Parteienlandschaft zur Eiszeit zu erstarren, da brach der grüne Frühling 1978 aus und versprach mit seinen Blumen, Blättern und Schmetterlingen auf den Wahlplakaten Tauwetter und Wetterumschwung".[36] Hubert Kleinert, einer der Wegbereiter der Grünen, schwärmte auch noch 1992, dass die Grünen eine Reaktion darauf gewesen seien, dass „Ende der siebziger Jahre die reformpolitische Ausstrahlungskraft der sozialliberalen Koalition endgültig verblasste und immer weniger übersehen werden konnte, dass die etablierten Parteien weder die politischen Impulse der neu entstandenen Umweltbewegung noch die gewachsenen Bürgerbeteiligungswünsche" aufzunehmen verstanden.[37]

Doch objektiv, ohne die verklärende grüne Brille gesehen, waren die Problemlagen der 1970er Jahre nicht so, dass es wirklich einer neuen sozialen Bewegung wie der Grünen bedurft hätte, um die gesellschaftlichen Zustände zu verändern oder zu verbessern. Insofern ist der Siegeszug der Grünen keinesfalls auf Mängellagen in der Gesellschaft zurückzuführen. Entstanden sind die Grünen vielmehr aus einem Konglomerat verschiedener Strömungen und Gruppierungen, von extrem linken K-Gruppen bis zu eher deutsch-nationalen Romantikern, die eine „Revolte gegen die Moderne" zusammenführte. Bei aller Unterschiedlichkeit der einzelnen Aktivisten-Gruppen, die sich letztlich in der grünen Bewegung zusammenfanden, war die verbindende Klammer eine Auflehnung gegen das nüchtern-pragmatische Politikverständnis, das sich im Laufe des Demokratisierungsprozesses in Deutschland nach dem Zusammenbruch des Nationalsozialismus herausgebildet hatte.

Die um eine Verfestigung ihres Vertrauens ringenden Institutionen im Deutschland der Nachkriegszeit wurden von den Aktivisten jedweder Couleur, die sich zur Bildung der grünen Partei zusammenfanden, nicht akzeptiert, sondern verachtet und bekämpft. Gleichzeitig aber hatten die Grünen auch in ihrer Gründungsphase keinerlei Skrupel, alle vom Staat in irgendeiner Form zur Verfügung gestellten Ressourcen für sich zu nutzen. So kassierten die Grünen, die sich an der Europawahl im Juni 1979 unter dem Namen „SPV die Grünen" (Sonstige Politische Vereinigung/Die Grünen) beteiligten, über 5 Millionen

36 Bossel, Hartmut. Die vergessenen Werte, in: Brun, Rudolf (Hrsg.). Der grüne Protest – Herausforderungen durch die Umweltparteien, Frankfurt am Main 1978, S. 7

37 Kleinert, Hubert. Aufstieg und Fall der Grünen – Analyse einer alternativen Partei, Bonn 1992, S. 14

DM Wahlkampfkostenerstattung. Damit waren und sind sie – wie in einer vom damaligen Bundespräsidenten Karl Carstens eingesetzten Kommission zur Neuordnung der Parteienfinanzierung festgestellt wurde – die erste und bisher einzige Partei, die sich „nahezu hundertprozentig auf Staatskosten“ finanzierte. Erst nachdem sie sich so eine finanzielle Basis auf Staatskosten gesichert hatten, wurde die grüne Partei nach der Europawahl 1979 im Januar 1980 auf einem Gründungskongress in Karlsruhe formal gegründet.

Die Aktivisten und Gründer der Grünen stammten überwiegend nicht aus unteren sozialen Schichten, die unter sozialer Ungerechtigkeit oder an sonstigen Mängeln gelitten hätten. Sie kamen vielmehr aus behüteten und begüterten Elternhäusern. Bei keiner der heterogenen Strömungen und Gruppierungen, die sich letztendlich zur Formierung einer grünen Partei zusammenfanden, war das Motiv irgendeine Reaktion auf besondere Missstände, die erst in den 1970er Jahren aufgetreten wären.

Dass die grüne Bewegung aber auch Wähler gewinnen konnte, verdankt sie dem in den 1970er Jahren wie in allen westlichen Gesellschaften auch in Deutschland zu beobachtenden Wertewandel.

Im Laufe des ökonomischen Aufbaus der Bundesrepublik nach dem Zusammenbruch des Nationalsozialismus hatten die einsetzenden Veränderungen des ökonomischen Unterbaus – ein Rückgang des produzierenden Sektors der Wirtschaft und der darin Beschäftigten – sowie Modernisierungsprozesse und die technologische Entwicklung zunächst zur Entstehung der im Gegensatz zum alten Mittelstand als „neue Mittelschicht“ bezeichneten gesellschaftlichen Gruppen geführt. Dieser ökonomische und gesellschaftliche Wandlungsprozess hatte aber keine grundsätzliche Abkehr vom traditionellen gesellschaftlichen Wertesystem zur Folge. Die Sicherung der Arbeitsplätze und des materiellen Fortschritts sowie die Orientierung an Leistung und Aufstiegsmöglichkeiten blieben gleichermaßen für die alte Arbeiterschicht wie für die neuen Mittelschichten wichtig. Wohlfahrtsstaat, Sozialpartnerschaft und Demokratie wurden weiterhin zunehmend akzeptiert. Anders als die Arbeiter neigten die neuen Mittelschichten jedoch dazu, individuellen Zielen den Vorrang vor gesellschaftlichen Tugenden zu geben.

Doch in Folge der weitreichenden Absicherung der ökonomischen Existenz und einer maximalen Expansion der Bildung in Deutschland (so stieg der Anteil der Schüler an weiterführenden Schulen in einem Jahrzehnt von 1965 bis 1978 von 21 auf 37 Prozent) entstanden neben den neuen Mittelschichten zunehmend neue Bildungsschichten, die den Wohlstandsmaterialismus der Industrie- und Dienstleistungsgesellschaft ablehnten. Gehuldigt wurde einem neuen Wertesystem – dem sogenannten „Postmaterialismus".

Je besser die materiellen Bedürfnisse der Menschen in der entstandenen westdeutschen Wohlstandsgesellschaft befriedigt werden konnten und je besser die Versorgung mit Gütern des täglichen Bedarfs wie Einkommen, Wohnen, Nahrung und auch ein Minimum an Kultur gesichert war, desto unproblematischer wurde die materielle Versorgung gesehen und desto eher konnten auch nicht-materielle Bedürfnisse Priorität gewinnen. Gerade bei jüngeren Bundesbürgern, die den Krieg und die Zeiten der Not und Knappheit nicht mehr aus eigenem Erleben kannten, war der Kampf um die elementare Versorgung mit Grundbedürfnissen immer unwichtiger. Entsprechend konnte man sich anderen, nicht-materiellen Werten der Lebensgestaltung zuwenden.

Zu diesem nachindustriellen Wertesystem gehörte auch der stark ausgeprägte Wunsch, den Arbeits- und Leistungsstress sowie jedweden sozialen Druck abzuschaffen. Die Arbeit wurde Mitte der 1970er Jahre von vielen nicht mehr – wie noch ein Jahrzehnt zuvor – als befriedigende Tätigkeit oder Erfüllung einer Aufgabe, sondern als schwere Last und allenfalls als notwendiges Übel mit der Möglichkeit, Geld zu verdienen, empfunden.

Ausgeprägtes Misstrauen entwickelten die „Postmaterialisten" auch gegenüber großen Organisationen und den mühsam wieder in der Bundesrepublik etablierten demokratischen Institutionen sowie gegen moderne technologische Systeme und Entwicklungen.

Die zur Partei der Grünen formierten verschiedenen heterogenen Strömungen und Gruppierungen fanden in den Anhängern des postmaterialistischen Wertesystems eine homogene Wählerklientel.

Begünstigt wurde die Akzeptanz der grünen Partei bei der Klientel der jungen „Postmaterialisten" auch dadurch, dass die „etablierten" Parteien sich bereits bei der Entstehung der Grünen nicht konsequent gegenüber den Grünen abgegrenzt, sondern versucht hatten, sich einem vermeintlichen „grünen“ Zeitgeist anzupassen und die Grünen quasi „grün“ zu überholen. Das galt vor allem für die SPD, die nach dem von großen Teilen der SPD-Führungs- und Funktionärskader klammheimlich begrüßten Sturz von Helmut Schmidt als Kanzler – ähnlich wie auch 2005 nach Schröders Abgang als Kanzler – ihren Kurs änderte und sich inhaltlich stark grünen Positionen annäherte. Allen voran Erhard Eppler, in der SPD von einigen völlig ungerechtfertigt als „Vordenker“ glorifiziert, sah in den Grünen etwas „epochal Neues“ und eine „historische Zäsur, deren Tiefe erst mit einigem Abstand sichtbar wird“.[38] Eppler biederte sich den Grünen bereits 1978 an. Er attestierte den Grünen nicht nur, dass sie – anders als seine eigene Partei mit ihrem Kanzler Helmut Schmidt – „Antworten“ gäbe, sondern hielt sie schon vor ihrer Gründung für „koalitionsfähig“. Er lobte sein „baden-württembergisches Modell“ als Gegenpol zur aus seiner Sicht völlig falschen Schmidt'schen Politik und hielt die von ihm vorgeschlagene Annäherung an die Grünen für den einzig richtigen Weg für die SPD.

Epplers „baden-württembergisches Modell“ scheiterte kläglich – es stärkte nicht, wie von ihm vollmundig behauptet, die SPD, sondern die Grünen. Seiner Partei schadete Eppler mit seinem Kurs schwer. Die von ihm befehdete „Schmidt-SPD“ war schon 1976 in Baden-Württemberg im Vergleich zur Eppler-SPD 470.000, und 1980 sogar über 560.000 Stimmen mehr wert. Dort wo die SPD aber nicht Epplers Glorifizierung der Grünen folgte, sondern einen pragmatischen Politikstil mit klarer Abgrenzung zu den Grünen verfolgte (wie Johannes Rau in NRW oder wie der damals noch dem rechten Reformflügel der SPD zuneigende Oskar Lafontaine im Saarland) ging es mit der SPD vor Ort nicht wie in Baden-Württemberg abwärts, sondern sie konnte in etwa das gleiche Wählerpotential mobilisieren wie Helmut Schmidt bei den Bundestagswahlen 1976 und 1980.

38 Eppler, Erhard. Ende oder Wende. Von der Machbarkeit des Notwendigen, Stuttgart 1976, S. 9 (zitiert nach Gotto, Klaus und Hans-Joachim Veen. Die Grünen-Partei wider Willen, Mainz 1984, S. 11)

SPD-Wähler bei Landtags- und Bundestagswahlen in Baden-Württemberg, Nordrhein-Westfalen und im Saarland Ende der 1970er/Anfang der 1980er Jahre (in % der Wahlberechtigten)

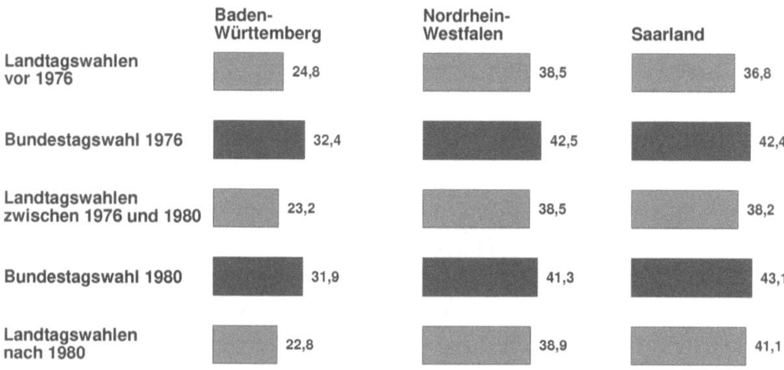

Obwohl Eppler seiner Partei nicht nur in Baden-Württemberg schwer schadete und der grünen Konkurrenz Wähler zutrieb, schreibt er noch in seinem 2015 erschienenen Buch „Links leben" in nicht zu überbietender Selbstüberschätzung und Selbstgefälligkeit, dass er Helmut Schmidt immer verstanden habe, Helmut Schmidt aber ihn nie. Und weiter: „nicht er" – Helmut Schmidt -, „sondern ich (hatte) mich verändert. Aber ich muss darauf bestehen, dass dies eine geschichtlich notwendige Veränderung war". Schmidts Politikverständnis sei immer das der „frühen sechziger Jahre" geblieben. Er – Eppler – wollte deshalb auch kein Diskussionspartner für Schmidt mehr sein – selbst wenn Schmidt es gewollt hätte.

Dass Schmidt den Niedergang der SPD zu der Zeit, wo er noch politische Verantwortung trug, aufhielt, während Eppler den Abwärtstrend der SPD rasant beschleunigte, blendet Eppler schlicht aus.

Dass nicht der Eppler'sche Anbiederungs-, sondern der klare Schmidt'sche Abgrenzungskurs die einzig richtige Strategie gegenüber den Grünen war und ist, hätte die SPD schon früh nach dem Aufkommen der Grünen erkennen können. So war bereits in einer Analyse der Bundestagswahl 1983 über die Grünen zu lesen:

Die grünen „postmaterialistischen Werthaltungen lassen sich ... bruchlos mit den materialistischen Vorteilen dieser Gesellschaft vereinen; beide Wertesysteme können auf der individuellen Ebene miteinander verknüpft werden. Bürger mit postmaterialistischen Werthaltungen finden sich immer häufiger in höheren sozialen und beruflichen Positionen, da ihre bessere schulische und berufliche Ausbildung sie gerade für höhere Funktionen in Verwaltungen und vor allem in den Medien prädestiniert. Trotz ihrer zahlenmäßig noch geringen Bedeutung können die Grünen über ihre sozialen und beruflichen Positionen und vor allem ihren Einfluss in den Medien ihre Wertesysteme und Bedürfnisse lautstark artikulieren und verbreiten. Ihre Aktionen werden von Begeisterung, mitunter auch durch gut gespielte Entrüstung getragen. Gezielte Aggressionen werden dann eingesetzt, wenn es ihrer politischen Arbeit nutzt. Da ihre eigene Werthaltung wirtschaftliche Güter gering einschätzt, brauchen sie bei ihren Aktionen auch keine Rücksicht auf solche Werte zu nehmen: Verkehrsbehinderungen, Sachzerstörungen, Gefährdung von Arbeitsplätzen sind logische Folgen dieses Wertesystems".[39]

Diese von Anfang an bei den Grünen vorhandene Ambivalenz und Doppelbödigkeit hatte auch der österreichische Soziologe Leopold Rosenmayr schon sehr frühzeitig erkannt, als er formulierte: „Das Geheimnis der Grünen ist, dass sie ein Sprachsystem geschaffen haben, das es ihnen gestattet, Kritik an der Gesellschaft bruchlos zu kombinieren mit der Nutzung ihrer Privilegien". Doch die anderen Parteien ignorierten diese Erkenntnis. Weil die „alten" Parteien in Verkennung des wirklichen, nicht grünen Zeitgeistes Inhalte und Politikstile der Grünen übernahmen, erhielten die Grünen in Deutschland – anders als in den meisten anderen vergleichbaren westlichen Ländern – einen Einfluss, der weit über das Maß hinausgeht, das der grünen Bewegung aufgrund ihrer Wähleranteile an sich zugekommen wäre. Weil viele SPD-Mitglieder und -Funktionäre ebenfalls ein postmaterialistisches Wertesystem übernommen hatten, waren vor allem die deutschen Sozialdemokraten schon früh bereit – wie das Beispiel Eppler zeigt -, in den Grünen einen Partner für politische Bündnisse zu sehen.

Bekommen ist dies der SPD nicht. Sie verlor durch ihre Annäherung an die Grünen seit 1983 ihre bis dahin mühsam erkämpfte Chance auf einen Machtwechsel in der Republik. Nur das kurze Interre-

39 Güllner, Manfred. Zwischen Stabilität und Wandel – Das politische System nach dem 6. März 1983, in: Aus Politik und Zeitgeschichte 14/83, S. 27

gnum der Kanzlerschaft Gerhard Schröders unterbrach diese Ohnmacht der deutschen Sozialdemokratie zwischen 1998 und 2005.

Mit dem Aufkommen der Grünen war 1983 eine tiefe Zäsur in der bis dahin stabil verlaufenden Entwicklung des Parteiensystems eingeleitet: Die Entwicklung in Richtung eines Zwei-Parteiensystems endete. Mit dem Einzug der Grünen in den Bundestag war auch auf Bundesebene ein Vier-Parteien-System etabliert.

6.3 Kohl und kein Ende: Die Bundestagswahl 1987

Die Bundestagswahl vom März 1983 brachte kein Ende der am 1. Oktober 1982 mit dem Kanzlersturz eingeleiteten „Wende". Vielmehr wurde der durch den Koalitionsbruch der FDP herbeigeführte Machtwechsel in Bonn vom Wähler im Nachhinein eindeutig bestätigt. Die Union konnte ihre seit 1957 fast konstante Anhängerschaft wieder vollständig mobilisieren.

Das konservative Wählerlager, das sich früh nach der Etablierung der neuen Republik konsolidiert und in der Union aus CDU und CSU gebündelt hatte, war somit über ein Vierteljahrhundert weitgehend stabil geblieben.

Anders hingegen das Wählerlager der SPD. Die SPD hatte sich zwar in den 1950er und 1960er Jahren eine Machtperspektive geschaffen, die 1969 auch nach zwanzigjähriger Dominanz der Union zum Machtwechsel führte. Damit war die SPD in der Wählerschaft ähnlich stark verankert wie die Union und es war ein Wechselspiel zwischen Regierung und Opposition – allerdings nur mit Hilfe eines Koalitionswechsels der FDP – möglich.

Doch diese Machtbalance zwischen den beiden Volksparteien wurde durch die innerparteiliche Entwicklung der SPD in den 1970er Jahren wieder außer Kraft gesetzt. Die in weiten Teilen der SPD vor Ort den Ton angebenden neuen Mitglieder, die unüberhörbar verkündeten, die „SPD der achtziger Jahre" zu sein, bezeichneten sich trotz nicht zu übersehender theoretischer Defizite als „Linke" und verprellten damit die traditionelle Wählerbasis der SPD, die Industriearbeiterschaft. Und die Interessen und Werte der neuen Mittelschichten, der eigentlichen Herkunftsschicht der neuen Mitglieder, wurden verächtlich gemacht. Der Niedergang der SPD begann daraufhin in den Kommunen. Vor allem in den urbanen Metropolen schwand das Vertrauen in die SPD und ihre Leistungsfähigkeit schon früh in den 1970er Jahren. Während lange Zeit die Union in keiner Großstadt mit mehr als 500.000 Einwohnern den Oberbürgermeister stellte, gab es Anfang der 1980er Jahre in fünf der großen Städte CDU- bzw. CSU-Oberbürgermeister (in Frankfurt, München, Düsseldorf, Berlin und Stuttgart). Der Niedergang der SPD setzte sich dann auch auf den anderen Ebenen der Politik fort – schließlich 1983 auch auf der Ebene der Bundespolitik.

Die „neue Linke" in der SPD grenzte sich gegenüber der grünen Konkurrenz im Parteienmarkt nicht klar ab, sondern biederte sich der neuen Bewegung eher an. Letztendlich war die SPD der achtziger Jahre gespalten in die Reste der programmatischen Reformer und in die „neue Linke" mit starker Präferenz für Bündnisse mit den Grünen. Doch Mehrheiten für ein solches „rot-grünes" Projekt gab es auf Bundesebene lange Zeit nicht, so dass sich die SPD für Jahre mit der Rolle der Opposition im Bundestag begnügen musste.

Auf Länderebene jedoch konnte die SPD dort, wo sie den Wählern glaubwürdige Repräsentanten mit einem pragmatischen und nicht ideologisch vergifteten Politikverständnis anbieten konnte und wo die Union nur unzureichend in der Wählerschaft verankert war bzw. schwache Kandidaten zu bieten hatte, noch Wahlen gewinnen. Dort wo das nicht der Fall war - wie in Baden-Württemberg, wo „linke Spinner" wie Erhard Eppler den Ton angaben, oder wie in Berlin, wo die SPD erbitterte Kämpfe zwischen dem linken und rechten Flügel austrug - wurde die Macht der CDU zementiert oder die SPD verlor nach langen Jahrzehnten der politischen Führung die Regierungsmacht.

Erfolge konnte die SPD aber mit geachteten und beliebten Führungspersönlichkeiten wie Hans Koschnick in Bremen, Oskar Lafontaine im Saarland oder Johannes Rau in Nordrhein-Westfalen erzielen.

Im Saarland konnte Oskar Lafontaine im März 1985 die langjährige Herrschaft der CDU beenden und Ministerpräsident werden. Oskar Lafontaine, seinerzeit noch kein „Linker", sondern ein eher auf dem rechten Flügel der SPD beheimateter Reformer, hatte seinen Aufstieg systematisch vorbereitet. Er hatte sich an die Spitze der saarländischen

SPD vorgearbeitet – mit energischer Gangart und mit nicht sehr zimperlicher Behandlung innerparteilicher Gegner. Er verankerte aber auch die SPD an der Saar in der Wählerschaft – selbst im Ruhrgebiet war seinerzeit die SPD-Mitgliederdichte nicht so hoch wie im Saarland. Und als Oberbürgermeister von Saarbrücken war er in der Einschätzung der Saarländer so etwas wie ein Nebenministerpräsident. Für mediale Aufmerksamkeit sorgte er zudem mit seinen Raketenzählungen auf jedem SPD-Parteitag. Als dann im Saarland der extrem blasse Werner Zeyer Nachfolger des langjährigen geachteten Landesvaters Röder Ministerpräsident geworden war, war der Wahlausgang im März 1985 weitgehend programmiert. Zeyer hinterließ bei den saarländischen Bürgern den Eindruck, er könne selbst das in Bonn bereitgestellte Geld nicht an die Saar transportieren. Von Oskar Lafontaine hingegen glaubten die Saarländer, er könne auch außerhalb der Landesgrenze im „Reich" wirksam auftreten. Am 10. März 1985 erhielt die SPD 49,2 Prozent der gültigen Stimmen, während die CDU von 44,0 Prozent auf 37,3 Prozent zurückfiel.

Am 12. Mai 1985 konnte dann die SPD zum ersten Mal in der Wahlgeschichte des Landes Nordrhein-Westfalen die absolute Mehrheit der Stimmen erringen.

Nordrhein-Westfalen – anders als oftmals gemutmaßt nicht das „Stammland" der SPD – dominierte bis 1966 die CDU – oft mit absoluter Mehrheit und nur kurz unterbrochen durch das durch den Aufstand der „Jungtürken" der FDP mögliche Interregnum von Fritz Steinhoff. Und selbst nachdem die SPD 1966 mit Heinz Kühn den Ministerpräsidenten stellen konnte, erhielt die CDU bei den nachfolgenden Landtagswahlen 1970 und 1975 und auch bei der Bundestagswahl 1983 mehr Stimmen als die SPD.

CDU- und SPD-Wähler bei Bundestags- und Landtagswahlen in Nordrhein-Westfalen 1957 bis 1985 (in % der Wahlberechtigten)

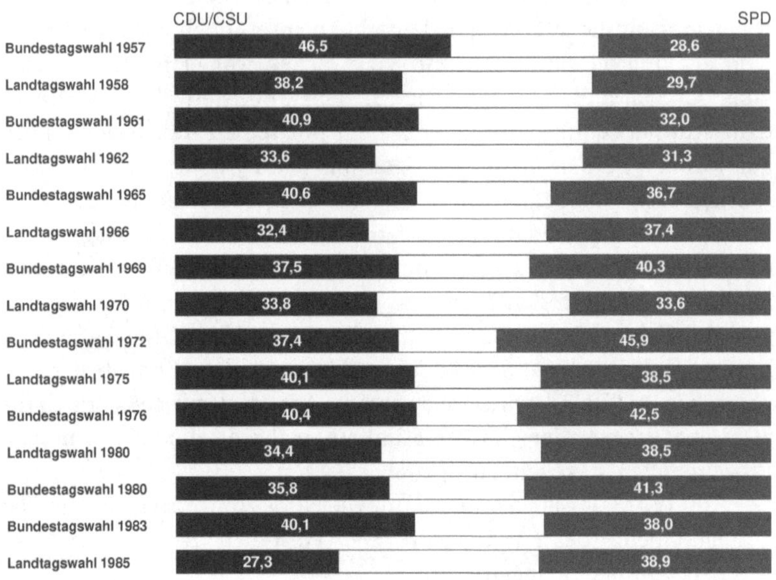

Johannes Rau, seit 1970 Wissenschaftsminister im Kabinett Kühn, hatte sich nach dem Rücktritt von Heinz Kühn bei der Neuwahl des SPD-Landesvorsitzenden im Juni 1977 gegen den an sich favorisierten Friedhelm Fahrtmann im 2. Wahlgang knapp mit 158 zu 155 Stimmen durchgesetzt, nachdem Fahrtmann im 1. Wahlgang noch mit 157 zu 151 vor Rau gelegen hatte. Rau wurde dann auch im September 1978 als Nachfolger von Heinz Kühn im Amt des Ministerpräsidenten mit 161 Stimmen anstelle des ebenfalls favorisierten Diether Posser mit 150 Stimmen gewählt.

Bei seiner ersten Wahl als Ministerpräsident konnte die SPD 1980 mit ihm bereits die absolute Mehrheit der Sitze im Landtag erringen und somit zum ersten Mal alleine an Rhein und Ruhr regieren. Die Landtagswahl 1980 war allerdings schon stark überlagert von der im Herbst anstehenden Entscheidung zwischen Schmidt und Strauß und war eine Art vorgezogene Bundestagswahl. Raus Strategie, entgegen der Forderung der Wahlkampfplaner der SPD in Bonn keinen konfrontativen Wahlkampf zu machen, war deshalb absolut richtig. Statt den Konflikt mit der CDU zu suchen, ließ die NRW-SPD schlicht plakatieren: „Wählen gehen". Der Erfolg gab den Nordrhein-Westfalen, nicht den Bonner Politikstrategen Recht.

Rau führte dann auch seinen Wahlkampf 1985 wieder getreu seinem Motto „Versöhnen statt spalten" ohne jedwede Konfrontation mit dem politischen Gegner. Obwohl der Begriff seinerzeit noch nicht geprägt war, war dies wohl der erste Wahlkampf in Deutschland, der bewusst der Strategie der „asymmetrischen Mobilisierung" folgte. Johannes Rau nutzte seine ungeheuer große Popularität (68 Prozent hätten sich für ihn, nur 22 Prozent für seinen Herausforderer Bernhard Worms als Ministerpräsidenten entschieden), um einen regelrechten „Rau-Sog" zu entfalten. Er mobilisierte alle der SPD auch bei der Bundestagswahl 1983 verbliebenen Wähler und erreichte, dass viele potentielle CDU-Anhänger sich nicht an der Wahl beteiligten, weil auch ein Drittel der CDU-Anhänger ihn lieber als Worms als Ministerpräsidenten behalten wollte.

„Rau-Sog" in Nordrhein-Westfalen 1985

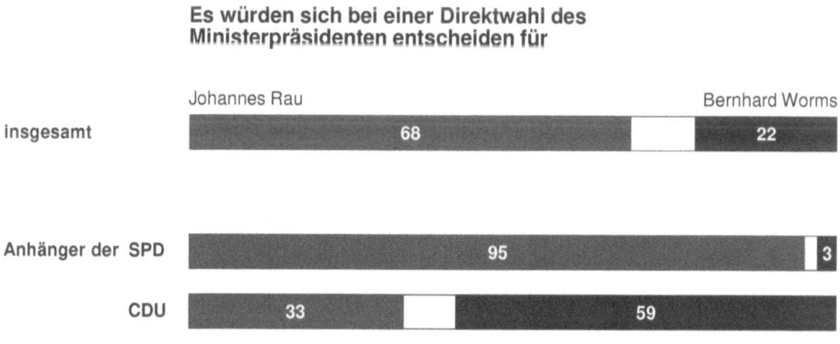

Quelle: forsa-Repräsentativerhebung in Nordrhein-Westfalen, 1985

Jenes Drittel der CDU-Anhänger, die in Düsseldorf Rau als Ministerpräsidenten behalten wollten, in Bonn aber Helmut Kohl als Kanzler Hans-Jochen Vogel vorzogen, entkam diesem Entscheidungszwiespalt nur dadurch, dass sie sich der Entscheidung entzogen und nicht zur Wahl gingen. Im Wahlkampf hielt sich diese Schnittmenge zwischen Rau und Kohl unter den CDU-Anhängern die Augen und die Ohren zu, um nicht an die anstehende Entscheidung erinnert zu werden. Und während 52 Prozent der SPD-Wähler über die bevorstehende Wahl gesprochen hatten, hatten das nur 34 Prozent der CDU-Anhänger mit Präferenzen für Rau und Kohl getan. Am Wahltag blieben fast 1.6 Millionen der über 5 Millionen Wähler, die der CDU noch bei der Bundestagswahl im März 1983 ihre Stimme gegeben hatten, zu Hause und Rau konnte mit 52,1 Prozent der gültigen Stimmen einen überwältigenden Wahlsieg erringen.

Johannes Rau war nach seinem Wahlsieg in Nordrhein-Westfalen und aufgrund seiner großen Popularität auch als Kanzlerkandidat für die im Januar 1987 anstehende Bundestagswahl prädestiniert. Rau als Vertreter der „politischen Mitte" in der SPD, der jedwede Kooperation mit den Grünen ablehnte und dem harte öffentliche Konfrontationen zuwider waren und der sich lieber als „Integrator" positionieren wollte, war zu einer Kandidatur allerdings nur zögerlich bereit. Auch bei der Entscheidung über die Kanzlerkandidatur 1987 zeigte sich die Zerrissenheit der SPD. Der wieder erstarkte linke Flügel der SPD favorisierte anders als Rau ein Bündnis „links der Mitte" mit den Grünen. Der Parteivorsitzende Willy Brandt strebte wie der linke Flügel ebenfalls ein solches Bündnis „links der Mitte" an und befürwortete wie Erhard Eppler den Schulterschluss mit der grün-alternativen Bewegung. Oskar Lafontaine und nicht Johannes Rau war deshalb auch Brandts Wunschkandidat für die Wahl 1987, weil er in Lafontaine eher einen Garanten für das von ihm gewünschte Bündnis links der Mitte sah. Nur weil Lafontaine gegen den mitgliederstarken NRW-Landesverband schwerlich durchzusetzen gewesen wäre, stimmte Brandt der Kandidatur Raus zu. Für Raus Kandidatur auch nicht sonderlich förderlich war, dass der SPD-Fraktionsvorsitzende Hans-Jochen Vogel wohl gerne wieder selbst Kanzlerkandidat geworden wäre. Doch wegen seiner klaren Niederlage von 1983 kam er nicht mehr in Frage.

Aufgrund dieser Konstellation und der in weiten Teilen der Partei herrschenden Vorliebe für ein Bündnis der SPD mit den Grün-Alternativen hatte Johannes Rau von vornherein keine leichte Aufgabe, zumal er den Bundestagswahlkampf so führen wollte wie er es zweimal in Nordrhein-Westfalen erfolgreich getan hatte. Rau wollte mit Hilfe eines auf seine Person zugeschnittenen Wahlkampfes versuchen, wie an Rhein und Ruhr auch in der gesamten Republik eine „eigene Mehrheit" für die SPD zu erzielen – ohne Koalition mit den Grünen.

Die Chancen dafür waren 1985/1986 trotz des sehr ambitionierten Ziels nicht aussichtslos, denn Helmut Kohls Kanzlerschaft war von einer Serie von Pannen, Pleiten, Affären und Peinlichkeiten geprägt. Da war die Affäre um den Vier-Sterne-General Günter Kießling, der wegen angeblicher Kontakte in der Kölner Homosexuellen-Szene wegen potentieller Erpressbarkeit als Sicherheitsrisiko eingestuft und von Verteidigungsminister Wörner zunächst unehrenhaft entlassen wurde, dann aber wieder rehabilitiert werden musste, nachdem sich alle Anschuldigungen gegen ihn als gegenstandslos erwiesen hatten. Die weitaus bedeutsamere Affäre war die Flick-Parteispenden-Affäre, in die neben dem ehemaligen FDP-Schatzmeister und Wirtschaftsminister Lambsdorff auch Kohl selbst verwickelt war. Ebenfalls von Flick hatte Bundestagspräsident Barzel 1.6 Millionen DM erhalten. Völlig überfordert war zudem der Chef des Bundeskanzleramtes, Waldemar Schreckenberger, ein alter Mitstreiter Kohls aus Mainzer Tagen. Das Wort vom „Bermuda-Dreieck im Kanzleramt" ging um.

All das führte dazu, dass das Ansehen der neuen Regierung nicht sonderlich hoch war. Und die alten Vorbehalte gegen Kohl und die Zweifel an seinen Fähigkeiten wurden wiederbelebt und schienen sich zu bestätigen.

Das führte dazu, dass sich im Frühjahr 1986 39 Prozent für den SPD-Kanzlerkandidaten Rau, aber nur 26 Prozent für den amtierenden Kanzler Kohl entschieden hätten. Kohl verfügte somit – anders als die meisten seiner Vorgänger - nicht über einen „Amts-Bonus", sondern einen „Amts-Malus". Äußerst ungewöhnlich war, dass bei den Bürgern nicht der Kanzler, sondern sein Herausforderer größeres Vertrauen genoss.

Doch bei der Bundestagswahl am 25. Januar 1987 lag die Union mit 44,3 Prozent der abgegebenen gültigen Stimmen über 7 Prozentpunkte vor der SPD mit 37 Prozent.

Was war geschehen? Warum konnte Rau das im Frühjahr 1986 9 Monate vor dem Wahltermin vorhandene Vertrauen zu ihm nicht in Stimmen für die SPD umsetzen?

In einem ausführlichen Bericht über die Ausgangslage der Wahl 1987 hatte der STERN bereits im Mai 1986 getitelt: „Kanzler Kohl in

Nöten – Kandidat Rau ohne kompetente Partei" und damit auf das größte Problem des Kandidaten Rau hingewiesen, nämlich seine Partei. Schon im Frühjahr 1986 entsprach die Einschätzung der Kompetenz der Partei nicht den bei der Kanzlerpräferenz ermittelten Werten. Dem „Amts-Malus" Kohls stand ein „Partei-Bonus" der Union gegenüber; denn mit 35 Prozent trauten mehr Bundesbürger der Union als der SPD zu, mit den Problemen in Deutschland am besten fertig werden zu können. Der SPD trauten dies 32, den Grünen oder der FDP 3, keiner Partei 29 Prozent zu.

Kurz vor der Wahl, Ende Januar 1987, war der Kompetenzwert der SPD auf 19 Prozent zusammengeschrumpft, der der Union auf 46 Prozent angestiegen. Und auch bei der Kanzlerpräferenz lag Kohl im Januar 1987 mit 35 Prozent wieder vor Rau mit 30 Prozent.

Kanzlerpräferenz und Parteienkompetenz 1986/87

Es würden sich entscheiden für

	Helmut Kohl	keinen von beiden	Johannes Rau
April 1986	26		39
September 1986	33		31
Januar 1987	35		30

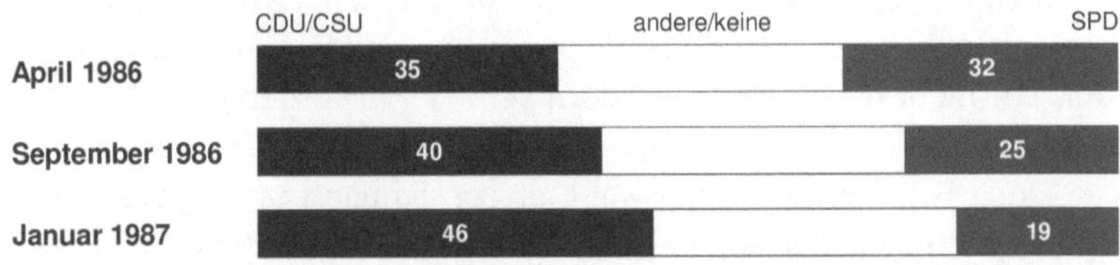

Quelle: forsa-Repräsentativerhebungen, 1986/87

Gescheitert ist Johannes Rau bei der Bundestagswahl 1987 an seiner eigenen Partei, die seine Strategie, wie bei den erfolgreichen Landtagswahlen 1980 und 1985 in Nordrhein-Westfalen auch im gesamten Bundesgebiet einen Persönlichkeitswahlkampf zu führen, der die Defizite der SPD als Partei – wie es ja auch Schmidt 1976 und 1980 gelungen war – überdecken sollte, nicht mittrug. Zu groß waren die Widerstände in der Partei – vom linken Flügel der SPD bis hin zur Parteispitze mit Willy Brandt und seinem Bundesgeschäftsführer Peter Glotz sowie den Politik-Strategen in der SPD-Baracke. Die „Düsseldorfer Linie", die die personelle Alternative Rau-Kohl zum zentralen Punkt des Wahlkampfes machen wollte, wurde zunehmend durch die „Bonner Linie"[40] verdrängt, die einen Programm-Wahlkampf führen wollte.

Letztendlich stellte sich die SPD nicht hinter den Kandidaten, sondern der Kandidat musste sich quasi hinter der Partei verstecken. Doch damit verlor Johannes Rau seine Anziehungskraft als politisches Symbol, das persönliche Sympathie mit politischer Hoffnung vereinte. An Rau konnten viele Bürger – das hatte ja Nordrhein-Westfalen gezeigt – ihre durchaus unterschiedlichen Hoffnungen, Sorgen und Ängste festmachen. Die SPD hätte 1986 auch auf Bundesebene davon profitieren können und ihr politisches Kompetenzdefizit durch die Strahlkraft Raus – so wie es auch Schmidt gelungen war – teilweise abbauen oder aber zumindest überdecken können. Rau stellte eine Art „Brücke" dar, auf der der SPD skeptisch gegenüberstehende Wählergruppen den Weg zur SPD hätten finden können. Doch in völliger Verkennung des Verlaufs der Meinungsbildungs- und Entscheidungsprozesse der Bürger zwangen die „Bonner" und deren Wahlstrategen, die unter Führung von Peter Glotz schon einen völlig verfehlten Wahlkampf 1983 zu verantworten hatten, Johannes Rau einen Programmwahlkampf auf, der Rau entscheidend schadete und überdies die Schwächen der SPD wieder sichtbar machte.

Das „87er Waterloo" der SPD war dann der Nürnberger Parteitag, bei dem nach Helmut Schmidt auch weitere Führungskräfte, denen die Bevölkerung Vertrauen entgegenbrachte, aus der SPD-Spitze ausschieden, darunter Georg Leber, Hans Koschnick, Hans Apel oder Hans-Jürgen Wischnewski. Raus Ziel, Mitte-Wähler zur SPD zurückzuholen, war mit dem Links-Schwenk des Nürnberger Parteitags 1986 so gut wie unmöglich geworden.

Hinzu kam, dass die SPD auf Einschätzungen von Leitmedien über den Einfluss des Reaktorunglücks von Tschernobyl auf die Mei-

40 Den SPD-Wahlkampf 1986/87 beschreibt Krebs, a.a.O., S. 107 ff.

nungsbildung der Bürger hereingefallen war. So hatte der SPIEGEL schon im Mai 1986 gemutmaßt „stärker und schneller als irgendein anderes Ereignis seit Kriegsende hat der Reaktorunfall von Tschernobyl die politische Landschaft in der Bundesrepublik verändert". Dadurch gäbe es „für den Bundestagswahlkampf ein neues großes Thema": Wie „die Deutschen mit der Kernkraft umgehen sollen". „Nichts (werde) wieder so wie vorher sein". Das alles nütze – so der SPIEGEL – im Wahlkampf der SPD und den Grünen und schade der Union und Kohl.

Doch wie so oft irrte sich das Leitmedium SPIEGEL gewaltig. Die abrupte Änderung ihrer Kernenergiepolitik nutzte der SPD nicht, sondern schadete ihr in ganz erheblichem Maße. Eine Partei, die 20 Jahre für die friedliche Nutzung der Kernenergie eingetreten war (gleichzeitig aber auch die Entwicklung erneuerbarer Energien förderte) und nun plötzlich für den Ausstieg aus der Kernenergie eintrat, wurde als opportunistisch bewertet. Zwar hielt seit Tschernobyl eine Mehrheit der Deutschen den Ausstieg aus der Kernenergie für richtig – doch wichtig war er für eine Mehrheit nie. Wichtiger war und ist für die Bundesbürger, dass die Energieversorgung zuverlässig erfolgt und für Haushalte und Wirtschaft bezahlbar bleibt.

Im Wahlkampf 1986/87 spielten auf jeden Fall ökonomische Themen wie die Lage am Arbeitsmarkt und der Umgang mit Ausländern und Asylanten eine größere und entscheidendere Rolle als das Thema Kernenergie. Das war zuvor auch schon im Wahlkampf zur Landtagswahl in Niedersachsen so, so dass Gerhard Schröder, der sich gegen Anke Fuchs als Spitzenkandidat in Niedersachsen durchgesetzt hatte, noch nicht 1986, sondern erst 1990 Ministerpräsident in Hannover wurde. Schröder schwächte zudem Raus Mitte-Kurs durch eine offensive Propagierung eines rot-grünen Bündnisses in Niedersachsen (Raus Rache folgte dann 1993 bei der Wahl des neuen SPD-Vorsitzenden durch einen Mitgliederentscheid).

Kohls Reaktion auf den Reaktorunfall von Tschernobyl war auf jeden Fall richtiger als das schnelle Umschwenken der SPD in der Energiepolitik. Er änderte den Kurs seiner Energiepolitik nicht und ernannte lediglich den Frankfurter Oberbürgermeister Walter Wallmann zum ersten Bundesumweltminister.

Im Laufe des Wahlkampfes 1986/87 hatte die SPD den Kandidaten Rau demontiert und sich selbst durch falsche Themensetzungen um jedwede Glaub- und Vertrauenswürdigkeit gebracht. Am 25. Januar 1987 war die SPD auf jeden Fall für viele, die ihr eigentlich wegen ihrer Sympathien für Johannes Rau und die an ihn geknüpften Hoffnungen und Erwartungen die Stimme geben wollten, nicht wählbar. Eher zähneknirschend wählte man die Union mit ihrem Pannen-Kanzler oder die FDP. Aus Verzweiflung über die SPD wählten 1987 einige auch die Grünen. Die SPD hatte wieder einmal – allerdings nicht zum letzten Mal – alles getan, Wähler, die sie „an sich" wählen wollten, zu vergraulen.

Doch diejenigen, die ihre Interessen lieber bei der SPD aufgehoben sahen, hofften mit großer Geduld auf eine SPD, die wieder wählbar würde. Der letzte Bericht über die politische Stimmung in der Bundesrepublik, den forsa im Januar wenige Tage vor dem Wahltermin an den STERN schickte, trug deshalb auch den Titel: „Warten auf 1990". 44 Prozent aller Bundesburger (und auch 31 Prozent der Wähler der Union) konnten sich vorstellen, dass bei der nächsten Bundestagswahl 1990 die SPD stärkste Partei werden würde.

Doch 1990 kam die Wiedervereinigung – und Oskar Lafontaine.

7. Auf dem Weg zur Wiedervereinigung

7.1 Weitere Erosionsprozesse im Parteiensystem

Als sich das politische System in der Bundesrepublik auf dem Weg zum Zwei-Parteien-System befand, entfielen bei den Bundestagswahlen 1972 und 1976 extrem viele Stimmen auf die beiden großen Parteien: 82 von 100 Wahlberechtigten gaben ihre Stimme den Christ- oder Sozialdemokraten.

Doch 1987 hatte sich die politische Struktur spürbar verändert. Nur noch 68 von 100 Wahlberechtigten wählten bei der Bundestagswahl Union oder SPD. 32 Prozent (fast ein Drittel) aller Wahlberechtigten wählten 1987 eine andere Partei oder gingen gar nicht zur Wahl. Zwischen 1976 und 1987 – also in einem Jahrzehnt – hatten die beiden großen Volksparteien fast jeden fünften Wähler verloren.

Dieser Vertrauensverlust der Volksparteien kam jedoch nicht aus heiterem Himmel, sondern war Ergebnis länger andauernder Prozesse, die von beiden Parteien jedoch weitgehend ignoriert wurden.

Die ersten Alarmsignale waren dabei schon zu einer Zeit zu erkennen, als das Parteiensystem noch fest gefügt schien und die politische Polarisierung zwischen Sozial- und Christdemokraten ihren Höhepunkt erreichte. So mussten die Sozialdemokraten - worauf bereits hingewiesen wurde – in den großen, in der gesellschaftlichen Entwicklung am weitesten fortgeschrittenen Metropolen schon 1972, als sie ihr bislang bestes Ergebnis bei einer Bundestagswahl erzielten, Stimmenverluste hinnehmen. Verantwortlich für diese und weitere herbe Verluste in den 1970er Jahren waren Erosionsprozesse in den lokalen Parteigliederungen der SPD. Trotz warnender Stimmen und trotz vorliegender empirischer Befunde (wie die „Metropolenstudie“ der SPD) wurden diese Alarmsignale ignoriert oder verdrängt. Erleichtert wurden diese Verdrängungen dadurch, dass Helmut Schmidt auf Bundesebene der SPD noch die zur Regierungsbildung benötigte Stimmenzahl garantierte. Die Auszehrung der SPD-Wählersubstanz in den

Kommunen konnte so lange als lokales Problem abgetan werden. Und die Union verdrängte alle warnenden Hinweise auf erste Risse im Parteiensystem durch die Freude darüber, in traditionell roten Rathäusern wie Frankfurt oder München nunmehr den Oberbürgermeister stellen zu können.

Doch die nachfolgenden Entwicklungen im Parteiengefüge hätten eigentlich auch von der Union nicht mehr als bloßes Problem der SPD abgetan werden dürfen. Mit dem Auftauchen der grünen Bewegung Ende der 1970er, Anfang der 1980er Jahre begann die Stabilität des politischen Systems aus zwei von der Mitte bis zu den Rändern reichenden Volksparteien und einer dazwischen als Vehikel des Wandels agierenden FDP erstmals in Gefahr zu geraten.

Die sich durchaus bietende Chance, die grüne Bewegung wie in anderen Ländern auch in Deutschland aus dem Parteiensystem weitgehend fernzuhalten und die Stabilität des Systems zu sichern, wurde von den Großparteien nicht genutzt. Die Union sah in den Grünen und dem daraus herzuleitenden Gespenst rot-grüner Mehrheiten eine willkommene Waffe im Kampf um Wählermehrheiten und nahm die destabilisierenden Folgen für das gesamte Parteiensystem in Kauf. Und die SPD grenzte sich von den Grünen nicht klar ab, weil sich die SPD-Führungs- und Funktionärskader und die Grünen aufgrund gleicher bürgerlicher Herkunft und bourgeoiser Denk- und Wertemuster zu ähnlich waren.

So sehr auch die aus den meisten innerparteilichen Machtpositionen verdrängte Arbeiterelite in einigen intakten Regionen der SPD-Basis (so in Nordrhein-Westfalen mit Johannes Rau) murrte: Die Führungskader einschließlich weiter Teile der Parteispitze wollten keine klare Trennungslinie zwischen SPD und Grünen ziehen. Die letzte Chance, die Grünen nicht zur vierten Kraft im Parteienspektrum werden zu lassen, wurde während des Bundestagswahlkampfes 1986/87 vertan. Die „Bonner Linie“ kämpfte anders als der SPD-Kanzlerkandidat mit seiner „Düsseldorfer Linie“ nicht um eine eigene Mehrheit, sondern setzte auf ein rot-grünes Bündnis. Damit wurden die Konturen zwischen SPD und Grünen verwischt. So wurde den Grünen dazu verholfen, ihre Wählerinfrastruktur zu festigen und sich im Parteiensystem der Republik endgültig zu etablieren.

Die nach 1987 zu beobachtende Entwicklung deutete auf weitere Erosionen im Parteiensystem der Republik hin. Der Anteil derer, die keiner Partei politische Kompetenz zutrauten, stieg von 35 Prozent im Januar 1987 auf 47 Prozent im Februar 1988. Vor allem der Union trauten mit 31 Prozent deutlich weniger Bürger als kurz vor der 1976er Wahl (46 %) zu, mit den Problemen in Deutschland fertig werden zu können. Doch von diesem starken Kompetenzverlust der Union konnte die SPD nicht profitieren, deren Kompetenzwert nur unwesentlich von 19 auf 22 Prozent anstieg.

Nicht verflüchtigt hatte sich auch nach der Bundestagswahl 1987 der „Kanzler-Malus" von Helmut Kohl. Im Gegenteil: Die Zustimmung zu Kanzler Kohl war 1988 auf einem Tiefpunkt angelangt: Nur noch 32 Prozent hätten sich bei einer Direktwahl des Kanzlers für ihn entschieden. Kein anderer Kanzler zuvor hatte ein so geringes Vertrauen bei den Bürgern wie Helmut Kohl 1988. Die Bezeichnung Kohls als „Drittel-Kanzler" war voll gerechtfertigt.

Das geringe Vertrauen zu Kohl schwächte auch die Union: Ein Jahr nach der Bundestagswahl 1987 wollte jeder dritte Wähler der Union die CDU oder CSU nicht mehr wählen.

Die Affäre Barschel in Schleswig-Holstein führte dann zu einem weiteren Vertrauensverlust für beide Volksparteien; denn die überwiegende Mehrheit (85 %) sah in dieser Affäre keinen auf Kiel beschränkten Einzelfall, sondern glaubte, dass eine solche politische Unkultur jederzeit und überall wieder passieren könnte. Im Frühsommer 1988 hatten 63 Prozent kein Vertrauen mehr zur Politik. Viel Vertrauen hatten nur noch 7, wenigstens etwas Vertrauen auch nur 30 Prozent.

Durch den Vertrauensschwund der Großparteien erstarkte auch die seit Ende der 1960er Jahre bedeutungslos gewordene rechte Szene. So konnte die NPD schon bei der Bundestagswahl 1987 ihren Stimmenanteil gegenüber 1983 verdoppeln. 1987 gelang es der rechtsradikalen DVU wegen des Bremer Wahlsystems, bei dem eine Partei in die für das Land zuständige Bürgerschaft einzieht, wenn sie in einem der zwei Wahlgebiete – Stadt Bremen und Stadt Bremerhaven – über 5 Prozent der Stimmen erhält, mit einem in Bremerhaven gewählten Abgeordneten in die Bremer Bürgerschaft einzuziehen. Und 1989 kamen die NPD bzw. die Republikaner mit 6,6 Prozent in die Frankfurter Stadtverordnetenversammlung bzw. mit 7,5 Prozent in das Berliner

Abgeordnetenhaus. Und 1989 zogen 6 Abgeordnete der Republikaner in das Europaparlament ein. Die Republikaner erhielten bei der Europawahl 1989 im Gebiet der alten Bundesrepublik mehr Stimmen als die AfD bei der Europawahl 2014 im selben Wahlgebiet.

Mit dem Wiedererstarken der rechtsradikalen Wähler 1988/1989 setzte sich der schleichende Bedeutungsverlust der beiden Volksparteien fort. Weitere Erfolge der Rechtsradikalen wurden nicht durch richtige Reaktionen von Union und SPD verhindert, sondern durch die Ereignisse in der DDR und dem Fall der Mauer.

7.2 Die Wiedervereinigung

Jedes Jahr wurde in der Bundesrepublik am 17. Juni mit dem „Tag der deutschen Einheit" an den Volksaufstand in der DDR erinnert und der Wunsch nach einer Wiedervereinigung der beiden Teile Deutschlands beschworen. Doch als die Mauer geöffnet und die Wiedervereinigung möglich wurde, war kaum jemand so recht darauf vorbereitet. Den meisten Westdeutschen war die DDR fremd; Deutschland jenseits der „Zonengrenze" bzw. der verschiedenen Grenzübergänge war für viele in der alten Bundesrepublik eine Art „weißer Fleck" auf der Landkarte.

Die DDR-Bürger, die - sofern technisch möglich - das „West-Fernsehen" nutzten, wussten alles in allem über die „BRD" mehr als die Westdeutschen über die Befindlichkeiten der Brüder und Schwestern in der Deutschen Demokratischen Republik. Für wünschenswert hielt eine Mehrheit der DDR-Bürger von rund 70 Prozent – wie die wahrscheinlich einzige nach der Einstellung der Meinungsforschung durch das SED-Regime von forsa im Auftrag des STERN anlässlich des Honecker-Besuches in Bonn durchgeführte Umfrage ergab – zwar eine Wiedervereinigung beider Staaten, doch für möglich bis zum Jahr 2000 hielten sie nur 20 Prozent. Und nach einer für eher unwahrscheinlich gehaltenen Vereinigung von DDR und „BRD" sollte das westdeutsche „kapitalistische" System keinesfalls einfach übernommen werden (das hätten 1987 nur 7 Prozent der befragten DDR-Bürger befürwortet). In einem vereinigten Deutschland sollte eher das sozialistische System der DDR beibehalten werden (das meinten 25 Prozent) oder aber eine Synthese aus Sozialismus und westdeutschem Kapitalismus (ein damals sogenannter „Dritter Weg“) gefunden werden (das hätte 1987 eine Mehrheit von 58 Prozent für richtig gehalten).

Der größte konkrete Wunsch der DDR-Bürger 1987 war eine Verbesserung der Reisemöglichkeiten – von 56 Prozent als Wunsch genannt. Ansonsten wünschte man sich bessere kulturelle, wirtschaftliche und politische Beziehungen zwischen der Bundesrepublik und der DDR sowie eine Intensivierung der Abrüstungsanstrengungen.

Nach Öffnung der Grenze im November 1989 nutzten dann auch viele DDR-Bürger die Möglichkeit, den „Westen“ zu besuchen. Schon im Frühjahr 1990 waren 92 Prozent der Ostdeutschen schon einmal in der Bundesrepublik oder in Westberlin gewesen. Rund drei Fünftel derjenigen (59 %), die schon einmal zu Besuch in der Bundesrepublik oder Westberlin waren, hatten dazu erst nach der Öffnung der Grenze Gelegenheit. Nur eine Minderheit der Ostdeutschen hatte schon vor der Grenzöffnung Gelegenheit zu einem Besuch im Westen. Von den Westdeutschen haben bis heute deutlich weniger den Ostteil des Landes besucht als Ostdeutsche den Westteil.

Die Wiedervereinigung der damals 62 Millionen West- mit den knapp 17 Millionen Ostdeutschen sollte – so meinte eine Mehrheit aller Deutschen Anfang 1990 – erst nach einem längeren Anpassungsprozess erfolgen. Dieser Auffassung waren 64 Prozent der Ost- und 73 Prozent der Westdeutschen. Eine schnelle Verwirklichung der deutschen Einheit wünschten sich seinerzeit nur 20 Prozent der West- und auch nur 29 Prozent der Ostdeutschen.

Verwirklichung der deutschen Einheit im Februar 1990

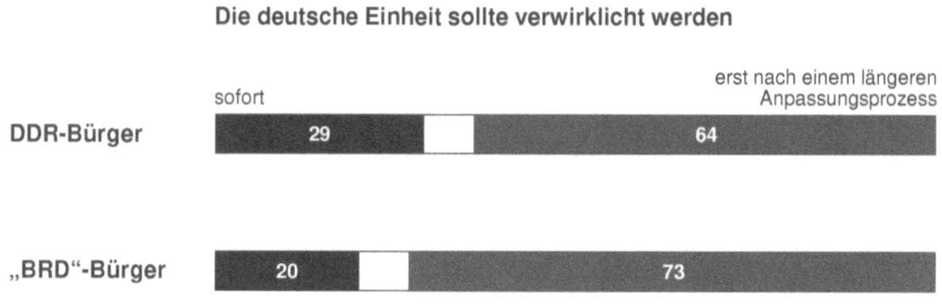

Quelle: forsa-Repräsentativerhebung, 1990

Mit dem Verlauf des Einigungsprozesses war denn auch im Sommer 1990 nur eine Minderheit der West- (40 %) wie der Ostdeutschen (32 %) zufrieden.

In dieser Phase der Unsicherheit fand dann am 18. März die erste freie Wahl zur Volkskammer seit Gründung der DDR statt. Es kandidierten 19 Parteien und 5 weitere Listenverbindungen. Das waren neben vielen aus den verschiedenen Oppositionsbewegungen in der DDR hervorgegangenen politischen Gruppen die SED (unter dem Namen „Partei des Demokratischen Sozialismus – PDS"), die alte Blockpartei CDU und die neu gegründete DSU – nach dem Vorbild der westdeutschen Schwesterparteien CDU und CSU -, der – von der FDP unterstützte – „Bund Freier Demokraten" und die wiedergegründete SPD, für die jedwede Kooperation mit der SED/PDS nach den historischen Erfahrungen mit der Zwangsvereinigung von SPD und KPD zur SED nicht in Frage kam. Sah es zunächst – ähnlich wie bei der Gründung der westdeutschen Bundesrepublik – so aus, als ob die SPD als Partei mit der längsten demokratischen Tradition die meisten Stimmen erhalten und damit die politische Führung der demokratischen DDR übertragen bekommen werde, landete sie bei der Wahl nur bei knapp 22 Prozent der gültigen Stimmen. Klarer Sieger der Volkskammerwahl war das Bündnis „Allianz für Deutschland" mit zusammen 48 Prozent. Diese „Allianz für Deutschland" war ein Bündnis aus CDU (40,8 %), DSU (6,3 %) und „Demokratischer Aufbruch" (0,9 %). Die PDS kam auf 16,4 Prozent.

7.3 Die erste gesamtdeutsche Wahl 1990

Die Volkskammerwahl vom 18. März 1990 konnte den Niedergang des Staates DDR nicht aufhalten. Im Rahmen der im Laufe des Jahres 1990 folgenden „Zwei-plus-Vier-Verhandlungen" zwischen der Bundesrepublik, der DDR und den vier Siegermächten des Zweiten Weltkrieges erfolgte die am 3. Oktober 1990 in Kraft tretende Wiederherstellung der deutschen Einheit und der vollen Souveränität Deutschlands.

Die erste gesamtdeutsche Wahl konnte daraufhin am 2. Dezember 1990 erfolgen. Helmut Kohl, der eigentlich nach 7 Jahren seiner Kanz-

Das Ergebnis der Volkskammerwahl vom 18. März 1990

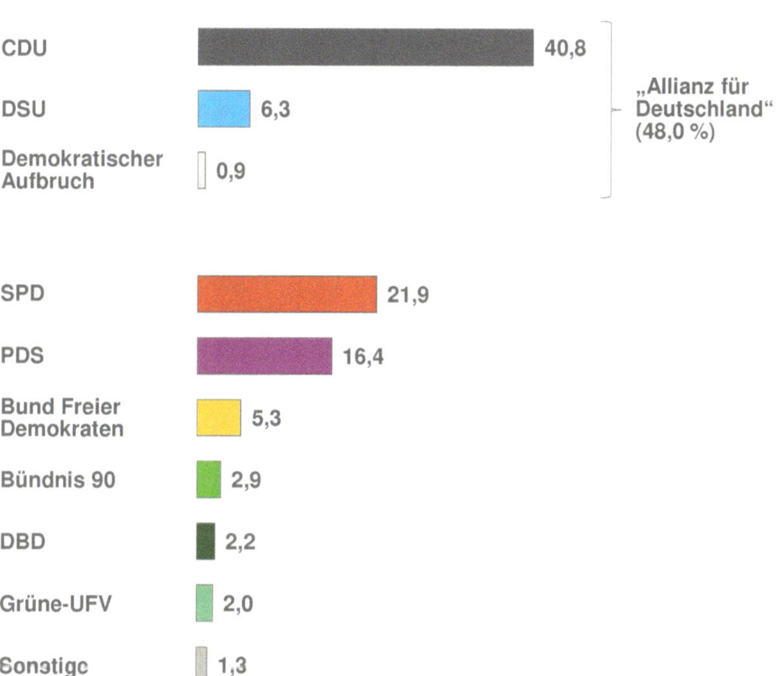

lerschaft im Urteil der Bürger auf einem Tiefpunkt angelangt war, nutzte den Prozess zur deutschen Einheit, um wieder Akzeptanz bei den Bürgern zu finden. Doch die ihm heute zugeschriebenen Verdienste wurden 1990 von den Bürgern keinesfalls so eindeutig gesehen.

So sah es im Sommer 1990 nur eine Minderheit der Deutschen (39 %) als persönlichen Erfolg Kohls an, dass die Sowjetunion den Weg zur deutschen Einheit bei einem Treffen zwischen Gorbatschow und Kohl im Juli 1990 im Kaukasus endgültig freigegeben hatte. Mehr Bundesbürger (48 %) glaubten, dass die Sowjetunion der deutschen Einheit nur aus ökonomischen Gründen vor dem Hintergrund ihrer enormen wirtschaftlichen Schwierigkeiten zugestimmt hätte.

Aber nicht nur der Prozess der deutschen Vereinigung, sondern auch der SPD-Kanzlerkandidat Oskar Lafontaine verhalf Kohl dazu, trotz aller Vorbehalte gegen seine Person und seine bisherige Regierungsarbeit nach der ersten Wahl im wiedervereinigten Deutschland noch Kanzler bleiben zu können.

Nachdem Oskar Lafontaine im Januar 1990 bei der Landtagswahl im Saarland mit 54,4 Prozent der gültigen Stimmen ein noch besseres Ergebnis erzielt hatte als Johannes Rau bei der nordrhein-westfälischen Landtagswahl 1985, fiel ihm die Kanzlerkandidatur fast automatisch zu, obwohl er bereits damals im Urteil vieler Bürger eine eher „schillernde" Figur war. Er war zwar im Saarland - nicht zuletzt wegen mangelnder Alternativen in der Saar-CDU - akzeptiert und populär, doch im Rest der Republik – aus saarländischer Sicht noch lange Zeit „das Reich" – war sein Bild nicht so positiv. Er galt bei den Bürgern als unausgeglichen und jemand, bei dem sich Phasen der Kraftmeierei mit Phasen des Zauderns und Zögerns abwechselten. Er zählte in den 1980er Jahren nicht zum linken Flügel der Sozialdemokraten, sondern wurde den eher rechten „Modernisierern" zugeordnet, weil er für Arbeitszeitverkürzung ohne vollen Lohnausgleich und längere Maschinenlaufzeiten auch an Wochenenden plädierte. Von den einen deshalb als „Mann moderner, intelligenter, marktwirtschaftlicher Innovationen" gelobt, waren viele Gewerkschafter und linke Sozialdemokraten seine Gegner, zumal er auch als „Liebhaber teurer Weine, seidener Krawatten und schöner Frauen" galt.

Anfang 1990 lag Lafontaine bei der Kanzlerpräferenz wegen der Unbeliebtheit von Helmut Kohl mit 42 Prozent vor Kohl mit 33 Prozent. Lafontaines Sympathiewert Anfang 1990 zeigte, dass viele Menschen in Deutschland jetzt an ihn die Hoffnung knüpften, die SPD wieder zu einer wählbaren Partei zu machen, nachdem sich im Vorfeld der 1987er Wahl herausgestellt hatte, dass nicht der beliebte Kanzlerkandidat Johannes Rau, sondern die damals in der SPD tonangebende politische Kaste der „SPD der 80er Jahre" das politische Profil der SPD bestimmten.

Nach dem im April 1990 in Köln auf Oskar Lafontaine verübten Messer-Attentat war die an seine Person geknüpfte Hoffnung auf eine „wählbare" SPD zum ersten Mal bei ihm auch mit viel menschlicher Zuneigung verbunden. Doch Lafontaine machte diese Hoffnung vieler Wähler schnell wieder zunichte, als er nach der Genesung von dem auf ihn verübten Attentat im Frühsommer 1990 wieder in das politische

Geschehen eingriff. Die durch seine Haltung zum deutschen Vereinigungsprozess provozierte SPD-interne Diskussion über die Deutschlandpolitik und das von ihm selbst ausgelöste Hick-Hack um seine Kanzlerkandidatur irritierten viele Wähler. Seine Konturen beim Wähler wurden wieder schillernder, seine Glaubwürdigkeit litt und mit den Zweifeln an seiner politischen Moral wuchsen Mitte 1990 auch die Bedenken, ob er wirklich der richtige Kandidat zur rechten Zeit sei.

Schon im Juni 1990 lag Kohls Wert bei der Kanzlerpräferenz mit 41 Prozent gleichauf mit dem von Oskar Lafontaine (40 %). Und nur noch 41 Prozent aller Bürger in Deutschland glaubten nach den deutschlandpolitischen Turbulenzen in der SPD an Lafontaines Chance, Kanzler zu werden. Eine Mehrheit von 51 Prozent war schon im Juni 1990 davon überzeugt, dass Kohl auch nach der ersten gesamtdeutschen Wahl Kanzler bleiben würde. Damit waren die Hoffnungen der Menschen weitgehend verflogen, die glaubten, dass die SPD durch Oskar Lafontaine wieder wählbar gemacht werden würde.

Die latent gegen Lafontaine immer schon vorhandenen Vorbehalte gewannen im Wahlkampf 1990 zunehmend die Oberhand. Und selbst „seine" Saarländer, die Lafontaine bis heute viel positiver sehen als die Deutschen insgesamt, fragten sich bei aller Sympathie für ihn schon 1990 (wie eine Untersuchung zeigte) besorgt, ob er nicht eine Spur zu arrogant und überheblich, zu forsch und frech, zu unruhig und wankelmütig, zu opportunistisch und demagogisch sei.

Lafontaine gewann somit im Wahlkampf 1990 kein klares, eindeutiges oder gar glaubwürdiges Profil. Seine Strategie, einen auf seine Person konzentrierten Wahlkampf gegen Helmut Kohl zu führen, war deshalb falsch. Ab Juli 1990 lag Kohl bei der Kanzlerpräferenz vor Lafontaine. Kurz vor dem Wahltermin im November konnte Kohl seinen Vorsprung vor Lafontaine in den alten Bundesländern auf 16 Prozentpunkte ausbauen. Im Gebiet der „DDR" war Lafontaine im Laufe des Wahlkampfes noch unbeliebter geworden: Unmittelbar vor der Wahl hätten sich nur 19 Prozent der Ostdeutschen für ihn entschieden. Kohl lag mit 41 Prozent 22 Prozentpunkte vor ihm. 40 Prozent der DDR-Bürger wollten seinerzeit allerdings weder Lafontaine noch Kohl als Kanzler. In der traditionellen Stammwählerschaft der SPD, bei den Arbeitern, lag Kohl 1990 im Übrigen auch mit 44 Prozent klar vor Lafontaine mit 32 Prozent.

Kanzlerpräferenzen 1990

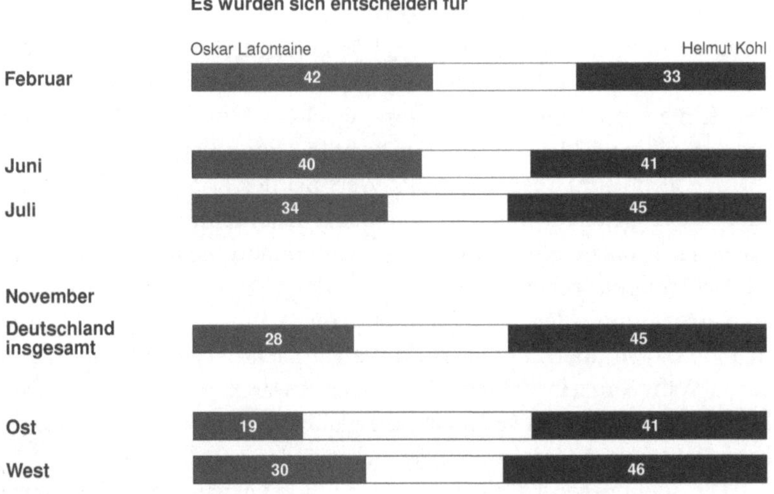

Quelle: forsa-Repräsentativerhebungen, 1990

Lafontaine brüstet sich bis heute damit, dass er mit seiner Analyse der Problemlage im vereinten Deutschland recht gehabt hätte. Nur die „dummen Wähler“ wären damals Kohl auf den Leim gegangen. Doch die Wähler waren auch 1990 keinesfalls dumm: Sie teilten in ihrer Mehrheit durchaus viele Bedenken Lafontaines. Doch gewählt wurde er deshalb nicht, weil ihm die meisten, die mit seiner Analyse der Probleme durchaus einverstanden waren, nicht zutrauten, die von ihm aufgezeigten Probleme auch zu lösen.

Lafontaines falscher Wahlkampf ließ das Vertrauen in die politische Kompetenz der SPD noch weiter zurückgehen als es schon 1987 der Fall war. Nur noch 16 Prozent trauten der SPD 1990 zu, mit den anstehenden Problemen im wiedervereinigten Deutschland fertig werden zu können. Der Union trauten das unmittelbar vor der Wahl 1990 trotz aller Vorbehalte gegen den amtierenden Kanzler 50 Prozent zu. Und sowohl in den alten wie in den neuen Bundesländern wünschten sich mehr (41 bzw. 40 %) eine von der CDU/CSU-geführte Bundesregierung als eine von der SPD geführte (das wünschten sich nur 24 Prozent der Ost- und auch nur 28 Prozent der Westdeutschen).

Bei der Wahl am 2. Dezember 1990 lag die Union denn auch mit 44,3 Prozent der gültigen Stimmen in den alten und 41,8 Prozent in den neuen Bundesländern klar vor der SPD mit 35,7 bzw. 24,3 Prozent. In beiden Wahlgebieten wurde die FDP mit 10,6 bzw. 12,9 Prozent die drittstärkste Partei. Die SED-Nachfolgepartei PDS erhielt in den neuen Ländern 11,1, im Westen des Landes jedoch nur 0,3 Prozent.

Das Ergebnis der ersten gesamtdeutschen Wahl 1990 in Ost und West

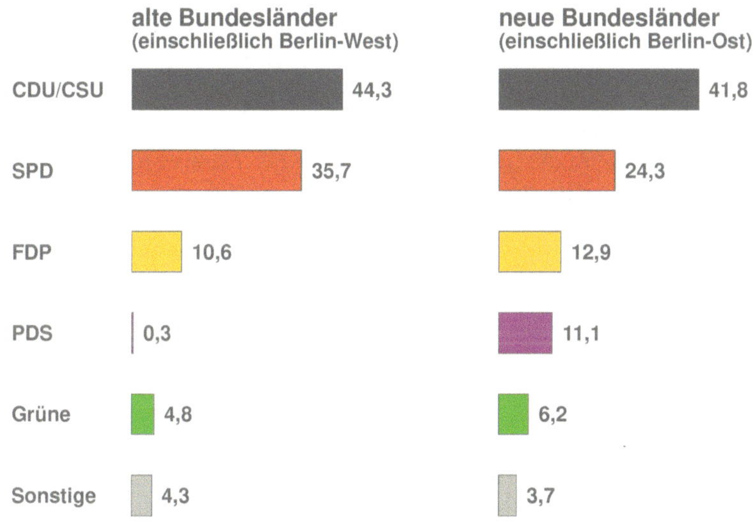

Die Grünen hingegen erhielten bei der ersten gesamtdeutschen Wahl im Vergleich zu ihrem guten Abschneiden 1987 einen deutlichen Dämpfer und zogen nur mit 8 Abgeordneten in den neuen gesamtdeutschen Bundestag ein. Obwohl sie selbst die zwei bei der 1990er Wahl geltenden Wahlgebiete juristisch erstritten hatten, hatten sie es – anders als die anderen Parteien – unterlassen, ein Listen-Bündnis zwischen den Ost- und den West-Grünen herzustellen. Bei der Verteilung der Mandate konnten deshalb nur die 6,1 Prozent der gültigen Stimmen in den neuen Ländern, nicht jedoch die 4,8 Prozent in den alten Ländern berücksichtigt werden. Die Grünen wurden 1990 zudem auch Opfer ihrer Arroganz: Sie hatten die Meinung der Mehrheit der Bürger in Ost und West, die die Wiedervereinigung begrüßten, ignoriert und mit dem nur von ihnen für passend und geistreich empfundenen Slogan geworben: „Alle reden von Deutschland, wir reden vom Wetter". Sie hatten es offenbar nicht für möglich gehalten, dass sie für ihre ablehnende Haltung zur Wiedervereinigung abgestraft werden könnten.

Das Ergebnis der ersten gesamtdeutschen Wahl zum Bundestag zeigte die Unterschiede der politischen Kulturen in beiden bisher getrennten Teilen Deutschlands deutlich auf. Die CDU, vor allem aber die SPD waren in der Wählerschaft der neuen Länder weniger stark verankert als in den alten Ländern. So wurde die SPD im Gebiet der alten DDR nur von 18, im Gebiet der alten Bundesrepublik jedoch von 28 von 100 Wahlberechtigten gewählt. Bei der Union war der Unterschied nicht ganz so ausgeprägt, aber auch hier lag der Anteil der Wähler im Osten unter dem Anteil im Westen. Größer als im West-Teil der Republik war im Ost-Teil die Zahl der Nichtwähler – und die der Wähler der SED-Nachfolgepartei PDS, die in den neuen Bundesländern von 8 Prozent, in den alten Ländern jedoch von so gut wie keinem der Wahlberechtigten gewählt wurde.

Wähler und Nichtwähler bei der ersten gesamtdeutschen Wahl 1990 in Ost und West

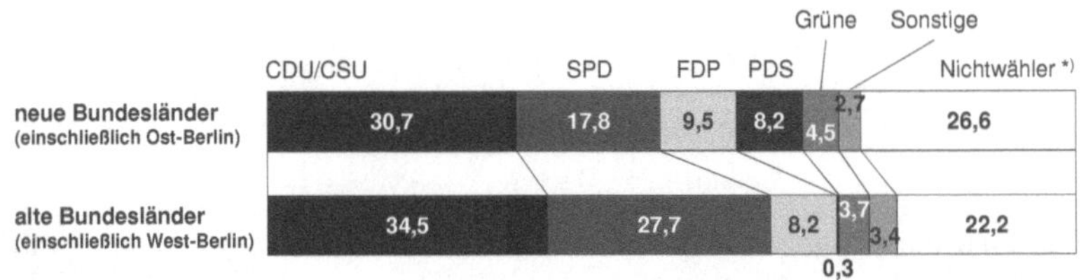

*) einschließlich ungültige Stimmen

Aber nicht nur durch die spezifische politische Kultur im Ost-Teil des wiedervereinten Deutschlands wandelte sich das politische System. Auch in der alten Bundesrepublik ging mit den Wahlen 1987 und 1990 eine bis dahin eher konstante und geradlinige Entwicklung zu Ende, weil beide Volksparteien ihre alte und langwährende Bindekraft verloren hatten. Die Union, die 1990 in den alten Ländern nur noch von knapp 35 Prozent aller Wahlberechtigten gewählt wurde, mobilisierte damit so wenige Wähler wie zuletzt bei der ersten Bundestagswahl 1949. Und die SPD wurde nur bei den ersten Wahlen in der sich etablierenden Republik im Nachkriegsdeutschland – 1949, 1953 und 1957 – von weniger Wahlberechtigten gewählt als 1990. Zusammen wurden beide Parteien 1990 nur noch von 62 von 100 Wahlberechtigten gewählt.

Während die Wählersubstanz der SPD und der Union 1990 schrumpfte, stieg der Anteil der sonstigen Parteien 1987 und 1990 auf rund 16 Prozent der Wahlberechtigten an und erreichte damit das Niveau von 1961. Und die „Partei der Nichtwähler" war mit 22,2 Prozent (einschließlich der ungültigen Stimmen) wieder so groß wie 1949, als das politische System noch nicht fest etabliert war.

Anteile der SPD und CDU/CSU bei Bundestagswahlen 1949 bis 1990 in den alten Bundesländern (in % der Wahlberechtigten)

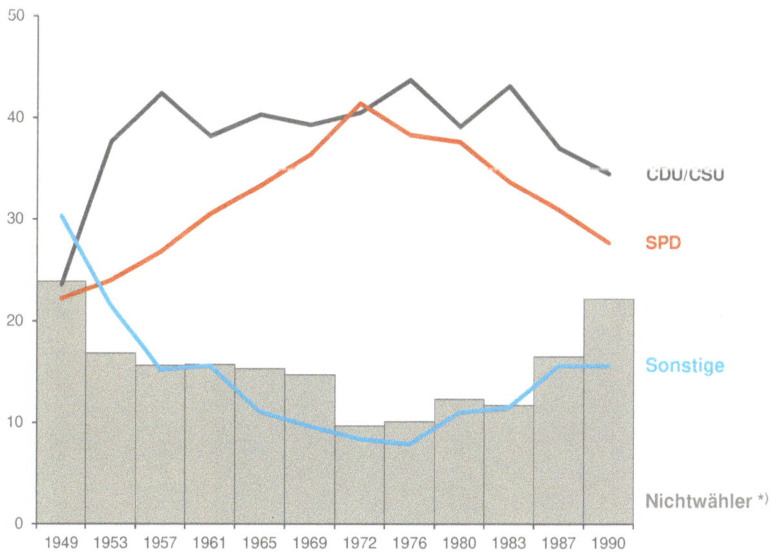

*) einschließlich ungültige Stimmen

Der Aufstieg der Volksparteien kam mit den Wahlen 1987 und 1990 nicht nur zum Stillstand; es war der Beginn eines dramatischen Vertrauens- und Bedeutungsverlustes von Union und SPD.

8. Der Unmut der Wähler nach der Wiedervereinigung

Nach dem Zusammenbruch des Nationalsozialismus hatte es einige Zeit gedauert, bis sich aus der ursprünglich vorherrschenden „Untertanenkultur" der Deutschen eine „Staatsbürgerkultur" wie in vergleichbaren westlichen Demokratien herausgebildet hatte. In der alten Bundesrepublik war dies schließlich gelungen. Wie die Politikwissenschaftler Dieter Fuchs, Hans-Dieter Klingemann und Carolin Schöbel 1991 feststellten, hatte Deutschland hinsichtlich „der Akzeptanz demokratischer Werte und Normen sowie der Bereitschaft, sich politisch zu engagieren, mit den anderen westlichen Demokratien gleichgezogen". Die Einstellungen der Deutschen zum demokratischen System – einschließlich der Akzeptanz der dazu gehörenden Institutionen wie Parlamente und Parteien – waren seit 1945 noch nie so positiv wie Ende der 1980er Jahre.

Dennoch aber machte sich im Laufe der Kanzlerschaft Kohls zunehmend Unmut und sogar Wut darüber breit, wie politische Akteure Politik betrieben. Ursache dieses Unmuts waren sicherlich eine Reihe von Affären – vor allem die „Barschel-Affäre" in Kiel. Doch der Hauptgrund für den um sich greifenden Unmut war, dass immer mehr Bürger den Eindruck hatten, dass die Politiker die Sorgen und Nöte, die Ängste und Probleme, die Interessen und Bedürfnisse der Menschen nicht mehr kennen würden und oft auch gar nicht mehr kennenlernen wollten. Der mündig gewordene Staatsbürger fühlte sich von den Politikern nicht mehr ernst genommen, zumal er als „politikmüde" beschimpft wurde. Der Soziologe Karl-Otto Hondrich hatte es schon 1993 treffend so formuliert: „Die Politiker und Intellektuellen in Deutschland, dem Volk entwöhnt, nehmen das Volk nicht an".

So wurden die Gründe für das schwindende Vertrauen in die beiden Volksparteien sowohl von der Union als auch von der SPD meist ignoriert oder verdrängt. Die zum Teil dramatischen Vertrauensverluste der beiden Volksparteien bei Kommunalwahlen, wo immer mehr Bürger aus Verzweiflung über das inhaltliche und personale Angebot der Parteien vor Ort gar nicht mehr an der Wahl teilnahmen, wurden z.B. völlig falsch gedeutet. Nicht der Zustand der Parteien vor Ort wurde als Grund für die hohe Wahlenthaltung angesehen, sondern die Ursachen suchte man exkulpierend woanders. So war in der CDU zu hören, die für die Bürger in den einzelnen Städten und Gemeinden ganz unterschiedlich empfundenen lokalen Probleme würden kaum Einfluss auf die Entscheidung bei einer Kommunalwahl haben. „Kein einziges" dieser in der Einschätzung der Bürger bedeutsamen Probleme würde – so meinte z.B. 1993 die Frankfurter CDU – die Kommunalwahl entscheiden, sondern ausschlaggebend für die Wahlentscheidung sei die Bonner Politik. Und im Vorwärts, dem Organ für die SPD-Mitglieder, war ebensolches zu lesen: Die Bürger würden „weniger auf örtliche Details als auf die Bonner Szene schauen". Die Vorsitzende des SPD-Bezirks Hessen-Süd, Heidemarie Wieczorek-Zeul, die 1993 als SPD-Präsidiumsmitglied zum inneren Führungszirkel der Partei zählte, verstieg sich sogar zu der „Erkenntnis", dass „die Regierungspolitik Helmut Kohls" „unser Wählerpotential" zerstöre. Für das Wahldesaster der hessischen SPD in vielen Städten und Gemeinden waren also nicht die Genossen in den einzelnen Rathäusern, sondern Helmut Kohl verantwortlich.

Vielen politischen Akteuren in CDU und SPD war Anfang der 1990er Jahre (und wohl auch noch später) die Fähigkeit abhandengekommen, gesellschaftliche Prozesse adäquat wahrzunehmen, sie richtig einzuschätzen und daraus die notwendigen Konsequenzen für politische Handlungen abzuleiten. Statt nüchterner Analysen des Wahlverhaltens der einzelnen sozialen Schichten wurden so lieber „lifestyle"-Gruppen erfunden, um mit Hilfe solcher „milieus" die Wähler neu einteilen zu können. Derartige Milieu-Gruppen aber waren (und sind), wie der Soziologe Erwin K. Scheuch bereits 1987 völlig zutreffend urteilte, „Artefakte" von Computerrechnungen. Und für „die Mehrzahl der aus solchen Computerauswertungen abgeleiteten Gruppen" sei es mehr als fraglich, „ob es sie in der Realität" überhaupt gäbe.

Solche Missdeutungen ihres Wahlverhaltens verstärkten bei den Bürgern das Gefühl, von vielen politischen Akteuren nicht mehr ernst genommen zu werden. Doch sie hofften weiter auf eine Renaissance der Volksparteien, denen sie an sich lieber ihre Stimme geben wollten als den neuen Klientelparteien wie den Grünen oder der PDS. Und sie wollten auch lieber ihre Stimme abgeben, als Wahlenthaltung zu üben.

Helmut Kohl aber dachte auch nach der Wiedervereinigung nicht daran, an seinem Politik- und Regierungsstil etwas zu ändern, so dass der Unmut über ihn und seine Partei bis 1994 anhielt.

Der trotz der generellen Freude über die Wiedervereinigung vorherrschende und in den Wahlergebnissen zu registrierende Unmut vieler Wähler über die beiden Volksparteien kann sicherlich nicht allein Helmut Kohl und seinem eher bräsigen Politikstil angelastet werden. Doch dem Vertrauensschwund der Volksparteien hatte der Kanzler der deutschen Einheit wenig entgegenzusetzen. Mit den geringen Sympathien, die er in der meisten Zeit seiner Kanzlerschaft bei den Wählern genoss, konnte er die auseinanderdriftenden Wählermassen nicht binden und zusammenhalten.

Immer mehr Bürger gingen nicht mehr zur Wahl und drückten so ihren Unmut über den Zustand der Politik in Deutschland aus. Die Grünen nutzten die Schwäche der Volksparteien aus und konnten sich im Parteiensystem behaupten. Auch die Wiedervereinigung brachte Kohl kein nachhaltiges neues Vertrauen. So fühlte sich schon wenige Monate nach der ersten gesamtdeutschen Wahl im Frühjahr 1991 über die Hälfte der Ostdeutschen (56 %) von Helmut Kohl und seiner Regierung im Stich gelassen. Das bezog sich vor allem auf die „Steuerfrage". Kohl hatte ja vor der Wahl 1990 betont, es bedürfe keinerlei Steuererhöhungen, um die deutsche Einheit zu finanzieren. Als dann – was die Bürger ohnehin schon vor der Wahl glaubten – die Steuern doch erhöht wurden, fühlten sich rund 60 Prozent der Ost- und Westdeutschen von Helmut Kohl betrogen. Kohls Glaubwürdigkeit wurde durch die heftigen Diskussionen über die Finanzierung der deutschen Einheit und die trotz der anderslautenden Versprechungen von Kohl vor der Wahl dann doch vorgenommenen Steuererhöhungen weiter erschüttert. Ihm glaubten 1991 nur noch 23 Prozent aller Bundesbürger. Und die deutsche Einheit sahen nur noch ganze 7 Prozent bei Kohl in guten Händen. Es machte sich eine Sehnsucht nach Helmut Schmidt breit, denn von ihm glaubten mit 41 Prozent deutlich mehr als von Kohl (6 %), er würde mit den Problemen im vereinten Deutschland am besten fertig.

Das Gefühl, von Helmut Kohl betrogen worden zu sein, ihm sowie seiner Regierung nicht mehr trauen zu können, und die zunehmende Skepsis, ob der Kanzler, der 1990 zielstrebig die deutsche Einheit angestrebt hatte, nun auch mit deren Problemen fertig werden könne, stürzte auch Kohls Partei nach der Wiedervereinigung in eine Krise. Wenige Monate nach der ersten gesamtdeutschen Wahl wollte über ein Viertel der Union-Wähler der CDU oder CSU nicht mehr die Stimme geben. Dieser Vertrauensverlust setzte sich auch 1992 und 1993 fort. So trauten 1993 nur wenige Bundesbürger der Union, die bei den Wahlen 1983, 1987 und auch 1990 im Gegensatz zur SPD als politisch kompetent eingeschätzt wurde, zu, mit den Problemen im wiedervereinten Deutschland fertig werden zu können.

Die SPD konnte vom Vertrauensrückgang der Union nicht profitieren. Sie hatte selbst bis zur Wahl 1990 ein Viertel ihrer Wähler von 1980, der letzten Helmut-Schmidt-Wahl, verloren. Diese Verluste traten zudem nicht nur im von Schmidt gebundenen Wählersegment in der Mitte der Gesellschaft auf, sondern die SPD der 80er Jahre konnte sich auch nicht mehr der Wähler im eher linken politischen Segment sicher sein. Der SPD schadete vor allem, dass sie ihre Kompetenz in ökonomischen Fragen verloren hatte.

Die SPD verdrängte das alles auch nach der Wahlniederlage 1990 und argumentierte, Helmut Schmidt habe die jungen Wähler scharenweise von der SPD weggetrieben, während Oskar Lafontaine die Jugend für die SPD zurückgewonnen habe. Für diese Behauptung fehlte jedoch jeder Beleg - es war eine der vielen Lebenslügen der SPD. Der Hauptgrund für die Wählersubstanzverluste der SPD, nämlich dass die meisten Wähler sie für eine unfähige Partei hielten, wurden wie so oft verdrängt. In der SPD waren inzwischen diejenigen, die sich in den 1970er Jahren als „SPD der 80er Jahre" brüsteten, in viele Führungsämter gelangt. Doch diese Repräsentanten der SPD der 80er Jahre wurden in den 1990er Jahren von den Bürgern nicht als diejenigen angesehen, die der SPD wirklich eine Zukunft geben könnten. Die Wähler sahen in der SPD eine Partei von gestern, der man kein Vertrauen entgegenbringen konnte. Der „vergessene" Wähler wartete wie schon 1987 auf eine SPD der 90er Jahre, die er wieder wählen könnte.

Der Wechsel im Amt des SPD-Vorsitzenden von Hans-Jochen Vogel, der aus Altersgründen nicht mehr kandidierte, zu Björn Engholm hatte dann auch zunächst Hoffnungen bei vielen Wählern geweckt, dass er eine neue, nach vorne gewandte SPD anstelle der SPD der 80er Jahre repräsentiere. Umso mehr fühlten sie sich von ihm getäuscht, als er sich durch sein Verhalten in der Barschel-Affäre im dazu eingesetzten Untersuchungsausschuss im Kieler Landtag letztendlich als politischer Akteur ohne Fähigkeiten und Konturen entpuppte. Die Vertrauenskrise der SPD verstärkte Engholm somit. Der Sympathiewert der SPD sackte von 46 Prozent zur Jahreswende 1992/93 auf 36 Prozent zum Zeitpunkt seines Rücktritts. Damit befand sich auch die SPD wieder in einem Stimmungstief – ähnlich wie die Union schon seit Frühjahr 1992.

Die Entscheidung der SPD, den Nachfolger von Engholm nicht wie bislang durch einen Parteitag, sondern per Mitgliederentscheid wählen zu lassen, erhöhte das Vertrauen zur SPD keinesfalls. Schließlich blieb ja auch dieser Entscheid der Mitglieder eine interne Entscheidung eines Vereins – ohne Beteiligung der Wähler. Zudem erwarteten die potentiellen Anhänger der SPD eher eine schnelle Entscheidung darüber, wer neuer SPD-Vorsitzender und damit Gegenspieler des eher unbeliebten Kanzlers werden würde. Doch das Mitgliedervotum der SPD kostete viel Zeit – und das für eine Entscheidung, die die Wähler für eilbedürftig hielten.

9. Brandts „Enkel" im Kampf um die Macht in der SPD

Am Ende des langen Weges bei der Kür eines Nachfolgers für Willy Brandt und Hans-Jochen Vogel wurde dann Rudolf Scharping neuer SPD-Vorsitzender. Von den Mitgliedern, die sich an der Abstimmung beteiligten, entschieden sich 40,3 Prozent für Scharping, 33,2 Prozent für Schröder und 26,5 Prozent für Wieczorek-Zeul. Doch da sich 43 Prozent der Mitglieder gar nicht an der Wahl beteiligten, stimmte noch nicht einmal ein Viertel (23 %) aller Mitglieder für Scharping. Für Schröder entschieden sich 19, für die auf Drängen von Rau und Lafontaine ebenfalls kandidierende Heidemarie Wieczorek-Zeul 15 Prozent aller Mitglieder.

Rau und Lafontaine hatten großes Interesse daran, Gerhard Schröder als Parteivorsitzenden zu verhindern; Rau aus Rache für Schröders Verhalten im Bundestagswahlkampf 1986/87, Lafontaine, weil er sich bei einer Wahl Scharpings erhoffte, wieder Kanzlerkandidat werden zu können. Mit der Kandidatur von Heidemarie Wieczorek-Zeul wurde das eher „linke" Mitgliederlager – wie von Rau und Lafontaine beabsichtigt – gespalten und dessen Stimmen auf Schröder und Wieczorek-Zeul verteilt. Schröder hatte versäumt, auf einer Stichwahl zu bestehen, und musste so Scharping als neuen Vorsitzenden akzeptieren.

Scharping dachte jedoch gar nicht daran, Oskar Lafontaine den Vortritt bei der Kanzlerkandidatur zu lassen, sondern ließ sich selbst zum Kanzlerkandidaten für die bevorstehende Bundestagswahl 1994 küren.

Dabei war Scharping 1991 nicht deshalb Ministerpräsident in Rheinland-Pfalz, einem Stammland der CDU, geworden, weil er so beliebt gewesen wäre, sondern weil die CDU den nicht als sonderlich sympathisch empfundenen, aber wegen seiner Kompetenz akzeptierten Ministerpräsidenten Bernhard Vogel gemeuchelt und durch den völlig konturenlosen Finanzminister Wagner ersetzt hatte. Viele CDU-

Anhänger blieben deshalb bei der Landtagswahl 1991 zu Hause und ermöglichten so einen Sieg der SPD.

Große Ausstrahlungskraft besaß Scharping aber erst recht nicht als SPD-Vorsitzender. Das Bild der SPD blieb insofern auch nach Scharpings Wahl zum Vorsitzenden eher konturen- und profillos. Zudem wirkte die SPD unter Scharpings Führung nicht als sonderlich handlungsfähig.

Dennoch schien die Union wegen der fortdauernden Unbeliebtheit von Kohl zu Beginn des Wahljahrs 1994 die Bundestagswahl im Oktober schon verloren zu haben. Sie lag im Januar 1994 bei den „Wahlwilligen", also jenen, die sich an der Wahl beteiligen wollten, mit 31 Prozent abgeschlagen hinter der SPD mit 45 Prozent. Doch von allen Befragten war Anfang 1994 die Gruppe der Nichtwähler und Unentschlossenen mit 36 Prozent größer als die Zahl derer, die der SPD (29 %) oder der CDU/CSU (20 %) ihre Stimme geben wollten. Während die SPD ihr Wählerpotential schon Anfang 1994 weitgehend ausgeschöpft hatte, besaß die Union unter den vielen Unentschlossenen noch Wählerreserven.

Die Art und Weise, wie Gerhard Schröder bei der Landtagswahl im März 1994 in Niedersachsen die absolute Mehrheit der Mandate erlangte, brachte der SPD zwar bundesweit noch einmal einen Sympathiezuwachs von 6 Prozentpunkten, weil man kurzzeitig glaubte, die „Schröder-SPD" auch bundesweit wählen zu können. Doch dieser „Schröder-Bonus" war durch Scharpings missglückten „Steuer-Auftritt" eine Woche nach der Niedersachsenwahl (wo er brutto und netto verwechselte) schnell wieder verflogen. Gewählt werden konnte ja nur die „Scharping-SPD".

Bei der Kanzlerpräferenz lag Scharping im Januar 1994 mit 36 zu 25 Prozent noch vor Kohl. Doch seine Entzauberung begann bald. Er erwies sich immer weniger als neuer Hoffnungsträger und lag Ende März schon mit 29 zu 33 Prozent 4 Prozentpunkte hinter Kohl.

Während die SPD mit ihrem Spitzenmann 1994 seit Anfang des Jahres – nur kurz unterbrochen durch das Ergebnis der Niedersachsenwahl – zunehmend Kompetenz und Sympathie einbüßte, gewannen Kohl und die Union in dem Maße wieder mehr Kompetenz wie der wirtschaftliche Optimismus zurückkehrte. Positive Signale aus der Wirtschaft stärkten bei den Menschen das Gefühl, die wirtschaftliche

Lage in Deutschland werde sich bessern. Das kam eher der CDU/CSU-Regierung als der SPD-Opposition zugute.

Kohl nutzte bei seiner 1994er „Aufholjagd" aber auch die andauernde und durch Rudolf Scharping eher verstärkte Schwäche der SPD. Immer weniger trauten der SPD zu, mit den Problemen im Lande fertig zu werden. Und im Vergleich zu Scharping wirkte Kohl trotz aller gegen ihn vorhandenen Vorbehalte letztendlich doch dynamischer, kompetenter und sogar vertrauenswürdiger.

Der Haller Parteitag der SPD im Juni 1994, auf dem Rudolf Scharping ganz offiziell als Kanzlerkandidat bestätigt wurde, hatte zwar in den Medien ein positives Echo, beeindruckte die Wähler aber nicht sonderlich. Scharping wurde von ihnen vor und nach dem Haller Parteitag als Kandidat von sprödem Charme, ohne Visionen und bar jeder politischen Kompetenz eingeschätzt. In seiner Mehrheit befand das Wahlvolk: Scharping soll kein Kanzler werden. Ende Juni 1994 lag er mit 26 zu 42 Prozent 16 Prozentpunkte hinter Kohl. Und so kam es dann auch am Wahltag am 16. Oktober: Mit 41,4 Prozent der gültigen Stimmen lag die Union 5 Prozentpunkte vor der SPD mit 36,4 Prozent und Kohl blieb für weitere 4 Jahre Kanzler.

Doch Scharpings Schwäche brachte Kohl 1994 nicht nur nochmals 4 weitere Kanzlerjahre, sondern beschädigte das ohnehin nicht sonderlich gute Erscheinungsbild der SPD weiter. Im Oktober 1995 trauten nur noch 6 Prozent(!) der Bundesbürger der SPD zu, mit den Problemen in Deutschland fertig werden zu können. Dies dürfte der niedrigste Kompetenzwert der SPD gewesen sein, der jemals registriert wurde. Der Union trauten das sechsmal mehr Bürger zu (37 %). Und bei der Kanzlerpräferenz fiel Scharping auf 14 Prozent zurück und bescherte Kohl ein bis dahin nie gemessenes Sympathiehoch von 49 Prozent.

Das war die politische Stimmung in der Republik vor dem Mitte November 1995 in Mannheim angesetzten Parteitag der SPD. Die allgemeine Stimmung hatte auch Einfluss auf die Delegierten des Parteitages. Eine damals von forsa unter den Delegierten durchgeführte Befragung zeigte, dass fast die Hälfte der Delegierten der Meinung waren, die SPD befände sich in einer tiefen Krise. 53 Prozent der Delegierten gaben Rudolf Scharping die Schuld am schlechten Erscheinungsbild der SPD. 59 Prozent hielten Scharping für einen nicht geeigneten Parteivorsitzenden und nur wenige (26 %) meinten, mit Scharping hätte die SPD 1998 eine Chance, die Wahl zu gewinnen. Trotz dieser großen Distanz zu ihrem Vorsitzenden und trotz der großen Zweifel an seiner Qualifikation hätten die Delegierten Rudolf Scharping aber wohl wieder zum Vorsitzenden gewählt – wenn nicht Oskar Lafontaine gegen Scharping geputscht und für das Amt des Vorsitzenden kandidiert hätte.

Einschätzungen der Delegierten des SPD-Parteitages in Mannheim 1995

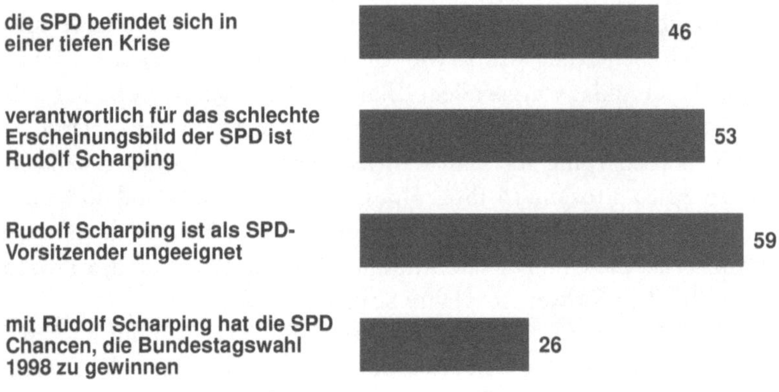

Quelle: forsa-SPD-Delegiertenbefragung, 1995

Nach Lafontaines Wahl zum neuen Parteivorsitzenden der SPD ging ein Aufatmen durch die Republik: Scharping hatte nicht nur seine Partei, sondern das gesamte politische Leben gelähmt. 57 Prozent aller Bundesbürger, 73 Prozent der SPD-Anhänger und 75 Prozent der SPD-Mitglieder waren deshalb nach dem Mannheimer Parteitag froh darüber, dass Lafontaine Scharping gestürzt hatte.

10. Das SPD-Zwischenhoch mit Gerhard Schröder

10.1 Der Kampf um die Kanzlerkandidatur 1998

Nach dem „Königsmord“ in Mannheim fand die SPD zwar aus dem Scharping-Tief heraus: In den Umfragen kletterte sie von 27 Prozent vor Mannheim auf 33 Prozent. Und für Oskar Lafontaine hätten sich nach seiner Wahl zum Parteivorsitzenden 29 Prozent als Kanzler entschieden – doppelt so viele wie für Scharping (14 %). Doch mit Oskar Lafontaine als neuem Parteivorsitzenden stand die SPD nur da, wo sie mit Oskar Lafontaine als Kanzlerkandidat bei der Wahl 1990 gelandet war (33,5 Prozent der gültigen Stimmen). Für einen zweiten Machtwechsel auf Bundesebene nach 1969 war das jedoch zu wenig.

Um die SPD wieder mehrheitsfähig zu machen, hätte Oskar Lafontaine nach seiner Wahl zum Parteivorsitzenden die vom Wähler für nicht wählbar gehaltene „SPD der 80er Jahre“ zu einer „Partei der 90er Jahre“ umformen müssen, die sich nicht an einem oft nur vermeintlichen Zeitgeist oder den Vorlieben der Funktionärskader, sondern wieder mehr an den realen Problemen der Menschen orientiert. Und er hätte ein hohes Maß nicht nur an politischer Intelligenz, sondern auch an Selbstbescheidung aufbringen müssen, um aus der Akzeptanz für denjenigen, der die Politik von Rudolf Scharping erlöst hatte, auch eine Akzeptanz für einen möglichen Kanzlerkandidaten Lafontaine und vor allem für seine Partei, die SPD, herzuleiten.

Doch der neue Parteivorsitzende der SPD änderte an diesem eher negativen Eindruck, den viele an sich der SPD zuneigende Bürger von der SPD hatten, wenig, obwohl der nach wie vor wenig beliebte Kohl sich trotz seiner gegenteiligen Aussage nach der Wahl 1994 dazu entschieden hatte, auch 1998 wieder Kanzlerkandidat der Union zu werden. Auch mit Lafontaine als neuem Parteivorsitzenden hatten 1997 die meisten Menschen das Gefühl, dass sich die SPD-Basis in vielen Städten und Gemeinden aber auch die Führungsriege der SPD in Bonn kaum verändert hatte und deshalb die SPD im Prinzip immer noch die gleiche gestrige, nicht wählbare Partei der 80er Jahre geblieben war. Lafontaine konnte an diesem Eindruck wenig ändern, weil er selbst nicht als sonderlich kompetent eingeschätzt wurde: Eineinhalb Jahre nach seinem Putsch gegen Scharping und eineinhalb Jahre vor der für 1998 anstehenden nächsten Bundestagswahl hielten ihn drei Viertel aller Bundesbürger und auch die Hälfte der SPD-Anhänger als Kanzler für wenig geeignet. Und der SPD traute im Frühjahr 1997 weiterhin nur ein Zehntel zu, mit den anstehenden Problemen in Deutschland fertig werden zu können. Trotz aller im Laufe seiner Kanzlerschaft immer größer gewordenen Vorbehalte gegen Kohl, für den sich 1997 nur noch 31 Prozent aller Bundesbürger als Kanzler entschieden hätten, wünschten sich noch weniger (24 %) Lafontaine als Kanzler. 45 Prozent aller Bundesbürger wollten im Frühjahr 1997 weder Kohl noch Lafontaine als Kanzler.

Bei dem geringen Vertrauen zu Oskar Lafontaine und der geringen Kompetenz, die der SPD zugetraut wurde, bestand im Frühjahr 1997 wenig Hoffnung, dass die für einen Sieg der SPD bei der Bundestagswahl 1998 benötigten früheren, inzwischen zur Union abgewanderten „Schmidt-Wähler“ wieder zur SPD zurückkehren würden. Wäre Lafontaine 1998 wie 1990 Kohls Gegenkandidat geworden, hätte die Union wie 1994 große Chancen gehabt, die mit ihr unzufriedenen früheren Wähler wieder dazu zu bewegen, ihr die Stimme trotz aller aktuellen Unzufriedenheit zu geben.

Mit einem Kanzlerkandidaten Schröder wären die Chancen der SPD – das zeichnete sich bereits lange vor der 1998er Wahl ab – jedoch deutlich besser als mit einem Kandidaten Lafontaine. 52 Prozent aller Bundesbürger und 60 Prozent der SPD-Wähler meinten 1997, mit einem Kanzlerkandidaten Schröder hätte die SPD durchaus Chancen gegen Kohl. Von Lafontaine glaubten das nur 21 Prozent aller Bundesbürger (und auch nur 22 Prozent der SPD-Wähler). Dementsprechend hätten sich bei der Kanzlerpräferenz schon im Frühjahr 1997 49 Prozent für Gerhard Schröder, und nur 24 Prozent für Kohl entschieden. Selbst 31 Prozent der CDU-Anhänger wäre 1997 Schröder als Kanzler lieber gewesen als Kohl. Bei der Alternative Kohl-Schröder hatte Kohl 1997 somit zum ersten Mal seit Beginn seiner Kanzlerschaft Ende 1982 den bisher für ihn charakteristischen großen Rückhalt bei den eigenen Anhängern verloren.

Kanzlerpräferenzen im Mai 1997

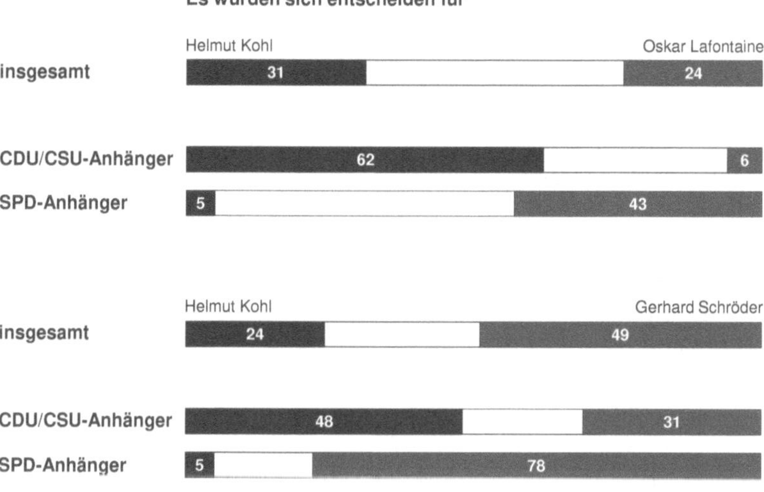

Quelle: forsa-Repräsentativerhebung, 1997

Eigentlich hätten sich angesichts dieser eindeutigen Einschätzungen der Wähler über die Chancen der beiden in Frage kommenden Kanzlerkandidaten der SPD der Parteivorsitzende Lafontaine und die SPD-Führungsgremien schon im Laufe des Jahres 1997 für Gerhard Schröder als Kanzlerkandidaten entscheiden müssen.

Doch Oskar Lafontaine wollte partout selbst Kandidat werden. Unterstützung erhielt er von Teilen der Führungskader der SPD und von etlichen Medien, die die Ansicht kolportierten, dass die SPD-Funktionäre und die Mitglieder politisch eher mit Lafontaine als mit Schröder übereinstimmten. Mit Schröder sei vielleicht wegen seiner Sympathien bei den Wählern ein Machtwechsel in Bonn eher möglich, jedoch ein von den SPD-Führungskadern gewünschter ideologischer Politikwechsel wenig wahrscheinlich. Wie bei Helmut Schmidt – so war 1997/98 zu hören – werde es Schröder deshalb nicht gelingen, die Parteimitglieder in ausreichendem Maße für einen engagierten Wahlkampf zu motivieren.

Diese von Lafontaine und seinen Gefolgsleuten in den SPD-Führungsgremien sowie einigen Medien verbreitete Einschätzung war aber falsch – wie eine von den Politikforschern Oskar Niedermayer und Richard Stöss von der Freien Universität Berlin im November 1997 vorgestellte Untersuchung zeigte. Die Annahme – so Niedermayer und Stöss -, „dass die Parteimitglieder entlang ihrer politischen Übereinstimmung mit Lafontaine und Schröder in zwei Lager gespalten" seien, sei nicht richtig. Mehr Sozialdemokraten – und nicht nur die Anhänger, sondern auch die Mitglieder der SPD – stimmten mit Schröders politischen Vorstellungen eher überein als mit denen von Lafontaine. „Der Anteil der Mitglieder, die sich Schröder (ähnlich wie Anfang der 1980er Jahre bei Helmut Schmidt, M.G.) im Fall seiner Ernennung zum Kohl-Herausforderer aus taktischen oder inhaltlichen Gründen verweigern" würden, sei „sehr gering". Das „politische Konzept von Schröder" fände selbst bei den aktiven, politisch engagierten Sozialdemokraten mehr Anklang" als das von Lafontaine.

Die Schlussfolgerung von Niedermayer und Stöss fiel Ende 1997 sehr eindeutig aus: „Die ermittelten Ergebnisse fallen - wegen der innerhalb der SPD aber auch in Medien zu findenden Einschätzung unerwartet – eindeutig zugunsten von Gerhard Schröder aus. Wenn die Bevölkerung den Bundeskanzler wählen könnte, dann hieße er Gerhard Schröder. Bei einer Kandidatur Oskar Lafontaines gegen Helmut Kohl würde die Bevölkerung dagegen Kohl den Vorrang geben".[41]

Für Schröder als Kanzlerkandidat sprach auch, dass er den weiteren Niedergang der SPD in Niedersachsen entgegen des generellen Trends bei den anderen Landtagswahlen stoppen konnte. So sank der Anteil der SPD – bezogen auf alle Wahlberechtigten – in Bundesländern außer Niedersachsen zwischen den Landtagswahlen von 1983 bis 1986 und denen von 1991 bis 1995 von 31,1 Prozent auf 22,3 Prozent. In Niedersachsen jedoch konnte die SPD mit Schröder ihren Anteil in dieser Zeit bei über 32 Prozent halten. Die Saar-SPD mit Oskar Lafontaine konnte zwar zwischen 1985 und 1990 ihren Stimmenanteil steigern, diesen Anteil aber bei der Landtagswahl 1994 nicht halten, sondern verlor einen Teil der zuvor gewonnenen Wähler wieder.

41 Niedermayer, Oskar und Richard Stöss. Kanzlerpräferenzen in der Bundesrepublik, Manuskript zur Pressekonferenz am 27. November 1997, S. 30 ff

SPD-Entwicklung bei den Landtagswahlen zwischen 1983 und 1995 in Niedersachsen, im Saarland und in den übrigen Bundesländern (in % der Wahlberechtigten)

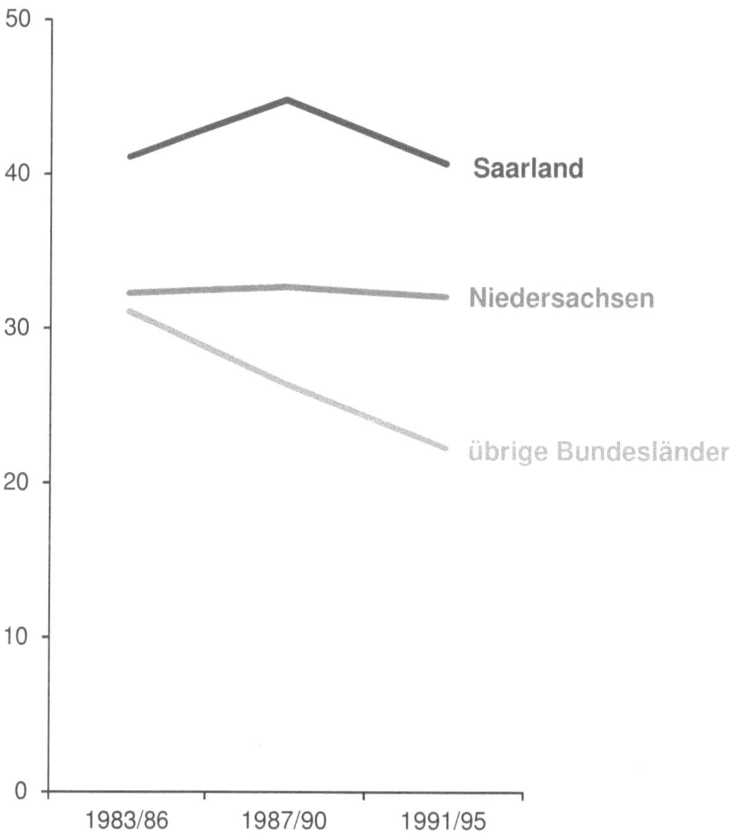

Für die ausländischen Journalisten war 1997/98 die Sachlage recht eindeutig – sie fragten: Was will die SPD: mit Lafontaine verlieren oder mit Schröder gewinnen? Doch viele ihrer deutschen Kollegen glaubten immer noch der von der SPD-Führung in Bonn und deren Wahlkampfplanern in der SPD-Baracke gestreuten These, dass Lafontaine und Schröder „das gleiche Basis-Image" bei den Wählern hätten.

Schröder musste deshalb die im März 1998 anstehende Landtagswahl in Niedersachsen zu einem Plebiszit über die SPD-Kanzlerkandidatur umfunktionieren. Das konnte er auch tun ohne negative Folgen für die Wahlentscheidung im Land befürchten zu müssen, nachdem eine Untersuchung in Niedersachsen ergeben hatte, dass die Niedersachsen ihm nicht übel nehmen würden, nach einer gewonnen Landtagswahl Kanzlerkandidat seiner Partei und womöglich sogar Kanzler zu werden. Die Niedersachsen waren im Gegenteil sogar stolz darauf, dass ein Niedersachse vielleicht Kanzler der Republik werden könnte und trafen so die Entscheidung über den SPD-Kanzlerkandidaten, die die SPD-Führung mit Oskar Lafontaine nicht treffen wollte. Nach einem um 3,6 Prozentpunkte besseren Wahlergebnis als 1994 kam auch Oskar Lafontaine nicht umhin, Schröder als Kanzlerkandidat den Vortritt zu lassen.

Nach der Nominierung von Schröder zum SPD-Kanzlerkandidaten setzte ein „Schröder-Sog“ ein, der bis zum Termin der Bundestagswahl am 27. September 1998 anhielt.

10.2 Kohls Ende

Bei der Bundestagswahl 1998 wurde zum ersten Mal in der 50jährigen Wahlgeschichte der Bundesrepublik eine amtierende Bundesregierung abgewählt. Kohl sollte nach 16 Jahren nicht mehr für weitere 4 Jahre Kanzler bleiben. Er hatte überdies in seiner 16jährigen Regierungszeit die Wählersubstanz der Union von Wahl zu Wahl kontinuierlich dezimiert. Bei seiner ersten Wahl nach dem Sturz von Helmut Schmidt hatten noch 43,1 Prozent aller Wahlberechtigten CDU oder CSU gewählt. 1998 war dieser Anteil auf 28,5 Prozent geschrumpft. In den 16 Jahren, in denen Kohl Bundeskanzler war, büßte die Union also mehr als ein Drittel ihrer einstmaligen Wählersubstanz ein.

Trotz der schwindenden Wählersubstanz der Union blieb Kohl auch nach den Wahlen 1987, 1990 und 1994 Kanzler, weil die SPD von der Unbeliebtheit Kohls und der daraus resultierenden Schwäche der Union nicht profitieren konnte. Das lag am eher negativen Erscheinungsbild der Partei in vielen Gemeinden, Städten und Ländern, aber vor allem auch an den Kanzlerkandidaten der Partei. So galt Hans-Jochen Vogel 1983 zwar als kompetent, war den Wählern jedoch nicht sonderlich sympathisch. 1987 hatte die SPD ihren als überaus sympathisch empfundenen Kanzlerkandidaten Johannes Rau selbst demontiert und mit einem Programm- anstelle eines Kandidatenwahlkampfes Kohl wieder zur Kanzlerschaft verholfen. Und Oskar Lafontaine und Rudolf Scharping waren 1990 und 1994 im Urteil der Wähler weder sonderlich sympathisch noch politisch kompetent.

Erst mit einem Kandidaten Schröder hatte die SPD 1998 dann die Chance auf einen Machtwechsel. Schröder hielten Mitte 1998 52 Prozent aller Wähler und 71 Prozent der SPD-Anhänger für sympathisch und 45 Prozent aller Wähler und 67 Prozent der SPD-Wähler erwarteten, dass er seine Arbeit als Kanzler „gut“ machen würde. Von Kohl glaubten das 1998 nur noch 28 Prozent.

Wählersubstanz der Union und der SPD 1983 bis 1998

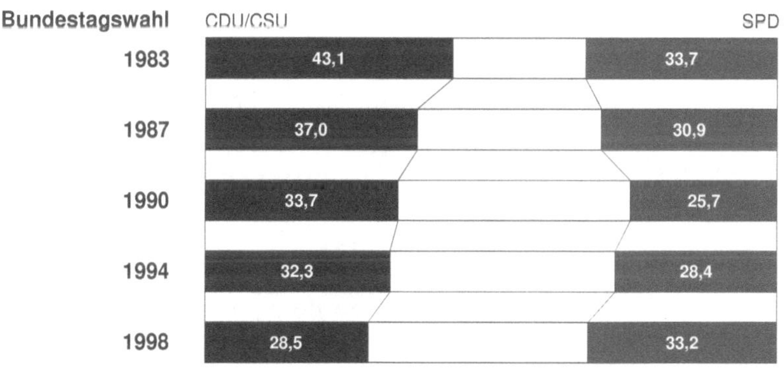

Allerdings war ein SPD-Wahlerfolg 1998 trotz der guten Werte von Schröder gefährdet. Das lag vor allem daran, dass der Wahlkampf von jenen schon vor Schröders Nominierung geplant worden war, die nicht auf Schröder, sondern auf Lafontaine als Kandidaten gesetzt – und gehofft – hatten. So unterschieden sich die Vorstellungen des Kandidaten und der Bonner Planer über die Grundlinie des 1998 zum ersten Mal nicht mehr aus der SPD-Baracke in Bonn, sondern einer ausgelagerten „Kampa“ heraus geführten Wahlkampfes diametral. Der damalige Bundesgeschäftsführer der SPD, Franz Müntefering, und seine Mitarbeiter Matthias Machnig und Kajo Wasserhövel wollten wie Oskar Lafontaine zum zentralen Thema des Wahlkampfes die Forderung nach einem radikalen Politikwechsel machen. Sie glaubten zudem daran, dass Oskar Lafontaine bestimmte Wählerschichten an die SPD binden könnte. Entsprechend enthielt der „Kampa-Wahlkampf" viele „negative campaigning"-Elemente mit Anti-Kohl-Postern, etc.. Und nicht Schröder alleine wurde in den Mittelpunkt des offiziellen SPD-Wahlkampfes gestellt, sondern der sogenannte „Doppelkopf" Schröder und Lafontaine.

Schröder jedoch wollte die Wähler nicht mit der Forderung nach einem radikalen Politikwechsel erschrecken und verprellen, sondern in erster Linie einen Wechsel der Regierung und des Kanzlers erreichen. Schröder und seine Berater aus den niedersächsischen Wahlkämpfen vermieden deshalb eine zu starke und harte Konfrontation mit Kohl. Mit dem Slogan „Innovation und Gerechtigkeit" setzten sie vor allem darauf, dass die Bürger nach 16 Jahren der Kanzlerschaft von Helmut Kohl, die das Land in einen „Reformstau" geführt hatte, auf eine Modernisierung und Erneuerung des Landes mit einem neuen Kanzler hofften. Schröder propagierte deshalb auch nicht – wie andere in der Partei – ein „rot-grünes Projekt", zumal die Grünen mit verschiedenen Forderungen – so die Anhebung des Benzinpreises auf 5 DM – gerade die klassische SPD-Wählerklientel erschreckt hatten. Und Schröder nahm den Wählern die Furcht vor einem radikalen Politikwechsel, indem er versprach, nicht alles anders, aber vieles besser zu machen als Kohl.

Die offizielle SPD-Wahlkampagne 1998 zeigte überdies neben den strategisch falschen Weichenstellungen auch viele handwerkliche Schwächen (so mehrzeilige, oft gar nicht lesbare und für kaum jemanden verständliche Texte auf den Plakaten). Somit bestand die Gefahr, dass der zwischen der „Kampa" und der Schröder-Mannschaft vorhandene Konflikt ähnlich wie der im Wahlkampf 1986/87 zwischen den „Bonnern" und den „Düsseldorfern" öffentlich sichtbar wurde. Doch Schröder vermied jeden öffentlichen Streit mit der „Kampa" und deren Strategen, führte aber seinen Wahlkampf unabhängig vom offiziellen SPD-Wahlkampf so, wie er es für richtig hielt. Die falschen Weichenstellungen sowie die vielen Ungereimtheiten und handwerklichen Schwächen der „Kampa-Kampagne" wurden durch den Kanzlerkandidaten überdeckt und deshalb von den Wählern kaum wahrgenommen.

So erreichte Schröder sein Ziel, Kanzler zu werden. Mit 40,9 Prozent der gültigen Stimmen wurde die SPD 1998 wie 1972 wieder stärkste Partei – vor der Union, die mit 35,1 Prozent zum ersten Mal seit 1949 bei einer Bundestagswahl weniger als 40 Prozent der gültigen Stimmen erhielt.

Obwohl Helmut Kohl in weiten Teilen seiner Partei bis heute hoch verehrt wird, darf nicht übersehen werden, dass in den 16 Jahren seiner Regierungszeit eine in den ersten drei Jahrzehnten des Aufbaus des demokratischen Systems im Nachkriegsdeutschland nicht zu beobachtende Erosion des Parteiensystems eingetreten war. Kohl hatte anders als die Kanzler vor ihm wenig zum Zusammenhalt der Gesellschaft beigetragen. Durch seine starke politische Polarisierung - „Freiheit oder Sozialismus" – konnte er zwar zunächst eine große Wählermobilisierung auslösen, doch letztendlich wurden die Wähler durch diese extreme Polarisierung eher abgestoßen. Als Folge stieg die Zahl der Nichtwähler in den alten Bundesländern deutlich an (auch wenn sie 1998 wieder etwas niedriger war als 1990). Doch das bis Anfang der 1980er Jahre durch große Stabilität geprägte Parteiensystem zerfaserte zwischen 1983 und 1998. Mit den Grünen und der SED-Nachfolgepartei PDS hatten sich als Folge der Erosionsprozesse zwei neue politische Gruppierungen im Parteiensystem etabliert. Auch die rechtsradikalen Parteien waren wieder erstarkt und erhielten 1998 zusammen (Republikaner, DVU, NPD und die ProDM-Partei) mehr als 4 Prozent der gültigen Stimmen.

Der „Kanzler der Einheit" konnte aber auch in den neuen Bundesländern die 1990 von der CDU gewonnenen Wähler nicht dauerhaft an die Partei binden. Der Anteil der CDU sank von 30,7 Prozent (bezogen auf alle Wahlberechtigten) bei der ersten gesamtdeutschen Wahl 1990 auf 21,5 Prozent bei der Wahl 1998 – ein Wählerschwund von 30 Prozent.

Der im Wesentlichen durch Kohl und seinen Politikstil ausgelöste Erosionsprozess des Parteiensystems konnte durch die SPD mit ihrem Kandidaten Schröder zunächst gebremst werden, weil die SPD 1998 nicht nur in den alten, sondern auch in den neuen Ländern wieder mehr Wähler für sich gewinnen konnte als bei der Wahl 1990. Bei steigender Wahlbeteiligung konnte die SPD in den neuen Ländern ihren Wähleranteil von 17,5 auf 27,5 Prozent steigern.

Anteile der SPD und CDU(CSU) bei den Bundestagswahlen 1949 bis 1998 in den alten bzw. 1990 bis 1998 in den neuen Bundesländern (in % der Wahlberechtigten)

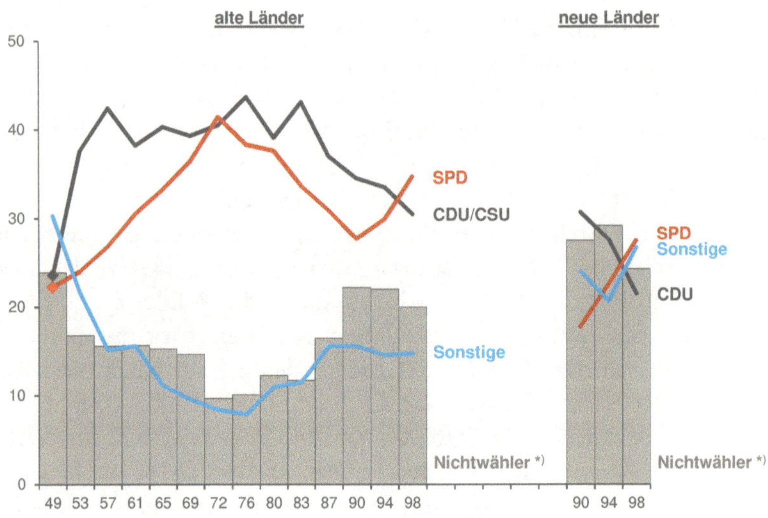

*) einschließlich ungültige Stimmen

10.3 Die Schröder-Regierung 1998 bis 2002

Mit der Wahl 1998 erhielt die SPD zum zweiten Mal nach 1969 die Chance, das Land zu regieren und die Entwicklung der Gesellschaft nach ihren Vorstellungen zu gestalten und voranzutreiben. Nach dem Ende der Ära Kohl hätte die SPD wieder zu ihrer alten Stärke und Bindekraft als Volkspartei zurückfinden und so auch das gesamte Parteienspektrum in der Republik stärken und stabilisieren können.

Doch diese Chance nutzte die SPD nach 1998 nicht. Sie tat vielmehr alles, um das 1998 zurückgewonnene Vertrauen wieder zerrinnen zu lassen.

Zunächst konnte Schröder angesichts der erdrückenden Mandatsmehrheit der SPD seinen eigentlichen Plan zur Bildung einer Koalition mit der Union nicht realisieren. Die SPD verfügte über 298 der 669 Abgeordneten im Bundestag, weil sie zu ihren gewonnenen 285 Mandaten noch 13 Überhangmandate erhielt. Schröder musste angesichts dieser Mehrheitsverhältnisse die von vielen in der SPD gewollte Koalition mit den Grünen eingehen.

Zudem aber machte der SPD-Vorsitzende Oskar Lafontaine wieder seinen Machtanspruch geltend. Zwischen März und September hatte er sich diszipliniert und uneigennützig verhalten, die Partei im Wahlkampf ruhig gehalten, und so Schröder den Rücken für den Wahlkampf freigehalten. Doch nach der Wahl änderte sich das schnell wieder. Oskar Lafontaine erklärte das SPD-Präsidium anstelle des Kanzleramtes zu dem Ort, wo die deutsche Politik koordiniert werden sollte. Bei den Koalitionsverhandlungen mit den Grünen übernahm er die Regie und pochte darauf, dass das im Wesentlichen von ihm verfasste „100-Tage-Programm" – von Schröder vor der Wahl nicht sonderlich ernst genommen – auch in Regierungshandeln umgesetzt würde. Lafontaine und auch andere, im Wahlkampf eher untergetauchte und wenig sichtbare Vertreter der alten „SPD der 80er Jahre", verhinderten somit die von den SPD-Wählern erwarteten Reformen. Stattdessen wurden von Lafontaine und seinen Mitstreitern in der SPD mit einer Reihe von Maßnahmen wie zum Beispiel den Neuregelungen zur Scheinselbständigkeit oder der Abschaffung der 630-Mark-Jobs Zeichen für mehr staatliche Kontrolle, mehr Regulierung, weniger Flexibilität gesetzt –also das Gegenteil von dem mit dem SPD-Wahlversprechen „Innovation" von den Wählern erhofften Aufbruch.

Da aber für die große Mehrheit der SPD-Wähler von 1998 (65 %) die mit der Person Schröder verknüpfte Hoffnung auf Erneuerung, Modernisierung und Auflösung des Reformstaus der ausschlaggebende Grund für die Wahlentscheidung zugunsten der SPD gewesen war, wandten sich schon bald nach der Wahl immer mehr SPD-Wähler wieder von der Partei ab. Bereits 4 Wochen nach der Bundestagswahl gaben 14 Prozent der SPD-Wähler an, der SPD nicht mehr ihre Stimme geben zu wollen, wenn jetzt der Bundestag neu gewählt würde. Dieser Anteil stieg bis zum März 1999 auf 35 Prozent.

Dieser Wählerschwund der SPD führte zu zunehmenden Konflikten zwischen dem Kanzler und dem SPD-Parteivorsitzenden. Lafontaine hatte in der Regierung das Amt des Finanzministers übernommen, nachdem dem Finanzministerium trotz Bedenken Schröders wesentliche Kompetenzen des Wirtschaftsministeriums übertragen wurden. Nach der Zuspitzung dieses Konfliktes mit dem Kanzler trat Lafontaine schließlich – für viele völlig überraschend – von den Ämtern des Parteivorsitzenden und des Finanzministers im März 1999 zurück.

Doch damit alleine war der Wählerschwund der SPD nicht gestoppt. Im Mai 1999 wollten fast zwei Fünftel der SPD-Wähler von 1998 die SPD nicht mehr wählen, weil sich die von ihnen gewählte „Schröder-SPD“ als virtuelles Gebilde entpuppt hatte, während die real existierende SPD noch weitgehend von den Repräsentanten der alten, rückwärtsgewandten Partei beherrscht wurde.

Die SPD erlitt 1999 auch bei den sieben im Laufe des Jahres stattfindenden Landtagswahlen sowie der Europawahl herbe Verluste, die weit über die auch zuvor schon zu beobachtenden Mobilisierungsschwächen sowohl der SPD als auch der CDU bei regionalen Wahlen hinausgingen. Bei der Europawahl im Juni 1999 zum Beispiel konnte die SPD nur 40 Prozent ihrer 1998er Wähler wieder dazu bewegen, der SPD ihre Stimme zu geben.

Weite Teile der SPD führten diesen Wählerschwund 1999 darauf zurück, dass die SPD – vor allem nach Lafontaines Rücktritt – eine sozial unausgewogene Politik in der Regierung betrieben habe. Doch diese über eine angebliche soziale Ungerechtigkeit der Schröderschen Regierungspolitik in der SPD geführte Debatte vergrößerte die Irritation der SPD-Wähler weiter. Ein Jahr nach der Bundestagswahl 1998 wollten nur noch 33 Prozent der Wahlwilligen und nicht mehr fast 41 Prozent der Wähler wie noch ein Jahr zuvor die SPD wählen.

Die SPD redete sich aber ein, dieser Wählerschwund 1999 hätte wenig mit dem Zustand und dem Erscheinungsbild der SPD zu tun. Er sei unausweichlich, weil sich die alten Milieus aufgelöst hätten, die klassischen SPD-Wähler in einer sogenannten „Modernisierungsfalle“ säßen oder die wankelmütigen Wechselwähler nicht mehr einzufangen seien. Zu dieser Erklärung passte aber nicht, dass die SPD trotz dieser angeblich für den Wählerschwund der SPD verantwortlichen Faktoren, trotz aller sich auflösenden Milieus, trotz einer im Vergleich zu früher zersplitterten Parteienlandschaft bei der Bundestagswahl 1998 viel mehr Wähler mobilisieren konnte als bei den vorhergegangenen Bundestagswahlen und vor allem bei den meisten Landtagswahlen in den 1990er Jahren.

Die SPD wurde bei den Wahlen des Jahres 1999 ebenfalls nicht wegen einer von Lafontaine und seinen Anhängern unterstellten mangelnden sozialen Gerechtigkeit der Schröderschen Regierungspolitik abgestraft, sondern weil das Versprechen der Erneuerung und der Modernisierung des Landes („Innovation") nicht eingelöst wurde. Anders als Lafontaine und Teile der SPD unterstellten, wussten die Menschen 1998 und 1999 sowie in den folgenden Jahren, dass die drängenden Probleme der Gesellschaft nur durch umfassende Reformen von Staat und Gesellschaft zu lösen sind. 70 Prozent aller Bundesbürger waren im August 1999 dieser Meinung.

Die Schrödersche Regierungspolitik wurde überdies auch von den SPD-Mitgliedern mit großer Mehrheit für richtig befunden. So hielten im November 1999 kurz vor dem Berliner Parteitag der SPD 88 Prozent der SPD-Mitglieder das 30-Millionen-Sparpaket der Bundesregierung, 69 Prozent eine Anpassung der Renten nur in Höhe des Inflationsausgleichs und 59 Prozent die Senkung des Spitzensteuersatzes für Unternehmen für richtig. Und dass die Politik der Bundesregierung sozial gerecht sei, fanden 67 Prozent der SPD-Mitglieder. Nur eine Minderheit von 21 Prozent der Mitglieder war nicht dieser Meinung.

Die konkrete Politik der Schröder-Regierung war also nicht der Grund für den Vertrauensschwund der SPD im Laufe des Jahres 1999. Es war vielmehr die Enttäuschung darüber, dass die SPD sich als Bremser der Schröderschen Reformpolitik betätigte.

Eine Sehnsucht nach Lafontaine gab es 1999 nicht. Nur 14 Prozent waren ein halbes Jahr nach seinem Rücktritt dafür, dass er wieder in die Politik zurückkehren sollte. 70 Prozent meinten, er solle zukünftig – anders als er es dann getan hatte – Privatmann bleiben. Von den SPD-Wählern und auch von jenen, die 1998 SPD gewählt hatten, aber jetzt nicht mehr SPD wählen wollten, meinten das sogar 74 bzw. 72 Prozent. Mit Lafontaine als Kanzlerkandidat hätte die SPD – auch das bestätigte diese Untersuchung im Herbst 1999 noch einmal – die Wahl 1998 nicht gewonnen. Ein Drittel der SPD-Wähler von 1998 gab an, sie hätten die SPD nicht gewählt, wenn Oskar Lafontaine Kanzlerkandidat der SPD gewesen wäre. Schon Untersuchungen im Vorfeld der Bundestagswahl 1998 hatten ergeben, dass mit einem Kanzlerkandidaten Lafontaine die SPD nur von Stammwählern aus Loyalität, nicht jedoch aus Überzeugung gewählt worden wäre. Die neuen Wähler, die Schröder für die SPD gewonnen hatte und die für den Wahlerfolg unbedingt erforderlich gewesen waren, hätte die SPD mit Lafontaine jedoch nicht gewonnen.

Nicht ein größerer Rückhalt in der Partei, sondern ein anderes Ereignis verhalf dann der Schröder-Regierung wieder zu einem Anstieg ihrer Sympathien: Die Ende des Jahres 1999 Stück für Stück bekannt gewordene Spendenaffäre der CDU. Kaum ein innenpolitisches Ereignis der vorangegangenen Jahre hatte so viel Interesse bei den Bürgern gefunden, wie diese CDU-Spenden-Affäre. Entsprechend war der Schaden für die Union groß, zumal Kohl nicht das tat, was viele Bürger von ihm erwarteten. 59 Prozent der Bundesbürger wollten, dass Kohl den CDU-Ehrenvorsitz niederlegt. Ebenso viele (61 %) waren der Meinung, er solle auch sein Bundestagsmandat niederlegen. 62 Prozent hielten es für richtig, dass Kohl notfalls auch mit Beugehaft gezwungen würde, die Namen der Spender zu nennen. Und dass das „Ehrenwort" Kohls wichtiger sei als das geltende Recht, das verneinten 71 Prozent der Bundesbürger. Enttäuscht von Kohl waren 63 Prozent – sowohl der Bürger insgesamt als auch der CDU-Anhänger. Entsprechend fiel die Union in den Umfragen in nur 2 Monaten um 19 Prozentpunkte von 46 Prozent Ende November 1999 auf 27 Prozent Anfang Februar 2000. Der SPD-Wert stieg im gleichen Zeitraum um 9 Prozentpunkte von 33 auf 42 Prozent.

Die CDU-Spendenaffäre und die durch das Verhalten Kohls ausgelösten Diskussionen und Turbulenzen innerhalb der CDU belasteten für längere Zeit das Vertrauen zur Union und überdeckten die Probleme, die Schröder mit seiner Reformpolitik in seiner Partei hatte. So blieben die Umfragewerte für die SPD während der beiden Jahre 2000 und 2001 konstant auf hohem Niveau (immer knapp über oder unter der 40-Prozent-Marke).

Die Umfragewerte für die SPD blieben auch deshalb hoch, weil Schröder im Sommer 2000 endlich eine der erwarteten Reformen - die Steuerreform - zusammen mit Lafontaines Nachfolger als Finanzminister, Hans Eichel, durchsetzen konnte. Dass die beschlossene Steuerreform eine gute Entscheidung sei, meinten 57 Prozent aller Bundesbürger und 79 Prozent der SPD-Anhänger.

Positiv bewerteten die Bundesbürger auch die Bemühungen der Regierung um eine Reform des Rentensystems. 80 Prozent aller Bundesbürger waren sich darin einig, dass eine grundlegende Reform des Rentensystems und nicht nur kleinere Korrekturen erforderlich seien. Wichtig waren den Bürgern im Herbst 2000 auch auf Dauer überschaubare Beiträge zur Rentenversicherung, eine staatliche Förderung von eigenen Vorsorgeleistungen und eine schnelle Verabschiedung der Reform. Doch auch bei der anstehenden Rentenreform waren die Bürger skeptisch, ob die SPD ihrem Kanzler und dem zuständigen Minister Walter Riester folgen würden: Nur 20 Prozent aller Bundesbürger und auch nur 25 Prozent der SPD-Anhänger glaubten, dass die Partei hinter der geplanten Reform des Rentensystems stünde.

Durch die endlich begonnenen Reformen stieg der Kompetenzwert der SPD auf einen seit Jahren nicht mehr ermittelten Wert. Und auch die Zufriedenheit mit der Arbeit des Kanzlers stieg auf fast 60 Prozent.

Allerdings hatte die im Mai 2000 in Nordrhein-Westfalen stattgefundene Landtagswahl gezeigt, dass - wie schon zu Zeiten von Helmut Schmidt - die Urteile über den Kanzler, über die Bundesregierung und die über den Zustand der SPD weit auseinanderklafften. So war die bundespolitische Stimmung zum Zeitpunkt der nordrhein-westfälischen Landtagswahl für die SPD – bedingt durch die Nachwehen des CDU-Spendenskandals und die recht gute Bewertung der Arbeit des Kanzlers und seiner Reformpolitik – gut. Und der damalige nordrhein-westfälische Ministerpräsident Wolfgang Clement hatte bei den Menschen an Rhein und Ruhr deutlich größeres Vertrauen als sein christdemokratischer Herausforderer Jürgen Rüttgers. Dennoch büßte die NRW-SPD im Vergleich zur letzten Landtagswahl 1995 670.000 und im Vergleich zur Bundestagswahl 1998 sogar fast 2 Millionen Stimmen ein.

Hätte die CDU – vor allem auch durch mangelndes strategisches und taktisches Geschick von Jürgen Rüttgers – nicht ebenfalls viele potentielle Wähler nicht mobilisieren können, hätte es in Düsseldorf schon 2000 und nicht erst 2005 einen Machtwechsel gegeben. 2005 nämlich erhielt die SPD nicht weniger Stimmen als 2000, doch der

Kandidat Rüttgers war 2005 beliebter als fünf Jahre zuvor und konnte alle potentiellen CDU-Anhänger auch mobilisieren.

Die Wahl 2000 in Nordrhein-Westfalen zeigte, dass die real existierende SPD in Ländern und Kommunen immer noch als wenig moderne, eher rückwärts orientierte und nicht sonderlich kompetente Partei angesehen wurde, so dass sie bei regionalen Wahlen nur einen Bruchteil des an sich vorhandenen Sympathiepotentials mobilisieren konnte. So gelang der „Schröder-SPD" 1998, 33 Prozent der Wahlberechtigten zur Stimmabgabe für die SPD zu bewegen. Bei den Landtagswahlen vor und nach 1998 aber wurde die SPD in der Summe der Länder nur von 24 bzw. 21 Prozent aller Wahlberechtigten gewählt. 2002 und auch noch 2005 konnte die „Schröder-SPD" ebenfalls deutlich mehr Wähler mobilisieren als die SPD in den Ländern.

SPD-Wählermobilisierung bei Bundestags- und Landtagswahlen 1994 bis 2009 (in % der Wahlberechtigten)

Die unterschiedliche Mobilisierung des SPD-Anhängerpotentials bei Bundestags- und Landtagswahlen war vor allem eine Frage der unterschiedlichen Zufriedenheiten mit der SPD auf Bundes- bzw. Landes- und kommunaler Ebene. So waren 2000 60 Prozent mit der Arbeit des Kanzlers, aber nur 42 Prozent mit der SPD auf Landes- und 39 Prozent mit der SPD auf kommunaler Ebene zufrieden. Als Schröder dann 2009 nicht mehr Kanzler bzw. Kanzlerkandidat war, wurde auch die SPD auf Bundesebene nur noch von 16 von 100 Wahlberechtigten gewählt.

Die Zufriedenheit mit der Arbeit von Schröder konnte aber nur für begrenzte Zeit die Defizite im Erscheinungsbild der SPD insgesamt überdecken. Als im Laufe des Jahrs 2001 die Konjunkturflaute und das verlangsamte Wirtschaftswachstum die Lage am Arbeitsmarkt nicht nachhaltig besserte, sondern sich wieder dem Zustand der Kohl-Ära näherte, häuften sich dann auch die Zweifel, ob die wenigen zaghaften Reformen der Regierung tatsächlich auch die erwarteten positiven Folgen brächten. Zudem irritierte viele SPD-Wähler von 1998 zunehmend wieder, dass eine Reihe der von den Bürgern erwarteten Reformvorhaben, insbesondere im Gesundheitsbereich und auf dem Arbeitsmarkt, gar nicht angepackt wurden. Zwar spielte eine wichtige Reformbremse – Oskar Lafontaine – in der SPD keine Rolle mehr. Doch außer Lafontaine unterstützten ja auch viele andere im SPD-Funktionärskader – an der Spitze Franz Müntefering – Schröders Reformvorhaben nicht oder nur äußerst skeptisch und zögerlich. Im August 2001 sank deshalb auch die Zustimmung zur Bundes-SPD, so dass in den Umfragen SPD und Union gleichauf lagen. Die Terroranschläge vom 11. September führten dann dazu, dass die durch den innenpolitischen Stillstand irritierten 1998er SPD-Wähler sich kurzzeitig wieder um den Kanzler und seine Regierung scharten, so dass bis Anfang Dezember 2001 die SPD mit Werten von 40 oder mehr Prozent klar vor der Union lag.

Doch als Ende 2001 die innenpolitischen Probleme wieder stärkere Beachtung fanden, wanderten viele durch die Reformabstinenz der SPD irritierte SPD-Wähler ins Lager der Unentschlossenen, so dass SPD und CDU/CSU mit 38 bzw. 37 Prozent wie schon vor dem 11. September wieder gleichauf lagen.

Nach der Entscheidung der Union, mit dem bayerischen Ministerpräsidenten Edmund Stoiber als gemeinsamem Kanzlerkandidaten von CDU und CSU den Wahlkampf 2002 zu bestreiten, stieg die Siegeszuversicht unter den Anhängern der Union sprunghaft an. Für Stoiber als Kanzlerkandidaten der Union hatte sich im Übrigen schon im Sommer 2001 eine Mehrheit von 64 Prozent der Mitglieder der CDU und der CSU ausgesprochen. Für die CDU-Vorsitzende Angela Merkel sprachen sich nur 21 Prozent aus. Stoiber hielten die Mitglieder der CDU bzw. CSU für führungsstärker, in ökonomischen Fragen kompetenter und für besser in der Lage, die Bundestagswahl im Herbst 2002 zu gewinnen.

Angela Merkel und Edmund Stoiber im Urteil der CDU- und CSU-Mitglieder 2001

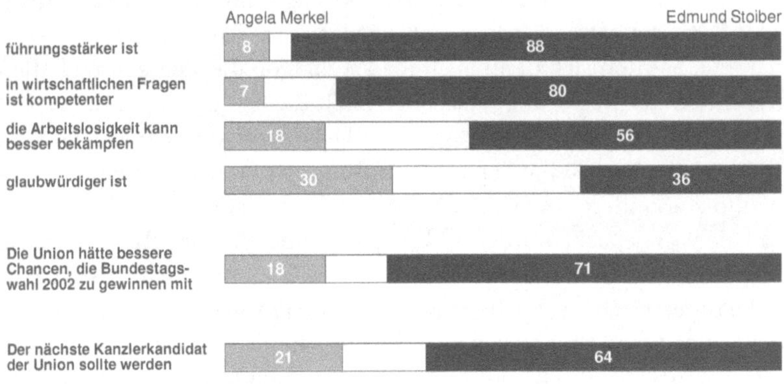

Quelle: forsa-Befragung unter CDU/CSU-Mitgliedern, 2001

Von Stoiber als Kanzler erhofften sich manche Wähler jene Reformen, die Schröder wegen der Widerstände in seiner Partei nicht anpacken konnte. Bis Juli 2002 lag die Union mit Werten bis zu 41 Prozent zeitweise 7 Prozentpunkte vor der SPD mit 34 Prozent.

Die Abwahl Schröders bei der Wahl im September schien sicher. Seine Kanzlerschaft würde – so sah es bis kurz vor der Wahl 2002 aus – nur eine kurze Episode bleiben.

Doch das verheerende Hochwasser Mitte August 2002 und der Irak-Konflikt retteten Schröder. Bei der „Jahrhundertflut" konnte Schröder wieder als „Macher" agieren. Als der Kandidat Stoiber dann auch bei den von der Flut heimgesuchten Orten auftauchte, war Schröder längst durch alle Wasser gewatet und hatte sein Image als zupackender politischer Akteur wiederbelebt und gefestigt. Doch dass die drohende Niederlage für die SPD und die Abwahl der Schröder-Regierung nach nur einer Legislaturperiode doch noch abgewendet werden konnte, war vor allem Schröders Entscheidung zu verdanken, sich auf keinen Fall am bevorstehenden Krieg der USA mit dem Irak zu beteiligen. Diese Entscheidung Schröders wurde von rund 80 Prozent aller Bundesbürger für richtig gehalten, weil im Glauben an die Massenvernichtungswaffen von Saddam Hussein viele befürchteten, dass der Irak im Falle einer deutschen Beteiligung Raketen nach Deutschland schicken oder chemische Waffen – z.B. zur Vergiftung des Trinkwassers – einsetzen würde.

Stoiber machte wohl den im Wahlkampf entscheidenden Fehler, als er meinte, sich nicht zur Frage der deutschen Beteiligung an einem Irak-Krieg äußern zu müssen, da diese Entscheidung ja noch gar nicht anstünde. Doch damit ignorierte er die bei den Bürgern real vorhandenen Ängste vor den Folgen einer deutschen Beteiligung an einer US-Invasion im Irak.

Nach einer langen Zitterpartie am Wahlabend wurde die SPD zum dritten Mal nach 1972 und 1998 stärkste politische Kraft. Doch der Vorsprung der SPD war mit 6.027 Stimmen hauchdünn. Bei den Prozenten lagen SPD und Union mit jeweils 38,5 Prozent gleichauf. Von allen Wahlberechtigten hatten sich jeweils 30,1 Prozent für SPD bzw. CDU/CSU entschieden.

Die rot-grüne Regierung konnte nur deshalb weiterregieren, weil die Grünen fast 810.000 Stimmen mehr erhielten als 1998 und auf 8,6 Prozent der gültigen Stimmen kamen und weil die PDS die 5-Prozent-Marke verfehlte und nur mit ihren beiden direkt gewählten Abgeordneten in den Bundestag kam. So reichten die 47,1 Prozent der gültigen Stimmen und die 306 Mandate für SPD und Grüne aus, um eine regierungsfähige Mehrheit zu haben. CDU und FDP erhielten zusammen nur 295 der 603 Mandate.

Das Ansehen, das Schröder durch sein Verhalten während der Flutkatastrophe und durch seine Haltung zum Irak-Konflikt wieder in recht hohem Maße gewonnen hatte, war letztendlich dafür verantwortlich, dass die SPD am Wahltag mit der Union gleichziehen konnte. Der Zusammenhang zwischen den Werten Schröders bei der Kanzlerpräferenz und der SPD-Werten bei der Parteipräferenz ist statistisch signifikant. Schröders Präferenzwerte lagen nicht nur während des ganzen Jahres über denen seiner Partei und über denen von Edmund Stoiber, sondern er zog am Ende des Wahlkampfes auch die SPD soweit nach oben, dass sie den Rückstand zur Union wettmachen konnte. Stoibers Werte hingegen lagen 2002 immer nur auf dem Niveau seiner Partei.

Kanzler- und Parteipräferenzen Januar bis September 2002

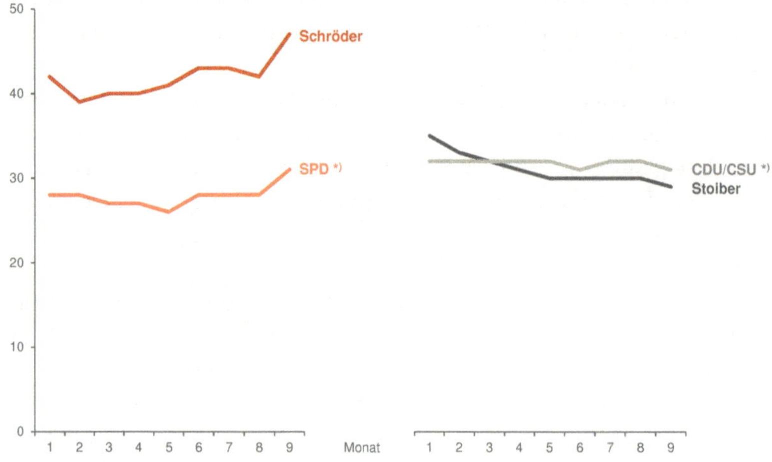

*) in % aller befragten Wahlberechtigten

Quelle: forsa-Repräsentativerhebungen, 2002

Schröder hatte es 2002 mit seiner Popularität quasi in letzter Sekunde geschafft, noch einmal Kanzler zu werden. Doch das Ende des rot-grünen Interregnums konnte auch er in der nächsten Legislaturperiode nicht mehr aufhalten.

10.4 Schröders „Agenda 2010"

1998 hatte Schröder ursprünglich keine Koalition zwischen SPD und Grünen angestrebt. Doch im Laufe der Legislaturperiode erwiesen sich die Grünen nicht nur als verlässliche Koalitionspartner, sondern auch als Motor der Reformpolitik. Schröders eigene Partei hingegen betätigte sich als Bremser des von der großen Mehrheit der Bundesbürger gewünschten Erneuerungs- und Modernisierungsprozesses der Gesellschaft. Auch der damalige SPD-Generalsekretär Franz Müntefering versuchte alles, um Gerhard Schröder unter Hinweis auf Ergebnisse eher obskurer sogenannter „Fokus-Gruppen" von seinen Reformen abzubringen. Er war auch zusammen mit seinem damaligen Vertrauten Matthias Machnig Herausgeber eines Bandes, in dem unter dem Titel „Sicherheit im Wandel" versucht wurde, Argumente gegen die Schrödersche Modernisierungspolitik zu sammeln.

Aufgrund der Widerstände gegen seinen Reformkurs innerhalb der SPD war Schröder gezwungen, seine Reformpläne über den Umweg externer Kommissionen voranzutreiben. So versuchte er mit Hilfe einer von Peter Hartz, damals Personalvorstand bei VW, gebildeten Kommission, Vorschläge für eine grundlegende Reform des Arbeitsmarktes erarbeiten zu lassen.

Dass zur Reform des Arbeitsmarktes Vorschläge nicht von der SPD, sondern von einer außerhalb der Partei arbeitenden Kommission erarbeitet werden mussten, wurde von der Mehrheit der Bundesbürger generell nicht negativ bewertet: 63 Prozent glaubten im Sommer 2002, dass die Pläne der Hartz-Kommission zur Reduzierung der Arbeitslosigkeit in die richtige Richtung gingen.

Allerdings glaubte angesichts der Widerstände in der SPD gegen jedwede wirkungsvolle Reform des Arbeitsmarktes nur eine Minderheit von 31 Prozent der Bürger, dass die Bundesregierung die Vorschläge der Hartz-Kommission auch umsetzen würde. Eine Mehrheit von 53 Prozent glaubte, dass das alles nur ein „Lippenbekenntnis" vor der Wahl sei, das dann nach der Wahl wieder schnell vergessen sein werde.

Da er sich auf seine Partei nicht verlassen konnte, war Schröder 2002 anders als 1998 an einer Fortsetzung des rot-grünen Bündnisses gelegen. Er tat das auch im Wahlkampf kund und trat sogar zusammen mit Joschka Fischer in einer gemeinsamen Wahlveranstaltung von SPD und Grünen am Brandenburger Tor in Berlin auf. Und nachdem die Grünen durch ihr gutes Ergebnis bei der Bundestagswahl

2002 eine Fortsetzung der Regierung ermöglichten, gab es über ein neues rot-grünes Bündnis nach 2002 keinerlei Diskussionen.

Doch der 2002 geschlossene Koalitionsvertrag war kein Dokument eines neuen Aufbruchs, sondern las sich wie eine Ansammlung von fiskalischen Nickeligkeiten, durch die – so sahen es 74 Prozent der Bundesbürger – die Menschen zukünftig finanziell stärker belastet würden. Und in der Öffentlichkeit wurde nicht über eine weitere Modernisierung des Landes und die richtigen Wege dorthin diskutiert, sondern nur über die nach der Wahl bekannt gewordenen Probleme des Haushalts.

Dabei glaubte die große Mehrheit von 84 Prozent aller Bundesbürger der Aussage der Regierung nicht, dass ihr das ganze Ausmaß der Finanzprobleme des Bundes vor der Wahl noch nicht bekannt gewesen sei. An der Haushaltsmisere gab man der SPD die Hauptschuld, deren Umfragewerte schon bald nach der Wahl dramatisch sanken. Im Frühjahr 2003 wollten nur noch 26 Prozent der Wahlwilligen der SPD wieder ihre Stimme geben. Die Grünen hingegen verloren kaum Vertrauen und lagen in den Umfragen immer über der 10-Prozent-Marke.

Schröder hatte seinen Lebenstraum, Kanzler zu werden, 1998 verwirklicht und war 2002 der Schmach entgangen, schon nach einer Legislaturperiode abgewählt zu werden. Als dann bald nach der Wahl wieder ein rapider Vertrauensverlust für die SPD einsetzte und die Landtagswahlen Anfang Februar 2003 in Hessen und Niedersachsen schwere Niederlagen für die SPD brachten (in Schröders Heimatland wurde Sigmar Gabriel abgewählt und Christian Wulff Ministerpräsident), beschloss er, keine Rücksicht mehr auf die Widerstände in der SPD zu nehmen und den Erwartungen der Bürger nach einer konsequenten Erneuerung und Modernisierung des Landes zu entsprechen. Das Konzept eines umfassenden Reformprogramms wurde Anfang 2003 erarbeitet und von Schröder Anfang April im Bundestag vorgestellt.

Sofort nach der Verkündung der Reformvorhaben regte sich heftiger Widerstand in der SPD bis hin zu einer Reihe von Abgeordneten der Bundestagsfraktion. Bayerische Abgeordnete, wie Florian Pronold oder Sigrid Skarpelis-Sperk, die im Freistaat bar jedweder Vertrauensbasis waren, versuchten zum ersten Mal in der Parteigeschichte ein Mitgliederbegehren mit dem Ziel in Gang zu setzen, die Agenda-Politik Schröders zu Fall zu bringen. Das Mitgliederbegehren kam zwar nicht zustande, doch die heftigen Widerstände in der SPD blieben bestehen – selbst als Schröders Pläne auf dem Bochumer Sonderparteitag im Dezember 2003 von einer Mehrheit der Delegierten gebilligt wurden. Zuvor hatte schon eine forsa-Befragung von SPD-Mitgliedern ergeben, dass die Mitgliederbasis den Delegierten des Parteitages dazu riet, Schröder mit seiner Reformpolitik zu unterstützen.

Die Bundesbürger standen ohnehin hinter Schröders Agenda 2010 – anders als bis heute vor allem von vielen SPD-Funktionären unterstellt. Wie eine Vielzahl von Untersuchungen, die forsa in den Jahren 2003 bis 2005 durchgeführt hatte, zeigen, glaubte die übergroße Mehrheit der Bundesbürger (83 %) wie schon 1998 so auch in den folgenden Jahren, dass die Probleme in Deutschland nur durch eine umfassende Modernisierung von Staat und Gesellschaft bewältigt werden könnten. Und 63 Prozent der Bundesbürger waren auch bereit, finanzielle Mehrbelastungen in Kauf zu nehmen, wenn dadurch die sozialen Sicherungssysteme langfristig gesichert würden. Allerdings waren nicht alle, die prinzipiell Verzichtsbereitschaft signalisierten, aufgrund ihrer finanziellen Verhältnisse auch dazu in der Lage. Der häufig zu hörende Einwand, dass die Reform- und Verzichtsbereitschaft nur abstrakt gewesen sei, bei konkreter Betroffenheit von beschlossenen Maßnahmen jedoch keinen Bestand haben würde, konnte durch die damals durchgeführten detaillierten Untersuchungen weitgehend entkräftet werden.

Der Anteil der „Reformbereiten" unter den Bundesbürgern wurde durch die heftigen kontroversen Diskussionen innerhalb der SPD und der Gewerkschaften keinesfalls kleiner, sondern eher noch größer als 1998. Deshalb fand es eine große Mehrheit von 62 Prozent aller Bundesbürger auch richtig, dass Schröder 2003 endlich die von ihm seit der Bundestagswahl 1998 erwarteten Reformen der sozialen Sicherungssysteme und des Arbeitsmarktes auch in Angriff nahm. Das fanden auch 82 Prozent der SPD-Anhänger und 63 Prozent der Gewerkschaftsmitglieder richtig. Und den meisten Bürgern war auch bewusst, dass es nicht damit getan war, die Agenda 2010 zu beschließen und umzusetzen, sondern dass dies nur der Anfang eines längerfristigen Reformprozesses sein konnte.

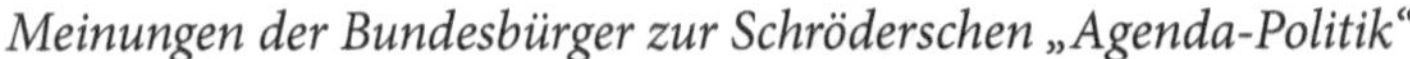

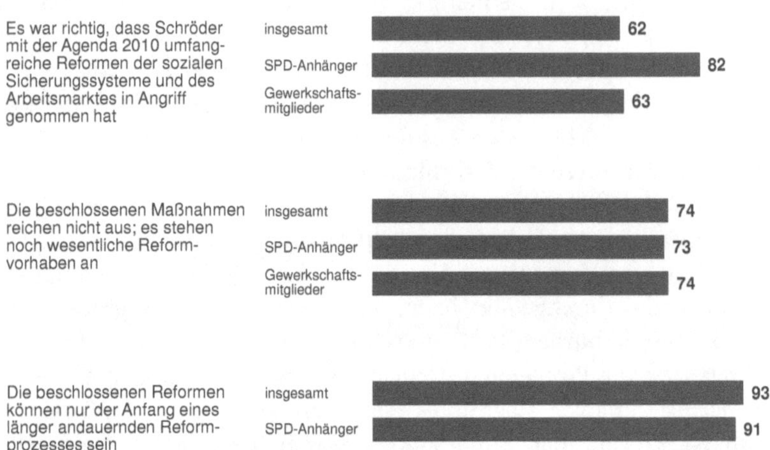

Quelle: forsa-Repräsentativerhebung, 2004

Den Kritikern der Agenda-Politik Schröders unterstellte eine Mehrheit der Bundesbürger, es ginge ihnen vor allem um eigene Profilierungssüchte und nicht um das Wohlergehen der Menschen – wie von ihnen behauptet.

Die Weichenstellung der von Kanzler Schröder 2003 endlich auf den Weg gebrachten Reformvorhaben wurde von einer klaren Mehrheit der Bundesbürger nicht nur für richtig befunden, sondern die meisten Bürger (74 %) gingen davon aus, dass mit den beschlossenen Reformen der von der Regierung Schröder erwartete Modernisierungsprozess noch nicht zu Ende sei, sondern wesentliche Reformschritte noch ausstünden. Anders als bis heute in weiten Teilen der SPD gemutmaßt, brachte nicht der Schrödersche Modernisierungskurs die SPD in Schwierigkeiten, sondern die mangelnde Unterstützung dieses Kurses durch die SPD. 58 Prozent aller Bundesbürger und immerhin auch 36 Prozent der SPD-Anhänger glaubten nicht, dass die Partei hinter dem Reformkurs ihres Kanzlers stehe. 59 Prozent aller Bundesbürger und 54 Prozent der SPD-Anhänger sahen auch die Handlungsfähigkeit der Bundesregierung durch den Streit in der SPD stark beeinträchtigt und vermuteten, dass diese Handlungsunfähigkeit die Hauptursache dafür war, dass die SPD bei den regionalen Wahlen und der Europawahl 2004 schlecht abgeschnitten hatte.

Folgen der Uneinigkeit in der SPD über die „Agenda-Politik"

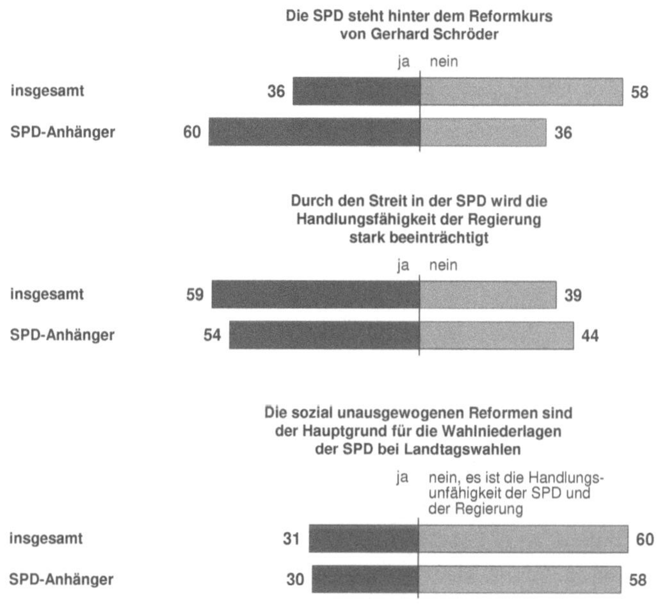

Quelle: forsa-Repräsentativerhebung, 2004

10.5 Das Ende des „rot-grünen Projekts"

Der immer weiter betriebene Streit innerhalb der SPD über den Schröderschen Reformkurs verstärkte zusehends die Zweifel an der Fähigkeit der SPD, das Land in eine bessere Zukunft zu führen. Die Bürger erwarteten aber keine Kursänderung der Schröderschen Politik der Erneuerung und Modernisierung des Landes, wohl aber, dass die SPD Schröder bei dieser Politik unterstützte anstatt ihn zu behindern. Doch in Teilen der SPD wurde stattdessen sogar über die Ablösung Schröders als Kanzler laut nachgedacht. Das verfestigte bei den Bürgern das Bild einer Partei, die - wie es schon bei Helmut Schmidt der Fall gewesen war -, nicht mehr hinter ihrem Kanzler stand. 78 Prozent aller Bundesbürger und auch 70 Prozent der SPD-Anhänger waren 2005 der Meinung, dass das Verhältnis zwischen Schröder und seiner Partei überwiegend nicht harmonisch, sondern durch Spannungen geprägt sei. Und dass die SPD-Bundestagsfraktion Schröders Politik in ausreichendem Maße unterstützt hätte, glaubte nur ein Viertel aller Bundesbürger und nur ein Fünftel der SPD-Anhänger. Während viele SPD-Funktionäre Schröder gerne loswerden wollten, wollten die Wähler Schröder als Kanzler behalten. Über ein Viertel der SPD-Wähler von 2002 (28 %) gab an, einer SPD ohne Schröder nicht mehr die Stimme geben zu wollen.

Doch der Konflikt in der SPD ging unvermindert weiter und Schröder konnte sich der Unterstützung seiner Partei und vor allem auch der Unterstützung der Bundestagsfraktion immer weniger sicher sein. Als dann nach dem Regierungswechsel in Schleswig-Holstein im Februar 2005 auch noch Nordrhein-Westfalen im Mai für die SPD verloren ging, zog Schröder ein Ende mit Schrecken einem Schrecken ohne Ende vor und entschied sich dafür, die 2006 fällige Neuwahl des Bundestages auf den Herbst 2005 vorzuziehen.

Nachdem die rot-grünen Regierungen in Schleswig-Holstein und in Nordrhein-Westfalen abgewählt worden waren, musste Schröder davon ausgehen, dass die Mehrheit der Wähler auch auf Bundesebene die rot-grüne Ära beenden wollte. In der Tat war das Urteil der Bundesbürger über die siebenjährige Regierungszeit der rot-grünen Koalition recht negativ. Obwohl die Weichenstellung der Schröderschen Reformpolitik auch 2005 von der Mehrheit der Bundesbürger nach wie vor für richtig befunden wurde, herrschte zunehmend das Gefühl vor, dass die Umsetzung der Reformen nicht – wie von der Regierung versprochen und von den Bürgern erhofft – zu einer Verbesserung der Lebensverhältnisse geführt hatte. Insbesondere galt dies für den Arbeitsmarkt, auf dem nach Meinung von 81 Prozent aller Bundesbürger durch die Agenda 2010 keine Besserung eingetreten war. Dieses Urteil kam vor allem deshalb zustande, weil die Zahl der Arbeitslosen im Februar als Folge der Zusammenlegung der Sozialhilfe mit dem Arbeitslosengeld die 5-Millionen-Grenze überschritten hatte. Auf diese im Wesentlichen auf die unterschiedliche statistische Ausweisung, nicht jedoch auf die objektive Veränderung im Arbeitsmarkt zurückzuführende Zahl von 5 Millionen waren die Bürger psychologisch nicht vorbereitet. Das Wirtschaftsministerium hatte es – obwohl Mittel für entsprechende Kampagnen bereitgestellt waren – versäumt, die Bürger über die Folgen der Umstellung für die Statistik rechtzeitig zu informieren.

Nicht zuletzt wegen der hohen Arbeitslosenzahlen war die Stimmung der Bundesbürger in der ersten Hälfte des Jahres 2005 durch eher pessimistische ökonomische Erwartungen, diffuse Ängste, konkrete Befürchtungen und eine weit verbreitete Mut- und Hoffnungslosigkeit geprägt. Fast zwei Fünftel gaben an, dass es ihnen nach sieben Jahren rot-grüner Regierung schlechter als zuvor ginge. Und die Hälfte der Bundesbürger meinte sogar, Deutschland befinde sich nach diesen sieben Jahren in seiner tiefsten Krise seit Ende des Zweiten Weltkrieges.

Entsprechend gering war nach sieben Jahren der rot-grünen Koalition auch das Vertrauen zur Bundesregierung. Das immer noch vorhandene Vertrauen zu Schröder konnte auch wenig daran ändern, dass das Vertrauen zu den Fähigkeiten der Regierung insgesamt und den sie tragenden Parteien so gering wurde. Positiv gesehen wurden lediglich die außenpolitischen Erfolge der rot-grünen Regierung und die neue Rolle, die Deutschland durch Schröder und Fischer in der Welt spielte.

Trotz der ungebrochen hohen Popularität von Gerhard Schröder sanken die Umfragewerte der SPD unter die 30-Prozent-Marke, während die der Union weit über die 40-Prozent-Marke hinaus stiegen. Durch seinen Wahlkampf gelang es Schröder jedoch, den Anteil der SPD am Wahltag mit 34,2 Prozent der gültigen Stimmen wieder über die 30-Prozent-Marke zu bringen.

Der Zuwachs der SPD in der letzten Phase des Wahlkampfes war überraschend, weil die Enttäuschung vieler früherer SPD-Wähler darüber extrem groß war, dass die SPD den Erneuerungskurs von Schröder nicht in ausreichendem Maße unterstützt hatte und Schröder sich wegen dieses mangelnden Vertrauens gezwungen gesehen hatte, Neuwahlen herbeizuführen. Noch im Juli wollten deshalb – hochgerechnet – nur rund 12 Millionen Wahlberechtigte die SPD wählen. Doch Schröder gelang es mit einem fulminanten, emotional geführten Wahlkampf fast 4 Millionen bis dahin im Lager der Unentschlossenen verharrende SPD-Wähler von 2002 doch wieder dazu zu bringen, am

18. September SPD zu wählen. Mit knapp 16.2 Millionen Stimmen erhielt die SPD jedoch trotz dieser Schröderschen Aufholjagd am Ende 2.3 Millionen Stimmen weniger als drei Jahre zuvor und sogar fast 4.0 Millionen weniger als bei Schröders erster Wahl 1998.

Urteile der Bürger über 7 „rot-grüne" Jahre (2005)

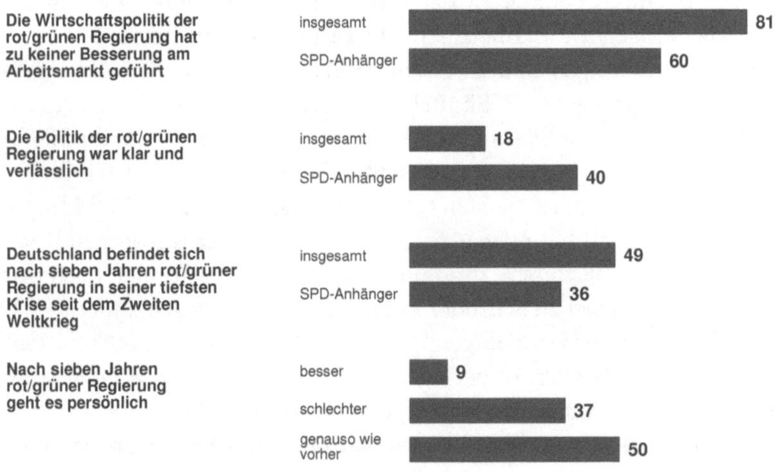

Quelle: forsa-Repräsentativerhebung, 2005

Der Vorsprung der Union vor der SPD fiel mit 436.000 Stimmen oder einem einzigen Prozentpunkt viel geringer aus als erwartet - denn in allen Umfragen vor der Wahl lag die Union zwischen 41 und 43 Prozent und damit deutlich über dem tatsächlich erreichten Wert von 35,2 Prozent der gültigen Stimmen. Vor der Wahl war vermutet worden, dass die damals auch bei vielen potentiellen CDU/CSU-Anhängern vorhandenen Vorbehalte gegen die Kandidatin Merkel nicht wahlrelevant werden würden. Schließlich waren zuvor bei den Landtagswahlen in Schleswig-Holstein und Nordrhein-Westfalen die dortigen Vorbehalte gegenüber den beiden eher unpopulären Spitzenkandidaten der CDU zurückgestellt und die CDU gewählt worden, um die ungeliebten rot-grünen Landesregierungen abzuwählen. Doch bei der Bundestagswahl im September kam es anders. Die in Deutschland bis dahin noch nie zu registrierende große Diskrepanz zwischen den Parteipräferenzen (pro CDU/CSU und contra SPD) und der Kanzlerpräferenz (pro Schröder und contra Merkel) verursachte bei vielen CDU/CSU-Anhängern einen Zwiespalt zwischen der Loyalität zur Partei und den Vorbehalten gegen die Kandidatin Merkel. Ein unerwartet hoher Anteil der potentiellen CDU-Wähler ging letztendlich nicht zur Wahl oder gab der FDP die Zweitstimme. Dieser Zwiespalt zwischen der Loyalität zur Union und den Zweifeln an den Fähigkeiten der Kandidatin verunsicherte potentielle CDU/CSU-Wähler zunehmend in der letzten Phase des Wahlkampfes, als sich vor allem durch das von Schröder klar gewonnene TV-Duell der Wahlkampf noch stärker als bisher schon auf die Kandidaten fokussierte. So erhielt die Union fast 1.9 Millionen Stimmen weniger als bei der Wahl 2002. Nur 27 Prozent aller Wahlberechtigten wählten 2005 die Union – die bis dahin (abgesehen von der ersten Bundestagswahl 1949) schwächste Wählermobilisierung der Union bei einer Bundestagswahl.

2017 würde ein Ergebnis von 34,2 Prozent der gültigen Stimmen von der SPD als großer Sieg gefeiert 2005 jedoch wurde das als vernichtende Niederlage gewertet, die die Partei Schröder anlastete. Bei den aufgrund des Wahlergebnisses schwierigen Sondierungen für eine Regierungsbildung spielte Schröder dann auch keine entscheidende Rolle mehr. Viele in der Partei waren wie 1982 bei Helmut Schmidt sogar froh, den von den Führungskadern ungeliebten Kanzler los zu sein. Franz Müntefering nutzte das durch den Schröderschen Abgang (als bisher einziger Kanzler zog er sich nach dieser Wahl völlig aus der Politik zurück) entstandene Macht-Vakuum dazu, zur zentralen Schaltstelle innerhalb der SPD zu werden. Als Parteivorsitzender und Vizekanzler der unter seiner Regie gebildeten Großen Koalition mit der Union war Müntefering nunmehr die wichtigste Figur innerhalb der SPD.

In der Union begann der Aufstieg von Angela Merkel zur Alleinherrscherin in ihrer Partei, nachdem sie schon nach der Wahl 2002 neben dem Parteivorsitz auch den Vorsitz der Bundestagsfraktion der CDU/CSU übernommen und Friedrich Merz aus diesem Amt gedrängt hatte. Eine detaillierte Analyse des schwachen Abschneidens der Union bei der Bundestagswahl konnte sie verhindern und sich voll auf die Übernahme der Kanzlerschaft konzentrieren.

Union und SPD waren die Verlierer der Wahl 2005. Gewinner waren die FDP und die unter dem neuen Namen Linkspartei/PDS kandidierende SED-Nachfolgepartei. Die FDP profitierte vor allem von „Leihstimmen" aus dem Lager der Union – in erster Linie von CDU/CSU-Anhängern, die Vorbehalte gegen die Kandidatin Merkel hatten – und erhielt 9,8 Prozent der gültigen Stimmen. Die Linkspartei/PDS trat mit „offenen Listen" an, so dass auch Mitglieder der von Oskar Lafontaine unterstützen WASG („Wahlalternative Arbeit und soziale Gerechtigkeit") für den Bundestag kandidieren konnten. Zu einer einheitlichen Partei schlossen sich dann die PDS und die WASG zwei Jahre später im Juni 2007 auf ihrem Verschmelzungsparteitag zusammen. Die durch die WASG gestärkte neue linke Bewegung erhielt über 4.1 Millionen Stimmen – fast viermal so viel wie bei der ersten gesamtdeutschen Wahl 1990. 2.2 Millionen Wähler des neuen Linksbündnisses kamen aus dem Ost-, 1.9 Millionen aus dem Westteil der Republik. Dank der Hilfe von Oskar Lafontaine war es der PDS zum ersten Mal seit der Wiedervereinigung gelungen, auch im Westen in nennenswertem Umfang Wähler zu gewinnen und sich so im Parteienspektrum auch als gesamtdeutsche Gruppierung zu etablieren.

11. Die Ära Merkel

11.1 Die Große Koalition 2005 bis 2009

Nach Abschluss der Koalitionsverhandlungen zwischen CDU, CSU und SPD wurde Angela Merkel am 22. November 2005 zur Bundeskanzlerin gewählt. 56 Jahre nach Gründung der Bundesrepublik zog damit zum ersten Mal eine Frau ins Kanzleramt ein.

Die Erwartungen an die zweite Große Koalition in der Geschichte der Bundesrepublik waren in der Anfangsphase – nicht zuletzt wegen der großen Vorbehalte, die gegen die Kandidatin Merkel vorhanden gewesen waren – nicht sehr groß. Noch im Juni 2006 meinten 75 Prozent aller Bundesbürger und 78 Prozent der SPD- sowie 66 Prozent der CDU/CSU-Anhänger, dass die neue Regierung die Probleme im Land nicht lösen könne. Dass mit der Großen Koalition im Vergleich zur Vorgängerregierung aus SPD und Grünen die Rente weniger verlässlich geworden sei, meinten 45 Prozent, dass die Zukunftschancen der Kinder sich verschlechtert hätten, 52 Prozent, und dass die groß angekündigte Gesundheitsreform misslungen sei, 76 Prozent. Dass Merkel im Vergleich zu Schröder die stärkere Führungsfigur sei, glaubten nur 31 Prozent, während 52 Prozent das von Schröder meinten.

Doch Angela Merkel gewann im Amt allmählich an Konturen und Vertrauen. Zu dem im Laufe der Großen Koalition zunehmendem Vertrauen verhalfen Merkel auch Kurt Beck und der von ihm zu verantwortende Zustand der SPD sowie die Banken- und Finanzkrise 2008/2009.

Kurt Beck wurde im Mai 2006 zum SPD-Vorsitzenden gewählt, weil es sonst niemanden mehr gab, der dieses Amt hätte übernehmen können. Zuvor war Franz Müntefering im November 2005 noch während der Konstituierung der Großen Koalition als SPD-Vorsitzender zurückgetreten, weil die Parteispitze seiner einsamen Entscheidung, seinen langjährigen Vertrauten Kajo Wasserhövel zum SPD-Generalsekretär zu machen, nicht folgen wollte. Franz Müntefering gab zwar das Amt des SPD-Vorsitzenden, nicht aber seinen Machtanspruch innerhalb der Partei auf. Als Vizekanzler der Großen Koalition diktierte er weiterhin die politische Linie der SPD. Das bekam auch sein Nachfolger im Amt des Parteivorsitzenden, Matthias Platzeck zu spüren, der nach nur kurzer Amtsdauer schon im April 2006 das Amt wieder aufgab. Als Grund gab er gesundheitliche Gründe an. Das war sicherlich auch mitentscheidend. Doch von den damals unmittelbar nach seinem Rücktritt befragten SPD-Mitgliedern glaubte immerhin ein Viertel, dass es für seinen Rücktritt auch noch andere Gründe gegeben hätte – und zwar (so meinten diese Mitglieder) Spannungen mit Müntefering und dadurch ausgelöste Intrigen in der Parteiführung.

Dass Matthias Platzeck und Franz Müntefering überwiegend gut und harmonisch zusammengearbeitet hätten, meinten nur 44 Prozent der SPD-Mitglieder. Ebenso viele aber (43 %) waren der Meinung, dass es zwischen beiden erhebliche Spannungen gegeben hätte, die wesentlich mit dazu beigetragen hätten, dass Platzeck nach nur kurzer Zeit aufgab. Die SPD-Mitglieder, die diese Spannungen für den Rücktritt Platzecks mitverantwortlich machten, äußerten damals recht drastisch ihren Unmut über Müntefering: Er sei „altersstarrsinnig", habe „mangelnde menschliche Qualitäten", sehe „seine eigenen Chancen schwinden", habe „immer gemeckert, kritisiert und seinen Senf dazu gegeben", sei „zu machtbesessen". Mit ihm sei „nicht zu verhandeln" und die Zusammenarbeit „zu stressig" gewesen.

In der Tat hatte Platzeck versucht, die starre, geradezu stalinistische Struktur des SPD-Parteiapparats im Willy-Brandt-Haus aufzubrechen. Doch am Widerstand von Müntefering und seiner Getreuen scheiterte er.

Nachdem alle Brandt-Enkel gescheitert oder sich – wie Schröder – aus der Politik zurückgezogen hatten, blieb nur noch der rheinland-pfälzische Ministerpräsident Kurt Beck, zuvor schon stellvertretender SPD-Vorsitzender, übrig, um das Amt des Parteivorsitzenden zu übernehmen.

Beck wurde zunächst von den Menschen auch als eine Art Kumpel-Typ nicht sonderlich schlecht eingeschätzt. Doch durch seine tollpatschige und selbstgefällige Art verflog dieses anfängliche Wohlwollen schnell. Kurz vor seinem Rücktritt im August 2008, den er mangels Einsicht nicht von sich aus vollzog, sondern zu dem er gezwungen wurde, hätten sich bei der Kanzlerpräferenz nur 11 Prozent aller wahlberechtigten Bundesbürger für ihn, 60 Prozent jedoch für Merkel entschieden. Damit lagen Becks Werte sogar noch unter denen von Scharping kurz vor dem Mannheimer Parteitag. Beck dürfte neben Scharping der wohl schwächste Vorsitzende der SPD in der langen Parteigeschichte gewesen sein.

Auf jeden Fall verhalf er Angela Merkel bei der Kanzlerpräferenz zu Spitzenwerten.

Kanzlerpräferenzen 2005 bis 2008

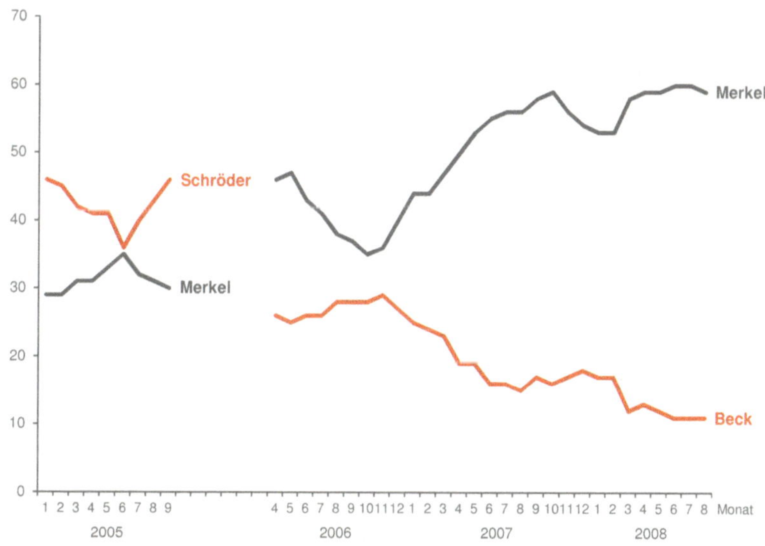

Quelle: forsa-Repräsentativerhebungen, 2005 bis 2008

Das Vertrauen zu Kanzlerin Angela Merkel stieg aber nicht nur dadurch, dass Kurt Beck ein so schwacher Gegenpol zu ihr war, sondern auch deshalb, weil sie es verstand, sich weitgehend aus dem Alltagsgezänk herauszuhalten, das die Arbeit der zweiten Großen Koalition der Republik zwischen 2005 und 2009 von Anfang bis Ende begleitete. Merkel gelang es, sich als eine Art „Präsidentenkanzlerin“ zu positionieren.

Dieses Bild der „Präsidentenkanzlerin" verfestigte sich dann in der Banken- und Finanzkrise 2008/2009. Merkel gab den Menschen das Gefühl, dass sie sich darum kümmere und sorge, dass diese Krise soweit wie irgend möglich vom Alltag der Menschen ferngehalten wird. Ihr Satz, den sie beim ersten Rettungsschirm für die Banken verkündete „Wir tun das für die Menschen – nicht für die Banken" (verbunden mit dem Versprechen, dass die Guthaben der Sparer sicher seien), wurde von den Menschen dankbar aufgenommen und stärkte deren Zuversicht auf ein glimpfliches Ende der Krise. Das stabilisierte nicht nur Merkels persönliches Vertrauen bei den Bürgern, sondern brachte auch ihrer Partei wieder mehr Zustimmung.

Nach den anfänglich eher verhaltenen Urteilen über die Arbeit der Großen Koalition war der Präferenzwert der Union im Sommer 2006 bis zur 30-Prozent-Marke abgesackt. In dem Maße, wie Merkel als Kanzlerin Vertrauen gewann, vergrößerte sich auch der Vorsprung der Union vor der SPD, zumal die SPD ab der Jahreswende 2006/2007 fast immer an oder unter der 25-Prozent-Marke dümpelte.

Einen Tiefpunkt erreichten die SPD-Sympathiewerte nach der hessischen Landtagswahl im Februar 2008, als Andrea Ypsilanti sich unter Tolerierung durch die Linkspartei zur Ministerpräsidentin in Hessen wählen lassen wollte und somit im Urteil der meisten Bürger einen Wortbruch beging. Schließlich hatte sie vor der Wahl jedwede Zusammenarbeit mit der Linkspartei kategorisch ausgeschlossen.

Die SPD verlor durch Ypsilantis Wortbruch ihre Glaubwürdigkeit, vor allem auch, weil Kurt Beck Ypsilanti nicht daran hinderte, ihre Pläne zu verwirklichen, sondern sie dadurch unterstützte, dass er der SPD in den Ländern freie Hand ließ, Kooperationen mit der Linkspartei einzugehen. Dass aber lehnten 60 Prozent aller Bundesbürger und auch 58 Prozent der SPD-Wähler kategorisch ab. Selbst die SPD-Mitglieder waren mit dem Kurs ihres Parteivorsitzenden nicht einverstanden: Nur 37 Prozent waren im Juni 2008 dafür, dass die SPD eine Zusammenarbeit mit der Linkspartei auf Länderebene anstrebt. 59 Prozent sprachen sich strikt dagegen aus. Die Hälfte der SPD-Mitglieder war im Übrigen auch schon im Sommer 2008 dagegen, dass die SPD Gesine Schwan erneut als Kandidatin für das Amt des Bundespräsidenten aufgestellt hatte.

Parteipräferenzen 2006 bis 2009

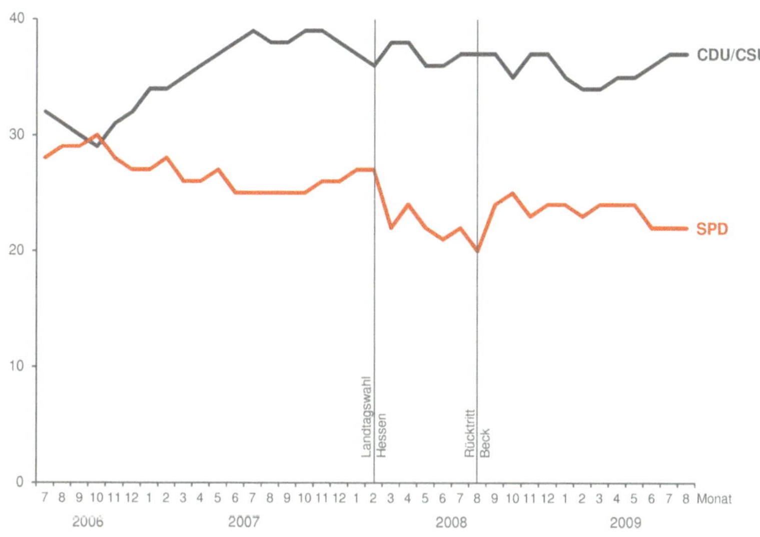

Quelle: forsa-Repräsentativerhebungen, 2006 bis 2009

Der endlich vollzogene Rücktritt von Kurt Beck im August 2008 brachte der SPD einen Sympathiegewinn von 4 Prozentpunkten – doch so notwendig dieser längst überfällige Rücktritt war, hinreichend war er nicht mehr, um die Chancen der SPD auf ein gutes Abschneiden bei der nächsten Bundestagswahl 2009 zu mehren. Der SPD gelang es bis zur Wahl 2009 nicht, ihre verlorene Glaubwürdigkeit zurückzugewinnen, zumal Anfang 2009 durch die erforderliche Neuwahl des Landtags in Hessen dieser Wortbruch wieder bundesweit thematisiert wurde. Andrea Ypsilanti überließ die Spitzenkandidatur zwar Thorsten Schäfer-Gümbel, blieb aber Landes- und Fraktionsvorsitzende. Erst nach der hauptsächlich ihretwegen verlorenen Landtagswahl trat sie von ihren Ämtern zurück. Aber auch dass Gesine Schwan bei der Bundespräsidentenwahl im Mai wieder kandidierte, obwohl eine große Mehrheit der Bundesbürger, der SPD-Anhänger und auch der SPD-Mitglieder die Wiederwahl Horst Köhlers befürworteten, schadete der SPD schwer; denn durch ihre Kandidatur wurde die Diskussion über eine mögliche Kooperation der SPD mit der Linkspartei weitergeführt.

Die hohen persönlichen Sympathiewerte des SPD-Kanzlerkandidaten Frank-Walter Steinmeier und seine als Außenminister gewonnene große Kompetenz übertrugen sich wegen des durch Ypsilanti und Schwan vergrößerten Glaubwürdigkeitsdefizites nicht auf die SPD. Zudem wollten die meisten Bundesbürger Angela Merkel im Kanzleramt behalten. Steinmeier sollte – so hätten es sich viele 2009 gewünscht – Außenminister bleiben.

Und der SPD-Finanzminister Peer Steinbrück, der sich selbst als Krisenmanager in der Banken- und Finanzkrise 2008/2009 sah, wurde als solcher von den Bürgern gar nicht wahrgenommen – was immer er auch objektiv zur Krisenbewältigung beigetragen haben mag. Nur 15 Prozent hatten Ende 2008 hinsichtlich der Art und Weise, wie er mit der Finanzkrise umging, großes Vertrauen zum Finanzminister. Zudem war 2009 selbst vielen SPD-Wählern nicht bekannt, dass Steinbrück Mitglied der SPD war. 42 Prozent der SPD-Wähler wussten dies nicht, obwohl er seit 2005 immerhin auch stellvertretender Vorsitzender der SPD war.

Am 27. September 2009 erhielt die SPD nur 23 Prozent der abgegebenen gültigen Stimmen – ihr schlechtestes Ergebnis bei einer Bundestagswahl nach der Neugründung der Bundesrepublik. Von allen Wahlberechtigten konnte die SPD nur 16 Prozent dazu bewegen, ihr die Stimme zu geben. Eine so schwache Mobilisierung gab es für deutsche Sozialdemokraten zuletzt bei den Reichstagswahlen im November 1932 bzw. der letzten noch halbwegs freien Reichstagswahl im März 1933.

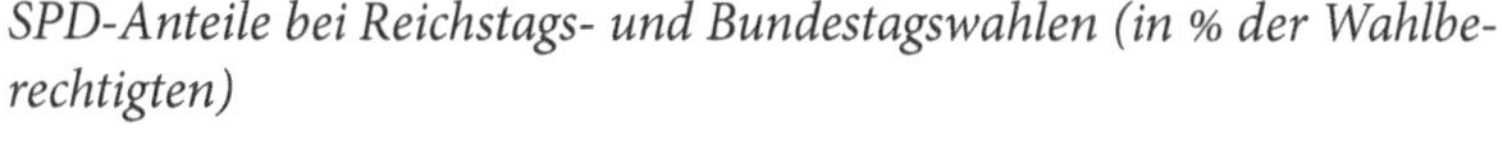

SPD-Anteile bei Reichstags- und Bundestagswahlen (in % der Wahlberechtigten)

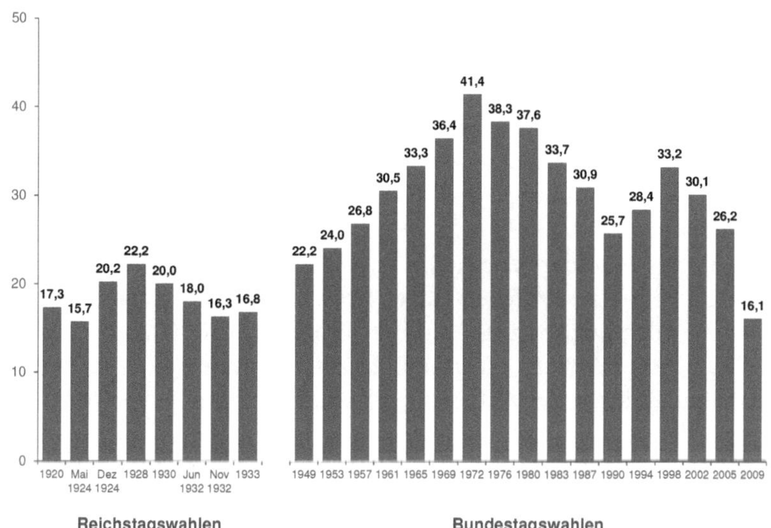

Die vernichtende Wahlniederlage der SPD 2009 hatte drei Namen: Beck, Ypsilanti und Schwan. Doch bis heute wird die Wahlschlappe 2009 von vielen in der SPD Schröder und seiner Modernisierungspolitik angelastet. Dass die SPD zwischen 1998, als sie von über 20 Millionen Wählern gewählt wurde, und 2009, als ihr noch nicht einmal mehr 10 Millionen Wähler ihre Stimme gaben, über 10 Millionen (und damit die Hälfte) ihrer Wähler verloren hatte, sei auf Schröders Kurs der „neuen Mitte" und die damit verbundene Abkehr von eher traditionellen linken Positionen der Sozialdemokratie zurückzuführen. Die Aufgabe des „Markenkerns" der sozialen Gerechtigkeit durch Schröder habe 10 Millionen frühere Wähler der SPD entfremdet und der Linkspartei zugetrieben.

Dass diese Sichtweise alleine schon rechnerisch nicht nachzuvollziehen ist, wird dabei außer Acht gelassen; denn die PDS/Linke hat in dem Jahrzehnt, in dem die SPD die Hälfte ihrer Wähler verloren hat, 2.6 Millionen neue Wähler gewonnen. Selbst wenn alle diese 2.6 Millionen neuen Wähler der PDS/Linke frühere Wähler der SPD gewesen wären (was aber nicht der Fall ist), blieben noch 7.6 Millionen Wähler, die die SPD nicht an die Linkspartei verloren hat, sondern die zu anderen Parteien oder ins Lager der Nichtwähler abgewandert sind.

Und dass die „Agenda 2010" insgesamt bzw. einzelne ihrer Maßnahmen die Ursache für den drastischen Wählerschwund der SPD waren, trifft auch nicht zu, weil die Schrödersche Erneuerungs- und Modernisierungspolitik - wie bereits gezeigt wurde – generell und auch in ihren einzelnen Komponenten bei einer großen Mehrheit der Bundesbürger auf Zustimmung stieß. Nicht die „Agenda 2010" war für den Wählerschwund der SPD verantwortlich, sondern die mangelnde Unterstützung Schröders durch die eigene Partei und das dadurch vermittelte Bild einer zerstrittenen Partei. Noch im Sommer 2008 hielten 82 Prozent aller Bundesbürger und 87 Prozent der SPD-Anhänger die SPD für eine zerstrittene Partei. Entsprechend waren auch 70 Prozent der Bundesbürger der Auffassung, dass der SPD durch die vehemente Kritik der Reformgegner und nicht durch die Schröderschen Reformen Schaden entstanden sei. Dass die Agenda-Politik der SPD geschadet habe, meinten 2008 nur 23 Prozent.

Eine bis heute nicht ausrottbare Mär ist auch, dass die SPD 2005 ihre Kompetenz für die soziale Gerechtigkeit verloren habe. Doch der Anteil der Bürger, die der SPD zutrauten, für soziale Gerechtigkeit zu sorgen, war 2005 mit 39 Prozent genauso hoch wie schon 2002. Und 28 bzw. 29 Prozent trauten der SPD 2005 wie 2002 zu, dass sie eher als die Union für eine gerechte Verteilung der Steuern sorgen könne. Massiv Vertrauen verloren hatte die SPD zwischen 2002 und 2005 hingegen bei der ökonomischen Kompetenz. So trauten 2005 nur noch 10 Prozent der Bundesbürger der SPD zu, die Arbeitslosigkeit wirksam bekämpfen zu können. 2002 waren das noch 24 Prozent gewesen. Und dass die SPD Rahmenbedingungen für weiteres Wirtschaftswachstum schaffen könne, das glaubten 2005 auch nur noch 13 Prozent, während es 2002 noch 24 Prozent waren. Und der Anteil der Bürger, die daran glaubten, dass die SPD die Staatschulden begrenzen könne, war von 35 Prozent 2002 auf 12 Prozent 2005 gefallen. Der Union wurde in ökonomischen Fragen 2005 deutlich mehr Kompetenz zugetraut als 2002.

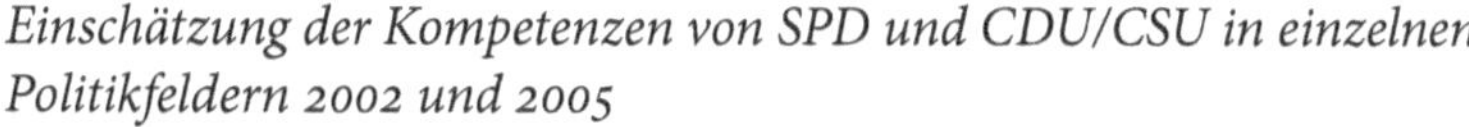

Einschätzung der Kompetenzen von SPD und CDU/CSU in einzelnen Politikfeldern 2002 und 2005

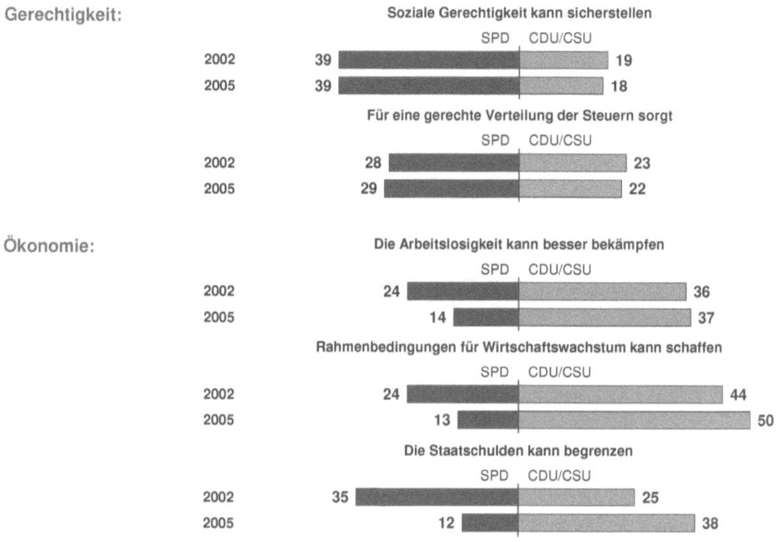

Quelle: forsa-Repräsentativerhebungen, 2002 und 2005

Der weitgehende Verlust der ökonomischen Kompetenz in der Nach-Schröder-Ära hatte zur Folge, dass 2009 auch nur noch 8 Prozent der Wahlberechtigten der SPD zutrauten, mit den Problemen im Land insgesamt fertig werden zu können. In den Jahren 2000 und 2001, in denen sich die SPD mit Verzögerung als Reformpartei positionierte und Projekte wie die Steuer- und Rentenreform durchsetzen konnte, trauten der SPD noch 32 Prozent eine generelle politische Kompetenz zu. Der Union trauten 2000 bis 2001 nur 12 bis 13 Prozent zu, die Probleme im Land anpacken zu können. Ab 2002 aber, als die Widerstände gegen Schröders Modernisierungspolitik in der SPD zunahmen, kehrte sich das Bild um.

Einschätzung der politischen Kompetenz von SPD und CDU/CSU

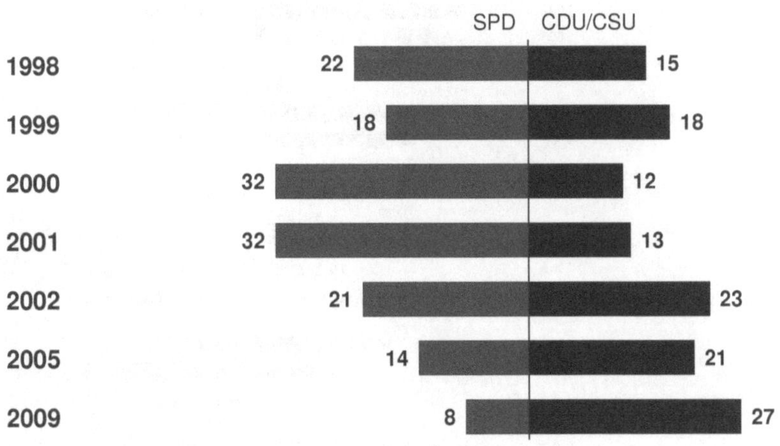

Quelle: forsa-Repräsentativerhebungen, 1998 bis 2009

Durch den Verlust der ökonomischen und der generellen politischen Kompetenz, das nicht sonderlich attraktive personelle Angebot sowie die Aufweichung der bis dahin klaren Abgrenzung der Partei gegenüber der PDS bzw. Linkspartei, ermöglichte es die SPD der Union, sich als alleinige Kraft der politischen „Mitte“ zu positionieren.

Trotz der großen Popularität von Angela Merkel und dem weitverbreiteten Wunsch, dass sie auch nach 2009 Kanzlerin bliebe (dies wünschten sich zur Jahreswende 2008/2009 62 Prozent aller Bundesbürger, 93 Prozent der CDU/CSU-Anhänger und auch 56 Prozent der SPD-Anhänger), erhielt aber auch die Union 2009 nur 33,8 Prozent der gültigen Stimmen. Ein schlechteres Ergebnis hatte die Union nur bei der ersten Wahl in der neuen Bundesrepublik 1949 erhalten. Das schwache Ergebnis der Union 2009 kam deshalb zustande, weil ein nicht unerheblicher Teil der potentiellen CSU/CSU-Wähler aus dem klassischen Mittelstand – Handwerker, kleinere Unternehmer, Freie Berufe – zur FDP abgewandert waren. Diese mittelständischen, an sich der CDU oder CSU zuneigenden Wähler waren deshalb zur FDP gewandert, weil sie sich von der Großen Koalition in der Banken- und

Finanzkrise im Stich gelassen fühlten. Die Regierung kümmere sich – so die Einschätzung der Mittelständler – so gut wie ausschließlich um die großen Konzerne und deren Rettung, nicht aber um die Befindlichkeiten und Probleme des Mittelstandes. Von der FDP erhoffte man sich, dass die Liberalen in einer bürgerlichen Koalition mit der Union die Interessen des Mittelstandes in die Politik der neuen Regierung einbringen würden. Die FDP erzielte so mit 14,6 Prozent der gültigen Stimmen ihr bislang bestes Ergebnis bei einer Wahl seit 1949.

Mit 48,4 Prozent der gültigen Stimmen konnte das „bürgerliche" Wählerlager aus Union und FDP nach der Bundestagswahl 2009 die Bundesregierung bilden.

Betrachtet man – unabhängig von der Zuordnung zu Wählerlagern – die Entwicklung der Stimmenanteile für die beiden Volksparteien CDU/CSU und SPD, dann war die einstmals große Bindekraft der Volksparteien 2009 auf einem Tiefpunkt angelangt. Wurden Union und SPD Mitte der 1970er Jahre von über 80 und Anfang der 1980er Jahre noch von mehr als 75 Prozent aller Wahlberechtigten – nicht der Wähler! – gewählt, sank der Anteil der Wahlberechtigten, die CDU, CSU bzw. SPD gewählt hatten, bei der Bundestagswahl 2009 auf unter 40 Prozent. Über 60 Prozent der Wahlberechtigten hatten eine der sonstigen Parteien oder gar nicht gewählt. Mit 30,2 Prozent war der Anteil der Nichtwähler (einschließlich der ungültigen Stimmen) so hoch wie noch nie bei einer Bundestagswahl. Und der Anteil der Wähler der sonstigen Parteien war mit ebenfalls 30,2 Prozent aller Wahlberechtigten so hoch wie zuvor nur bei der ersten Bundestagswahl 1949, als das politische System im Nachkriegsdeutschland noch nicht etabliert, sondern noch im Aufbau war.

Außer der FDP hatten sich im Parteienspektrum der Republik auch die Grünen und die SED-Nachfolgepartei PDS/Linke auf Dauer etabliert. Angesichts der gering gewordenen Bindekraft der beiden Volksparteien war die weitere Entwicklung der Parteienlandschaft in der Bundesrepublik nach 2009 ungewiss geworden.

Wähler und Nichtwähler bei den Bundestagswahlen 1949 bis 2009 (in % der Wahlberechtigten)

Bundestagswahl	CDU/CSU und SPD	sonstige Parteien	Nicht-Wähler *)
1949	45,8	30,3	23,9
1953	61,6	21,6	16,8
1957	69,2	15,2	15,6
1961	68,7	15,6	15,7
1965	73,6	11,1	15,3
1669	75,7	9,6	14,7
1972	81,9	8,4	9,7
1976	82,0	7,9	10,1
1980	76,7	11	12,3
1983	76,8	11,5	11,7
1987	67,9	15,6	16,5
1990	59,4	17,5	23,1
1994	60,7	17,3	22,0
1998	61,7	19,5	18,8
2002	60,2	17,9	21,9
2005	53,1	23,4	23,5
2009	39,6	30,2	30,2

*) einschließlich ungültige Stimmen

11.2 Die schwarz-gelbe Koalition 2009 bis 2013

Ungeachtet des fortschreitenden Erosionsprozesses der beiden Volksparteien verfügte die nach der Bundestagswahl 2009 gebildete Koalition aus CDU, CSU und FDP über eine komfortable Mehrheit der Mandate im Bundestag. 332 Abgeordneten der Regierung standen 290 Abgeordnete der Opposition (SPD, Grüne, Linke) gegenüber.

Doch der Beginn der schwarz-gelben Regierungsarbeit wurde von den Bürgern überwiegend als schwach bewertet. Schon wenige Wochen nach Bildung der Koalition aus Union und FDP vergab über die Hälfte der Bundesbürger überwiegend schlechte Noten für die Arbeit der neuen Regierung: 30 Prozent bewerteten die Arbeit mit „ausreichend", 26 Prozent sogar als „mangelhaft" bzw. „ungenügend".

Die schlechte Bewertung war vor allem auf die FDP und deren Personal, das nach 11 Jahren auf den Oppositionsbänken nun wieder sichtbarer geworden war, zurückzuführen; denn im Überschwang der Freude darüber, dass sie wieder auf die Regierungsbank zurückkehren durfte, vergaß die FDP die Interessen derer, die ihr ihre Stimme gegeben hatten. Schon im Februar 2010 wollte deshalb fast die Hälfte der FDP-Wähler vom September 2009 die FDP nicht wählen. Sie seien – so gaben diese FDP-Abwanderer an – von der bisherigen Arbeit der FDP enttäuscht und hielten deren Regierungsmannschaft für nicht sonderlich fähig. Unzufrieden waren die FDP-Wähler auch damit, dass Westerwelle wohl eher unter Prestige-Aspekten, denn wegen sachlicher Erwägungen das Amt des Außenministers übernommen hatte. Westerwelle lag deshalb auch im damaligen Ranking der Politiker auf dem letzten Platz – noch hinter Gregor Gysi.

Insgesamt erhielt die FDP-Ministerriege für ihre Arbeit im Jahr 2010 mit einer Durchschnittsnote von 4,6 eine schlechtere Note als die oppositionelle Linkspartei (Durchschnittsnote: 4,4). 24 Prozent bewerteten die Arbeit der FDP mit „ausreichend", 51 Prozent sogar mit „mangelhaft" bzw. „ungenügend".

Die Bewertung der FDP-Minister blieb während der gesamten Legislaturperiode schlecht. Vor allem Außenminister Guido Westerwelle gelang es als bislang einzigem Außenminister nicht, während seiner Tätigkeit im Außenamt Konturen und damit Akzeptanz bei den Bürgern zu gewinnen. Als er 2011 vom Amt des FDP-Vorsitzenden zurücktrat, forderte deshalb über die Hälfte (56 %) aller Wahlberechtigten und auch rund ein Drittel (31 %) der der FDP noch verbliebenen Anhänger, dass er als Außenminister ebenfalls zurücktreten solle.

Extrem schwach wurde neben Westerwelle aber auch der neue FDP-Vorsitzende und Wirtschaftsminister Philipp Rösler bewertet. Noch kurz vor der Wahl 2013 bildete er im STERN-forsa-Politiker-Ranking nach Rainer Brüderle und Guido Westerwelle das Schlusslicht. Rösler, von dem die Bundesbürger schon während seiner Zeit als Bundesgesundheitsminister nicht glaubten, dass er dem Amt gewachsen war, wurde von den Bundesbürgern keinerlei ökonomische Kompetenz zugebilligt, so dass der Eindruck sich verfestigte, er könne auch dieses Amt nicht adäquat ausfüllen.

Die Präferenzwerte der FDP purzelten wegen ihres schwachen Erscheinungsbildes schon bald nach der Bildung der schwarz-gelben Regierung in den Keller: Ab Sommer 2010 dümpelte die FDP bis zum Wahltermin im September 2013 an oder unter der 5-Prozentmarke.

CDU/CSU- und FDP-Präferenzwerte 2009 bis 2013

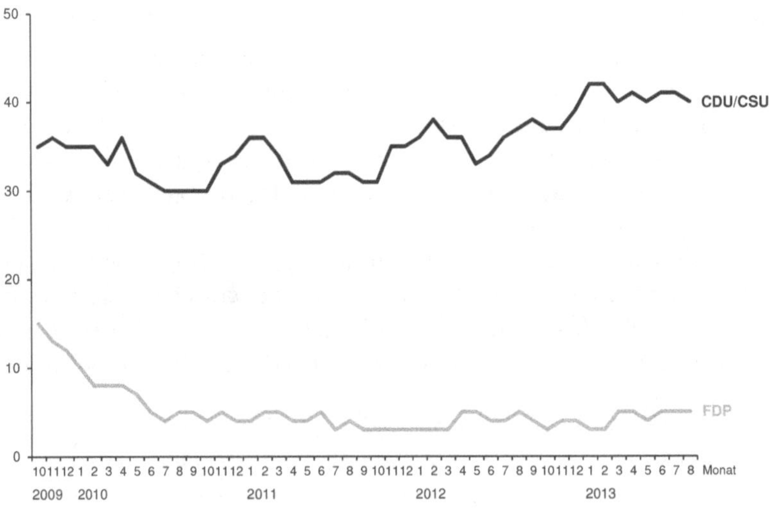

Quelle: forsa-Repräsentativerhebungen, 2009 bis 2013

Die Union blieb vom Vertrauensverfall der FDP verschont und erhielt bis Mitte 2010 Werte um die 35 Prozent – lag also in etwa auf dem Niveau ihres Wahlergebnisses vom September 2009. Die bei den Sympathiewerten der Union dann zu beobachtenden Schwankungen von Mitte 2010 bis Ende 2011 hatten mit der Schwäche der FDP und der dadurch bedingten verhaltenen Bewertung der gesamten Regierung allerdings wenig zu tun.

Die Sympathierückgänge der Union Mitte 2010 und im Frühjahr 2011 kamen auch nicht dadurch zustande, dass Angela Merkel – wie ihre innerparteilichen Kritiker vom rechten konservativen Flügel der Union schon damals unterstellten – die CDU „sozialdemokratisiert" oder zu „liberal" positioniert hätte. Auch das Leitmedium „SPIEGEL" hatte 2010 verlautbart, Merkels „Vertrauen ist aufgebraucht" und sie stünde „vor den Scherben ihrer Kanzlerschaft“, weil sich das Land „nach einer ganz anderen Republik“ sehne. Doch dass Merkel – wie der „SPIEGEL“ 2010 wie auch einige Jahre später – 2016 – schrieb, „viele Konservative zu Heimatlosen gemacht“ hätte, hatte mit der Realität wenig zu tun. So hatte forsa im Herbst 2010 ermittelt, dass sich 51 Prozent der CDU-Stammwähler eher dem konservativen politischen Spektrum zurechneten, 33 Prozent dem eher liberalen Spektrum. Hätten die Merkel-Kritiker vom rechten Rand der Union damals Recht gehabt, hätten sich die CDU-Abwanderer, also jene, die 2009 noch CDU gewählt hatten, aber 2010 der CDU nicht ihre Stimme geben wollten, in stärkerem Maße dem konservativen Lager zurechnen müssen, als die der CDU verbliebenen Anhänger. Doch das Gegenteil war der Fall: Von den CDU/CSU-„Abwanderern“ bezeichneten sich 32 Prozent (deutlich weniger als von den der Union verbliebenen Anhängern) als konservativ, 43 Prozent aber als „liberal“. Anders als es manche Diskussionen innerhalb der Funktionärskader der Union oder manche Unterstellungen einiger Medien vermuten ließen, waren die CDU-Abwanderer nicht die Ultra-Konservativen, sondern die eher liberal Eingestellten aus der Mitte der Gesellschaft.

Ähnlich wie nach 2013 forderten Teile des Funktionärskaders der Union auch schon nach der Wahl 2009, dass sich die CDU im politischen Spektrum deutlich konservativer positionieren müsste, als es bei Merkel der Fall wäre. Es fehle – so wurde kritisiert – der klare „konservative Markenkern“ der CDU. Doch diese Einschätzung mancher CDU/CSU-Funktionäre wurde weder von den Wahlberechtigten insgesamt, noch von den Anhängern der Union geteilt. Nur 22 Prozent aller Bundesbürger und auch nur eine Minderheit von 20 Prozent der CDU-Stammwähler meinten, dass sich die CDU in ihrem politischen Handeln konservativer positionieren solle. 70 Prozent aller Bundesbürger und 79 Prozent der CDU-Anhänger aber meinten im Herbst 2010, die CDU dürfe ihren Kurs nicht ändern oder müsse sich – wenn überhaupt - weniger konservativ positionieren. Und von den – nach Einschätzung der konservativen Kritiker – angeblich nach „rechts“ abgedrifteten CDU-Abwanderern meinten 2010 sogar 48 Prozent, die CDU solle weniger konservativ auftreten. Merkels Kurs bzw. ihre Kurskorrekturen wurden also sowohl von den Wahlberechtigten insgesamt als auch den CDU-Stammwählern und den CDU-Abwanderern mit großer Mehrheit für richtig befunden.

Meinungen zum politischen Kurs der CDU im Herbst 2010

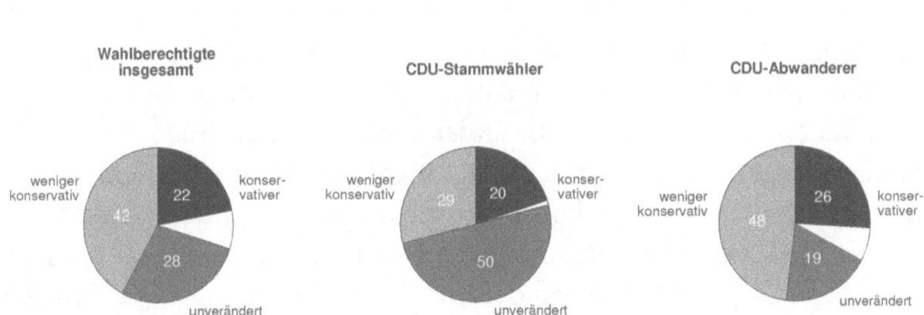

Quelle: forsa-Repräsentativerhebung, 2010

Neben den konservativen Kritikern innerhalb der Union, die Merkel deshalb kritisierten, weil sie traditionelle Werte der CDU vernachlässige und die Partei zu sehr nach links orientiere, gab es aber auch Strömungen in der Union, die der CDU und ihrer Vorsitzenden rieten, sich mehr um die grün-urbanen Schichten der Gesellschaft zu kümmern. Eine solche Annäherung an das grüne Milieu könne man – so meinte diese, vornehmlich vom damaligen Umweltminister Norbert Röttgen angeführte Gruppe - beim Thema Kernenergie auch gut demonstrieren. Röttgen und seine Anhänger plädierten deshalb dafür, der vorgesehen Laufzeitverlängerung für die Kernkraftwerke nicht zuzustimmen. Doch diese Annäherung an grüne Positionen wurde von den Wählern nicht honoriert – im Gegenteil. Die Werte der Union fielen durch die Betonung grüner Themen und die nicht mehr klare Abgrenzung zu den Grünen im Zuge der Diskussion um die Laufzeitverlängerung auf 30 Prozent. Erst als sich Merkel klar von den Grünen abgrenzte und die Verlängerung der Laufzeit der Kernkraftwerke beschlossen wurde, stieg die Zustimmung zur Union wieder auf über 35 Prozent; denn für eine Laufzeitverlängerung waren im Herbst 2010 52 Prozent aller Bundesbürger und 69 Prozent der CDU-Anhänger.

Als dann aber nach dem Reaktorunglück in Fukushima auch von Merkel die abrupte Kehrtwende in der Energiepolitik vorgenommen und der vollständige Ausstieg aus der Kernenergie beschlossen wurde, fielen die CDU/CSU-Werte wieder bis zur 30-Prozent-Marke.

Dieser abrupten Kehrtwende in der Energiepolitik lag das Missverständnis zugrunde, dass ein vollständiger Ausstieg aus der Kernenergie unbedingt „Volkes Wille" sei. Richtig war zwar, dass über 80 Prozent nach Fukushima (wie aber auch schon nach der Reaktorkatastrophe von Tschernobyl) einen Ausstieg aus der Kernenergie prinzipiell für richtig hielten. Doch wirklich wichtig war das Thema Atomausstieg wie schon nach Tschernobyl auch nach Fukushima für die Mehrheit der Bundesbürger nicht. Große Angst bereitete das Unglück von Fukushima auch unmittelbar nach dem Ereignis nur der Hälfte (51 %) der Bundesbürger und nur einem Drittel der CDU-Anhänger. Zwei Drittel der CDU-Anhänger aber hatten keine Angst. Lediglich von den Anhängern der Grünen ängstigten sich fast drei Viertel (72 %) vor der Kernenergie.

Und dass man bei der Energieerzeugung in Deutschland auf die Kernenergie völlig verzichten könne, glaubte auch unmittelbar nach Fukushima nur eine Minderheit von 27 Prozent aller Bundesbürger. Die große Mehrheit von 71 Prozent aber war der Meinung, dass die Kernenergie in Deutschland noch eine Weile gebraucht werde, um die Energieversorgung sicherzustellen. Dieser Meinung waren im März 2011 87 Prozent der CDU-Anhänger und selbst 48 Prozent der Anhänger der Grünen.

Die abrupte Kehrtwende in der Energiepolitik hatte also der Union nicht – wie von ihren Befürwortern erhofft – genutzt, sondern geschadet – nicht nur weil die Mehrheit sie in dieser Schnelligkeit und Radikalität nicht für erforderlich hielt, sondern vor allem auch deshalb, weil 71 Prozent aller Bundesbürger und 56 Prozent der CDU-Anhänger der Union und auch der Kanzlerin opportunistische Motive bei dieser Entscheidung unterstellten. Nur eine Minderheit von 24 Prozent aller Bundesbürger und auch nur 39 Prozent der CDU-Anhänger glaubten, dass bei der Entscheidung für den schnellen vollständigen Ausstieg aus der Kernenergie die Sorge um die Sicherheit der Menschen das Hauptmotiv gewesen wäre.

Einstellungen zur Kernkraft nach Fukushima (März 2011)

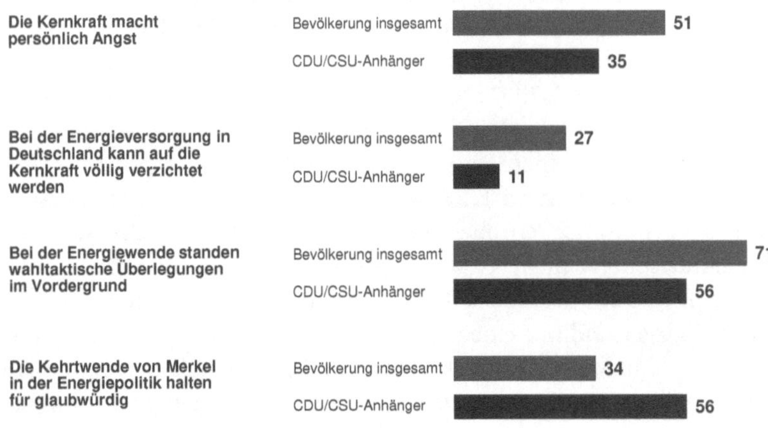

Quelle: forsa-Repräsentativerhebung, 2011

Der Glaubwürdigkeitsverlust von Angela Merkel durch diese abrupte Kehrtwende in der Energiepolitik führte dazu, dass nicht nur die Präferenzwerte ihrer Partei, sondern auch ihre persönlichen Werte bei der Kanzlerpräferenz deutlich zurückgingen. Merkel fiel im Umfeld der Diskussion über die Nutzung der Kernenergie zum ersten Mal seit ihrer Wahl zur Kanzlerin wieder unter die 40-Prozent-Marke.

Bemerkenswert ist, dass dieser deutliche Rückgang der Sympathien für die Union und die Kanzlerin seinerzeit auch nicht annähernd so intensiv wie Merkels Kurs in der Flüchtlingsfrage in der medialen und politischen Diskussion erörtert wurde.

Bis zur Bundestagswahl 2013 aber war dieser Sympathierückgang sowohl für Merkel als auch für die CDU wieder wettgemacht worden. Im September 2013 gelang es der Union mit Merkel zum ersten Mal seit 1994, wieder mehr als 40 Prozent der gültigen Stimmen zu erhalten. Die CDU erhielt 2013 14.9 Millionen Stimmen – 3.1 Millionen (oder 26 Prozent) mehr als 2009. Die CSU wurde von 3.2 Millionen Wählern gewählt (418.000 oder 15 Prozent mehr als 2013). Der Beitrag der CSU zu Gesamterfolg der Union war deutlich geringer als es traditionell bei vielen früheren Wahlen der Fall gewesen war: Die CSU hatte und hat in Bayern ihre einstige Bindekraft verloren und kann nicht mehr wie früher fast die Hälfte, sondern nur noch ein Drittel oder einen noch geringeren Anteil der Wahlberechtigten zur Stimmabgabe für die CSU bewegen – obwohl die SPD in Bayern traditionell nur eine marginale Rolle spielt.

Die FDP musste bei der Bundestagswahl 2013 nicht nur einen herben Stimmenverlust hinnehmen (die Zahl der FDP-Wähler ging von 6.3 Millionen 2009 auf knapp 2.1 Millionen zurück), sondern sie verpasste zum ersten Mal in der Geschichte der Bundesrepublik den Einzug in den Bundestag. Die FDP, die bis dahin alle Krisen und jeden Koalitionsschwenk überlebt hatte, wurde wegen der Schwäche ihres Personals und vieler in der Zeit der schwarz-gelben Koalition gemachter Fehler vom Wähler abgestraft.

Abgestraft wurde 2013 auch wieder die SPD. Sie erhielt 2013 zwar 1.3 Millionen Stimmen mehr als 2009; doch mit einem Anteil von 18,2 Prozent aller Wahlberechtigten war es neben den Wahlen von 2009 das mit Abstand schlechteste Ergebnis, das die SPD je bei einer Bundestagswahl erzielte.

Sigmar Gabriel, der nach der Wahlschlappe von 2009 den SPD-Vorsitz übernommen hatte, konnte zwar die Partei weitgehend zusammenhalten. Er vermochte es allerdings nicht, das Erscheinungsbild der SPD bei den Wählern wieder so zu verbessern, um einen größeren Teil der zwischen 1998 und 2009 verloren gegangenen Wähler zurückgewinnen zu können. Das schaffte aber auch der SPD-Kanzlerkandidat von 2013 – Peer Steinbrück – nicht. Dabei hätte Steinbrück nach seiner Nominierung zum Kanzlerkandidaten durchaus Chancen gehabt, von der SPD abgewanderte frühere Wähler aus der Mitte der Gesellschaft zurückzuholen. Doch die Chance versäumte er, weil er die zunächst geforderte „Beinfreiheit" von seiner Partei nicht einforderte, sondern den „Gerechtigkeitswahlkampf" der SPD, der überhaupt nicht zum Kandidaten passte, mittrug. Und er verpasste die Chance, SPD-Abwanderer wieder zurückzugewinnen, auch durch viele eigene Fehler. So schätzte er das Bild, das sich die Wähler bei der Krisenbewältigung während der Banken- und Finanzkrise 2008/2009 von ihm gemacht hatten, ziemlich falsch ein; denn er wurde nicht – wie von ihm unterstellt – als der entscheidende Krisen-Manager wahrgenommen. In der Wahrnehmung der großen Mehrheit der Bürger war das die Kanzlerin; Steinbrück wurde lediglich als ihr „Adlatus" und Helfer wahrgenommen. Seine öffentlichen Auftritte nach seiner Nominierung und die Diskussion über seine erhaltenen Rednerhonorare verschlechterten zudem sein Image bei den Wählern zunehmend: Sie hielten ihn überwiegend für arrogant, wenig sympathisch und geldgierig.

Wäre die FDP 2013 wie zuvor bei allen Bundestagswahlen in den Bundestag eingezogen, hätte die schwarz-gelbe Koalition fortgesetzt werden können. So aber gab es zwei denkbare Koalitionsalternativen: Eine Koalition aus CDU, CSU und Grünen oder eine dritte Große Koalition aus CDU, CSU und SPD. Nachdem die Grünen eine Koalition mit der Union ablehnten, blieb nur die Große Koalition, für die sich auch die SPD nach langen Debatten per Mitgliederbefragung entschied.

Problematisch war 2013, dass der Anteil der nicht im Bundestag vertretenen Wähler größer als bisher üblich war: 11 Prozent aller Wahlberechtigten (das entspricht fast 16 Prozent der gültigen Stimmen) hatten eine Partei gewählt, die den Sprung über die 5-Prozent-Hürde nicht geschafft hatte. Neben der FDP mit 4,8 Prozent der gültigen Stimmen gehörte dazu auch die zum ersten Mal bei einer Wahl kandidierende AfD, die mit 4,7 Prozent auf Anhieb fast so viele Stimmen erhielt wie die FDP.

11.3 Die AfD

Anders als die früheren politischen Bewegungen am äußersten rechten Rand des Parteienspektrums (NPD, Republikaner, DVU, Schill-Partei), die zunächst bei Landtagswahlen kandidierten und sich erst dann an Bundestagswahlen beteiligten, kandidierte die AfD direkt bei der Bundestagswahl 2013. Sie wurde im Vorfeld der Wahl 2013 überwiegend nicht als rechtsradikale, sondern als euro-kritische Partei angesehen. Diese Einschätzung war auch dadurch so verbreitet, weil Bernd Lucke, das wesentliche Sprachrohr der AfD, als Ökonomie-Professor das Thema „Euro" in den Mittelpunkt seiner Themenagenda stellte.

Allerdings dürfte diese Einschätzung über den Charakter der AfD auch schon in ihren Anfängen nicht richtig gewesen sein. Alleine als euro-kritische Partei hätte die AfD kaum auf Anhieb so viele Stimmen wie 2013 erhalten. Schließlich erhielt die Pro-DM Partei von Bolko

Hoffmann, die bei der Bundestagswahl 1998 zu einem Zeitpunkt kandidierte, als die Deutschen mit übergroßer Mehrheit den Euro als neue Währung ablehnten und unbedingt ihre geliebte DM behalten wollten, nur 0,9 Prozent der gültigen Stimmen. 2013 war der Euro bei den Deutschen zwar immer noch nicht sonderlich beliebt, aber die Mehrheit hatte sich mit der einheitlichen europäischen Währung abgefunden und manche sahen im Euro auch gewisse Vorteile für die Bundesrepublik.

Die AfD war von Anfang an und auch unter der Führung von Bernd Lucke eine im Kern rechtsradikale Partei. Das zeigte und zeigt sich bis heute an der Struktur ihrer Anhänger. Überproportional im Vergleich zu allen Wahlberechtigten waren und sind unter den AfD-Anhängern vor allem Angehörige eines bestimmten Segments der Mittelschicht vertreten. Diesem Segment der Mittelschicht – von Sozialwissenschaftlern schon in der Vergangenheit als „radikalisiert" charakterisiert – geht es ökonomisch objektiv gut. Doch man fühlt sich subjektiv benachteiligt und sieht den gegenwärtigen Status in der Mitte der Gesellschaft gefährdet zwischen dem globalen Kapitalismus und dem Proletariat.

Schon 2013 hatte im Übrigen auch nur eine Minderheit der Wahlwilligen (29 %) die AfD als eurokritische Partei gewertet. Und dass die AfD irgendwelche Ideen zur Lösung der anstehenden Probleme in Deutschland habe, das glaubte 2013 auch nur eine Minderheit von 9 Prozent aller Wahlberechtigten.

Die AfD war alles in allem schon 2013 ein Sammelbecken für jenes in Deutschland wie auch in vergleichbaren westlichen Ländern seit jeher vorhandene latente Potential von Bürgern, die anfällig für rechtsradikales Gedankengut sind. Diejenigen dieses latenten Potentials, die aus dem Segment der radikalisierten Mitte stammen, hatten ihre Stimme nicht den eher dumpf auftretenden rechtsradikalen Parteien wie der NPD oder der DVU gegeben. Die AfD mit einem Professor als Vorsitzendem aber war – wie auch die Republikaner in ihren Anfängen mit ihrem Vorsitzenden Franz Xaver Schönhuber – wählbar.

Solange es nur die NPD oder die DVU gab, „versteckten" sich viele der latent Rechtsradikalen aus der Mittelschicht hinter anderen Parteien. Deshalb ist es nicht überraschend, dass die AfD frühere Wähler fast aller Parteien für sich gewinnen konnte. Das darf aber nicht – wie häufig geschehen – so missdeutet werden, als ob die AfD nur harmlose „Wutbürger" aus der Mitte der Gesellschaft gewonnen hätte. Vielmehr sind zur AfD nur frühere Wähler anderer Parteien, die sich selbst am äußersten rechten Rand verorten, gewandert.

*Politische Selbsteinschätzung *) der Stammwähler der einzelnen Parteien und der Abwanderer zur AfD*

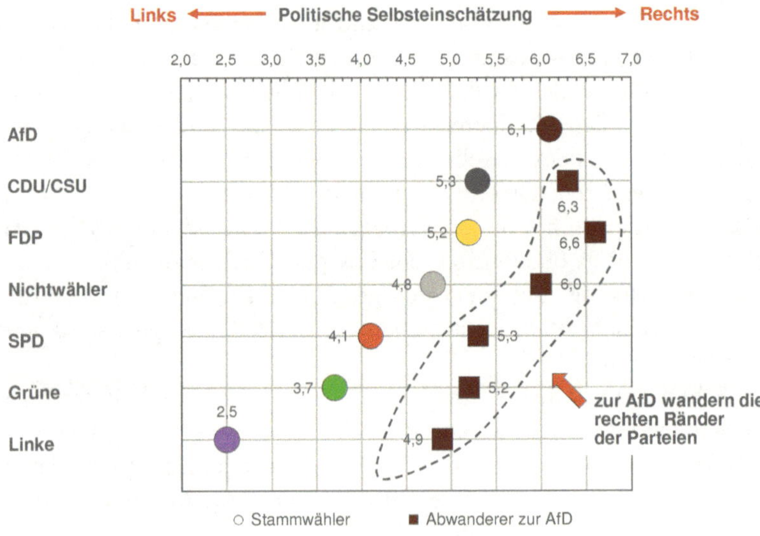

*) ermittelt anhand einer Skala von 1 (=„links") bis 10 (=„rechts"); dargestellt ist jeweils der Mittelwert

Viele heutige AfD-Wähler waren schon immer anfällig für rechtsradikales und fremdenfeindliches Gedankengut. Diese latent vorhandene Neigung manifestierte sich aber nicht in einer Stimmabgabe für „klassische" rechtsradikale Gruppierungen – wie NPD oder DVU. Erst eine durch falsche Einschätzungen ihres wahren Charakters durch einige akademische Politikwissenschaftler, durch den extrem konservativen Flügel der Union und vor allem durch viele Medien „salonfähig" gemachte AfD wurde für dieses latent immer vorhandene rechtsradikale Wählerpotential wählbar.

12. 2017: Volksparteien ohne Volk?

Viele Medien und manche Beobachter der politischen Szene in Deutschland sehen das endgültige Ende der Volksparteien im Wahljahr 2017 voraus. Im „Spiegel“ war z.B. im Laufe des Jahres 2016 zu lesen, dass „der Triumph der AfD“ ein „Aufstand gegen Angela Merkel“ sei, weil sie „viele Konservative zu Heimatlosen gemacht“ habe. Die AfD sei durch den „Aufstand der Wutbürger“ zu „einer Partei der Mitte“ und „für die Union existenzgefährdend“ geworden. Insgesamt habe die AfD „die Republik erschüttert“ und die „Tür in ein neues politisches Zeitalter eröffnet“.

Ähnlich sehen das Merkel-Kritiker vom konservativen Flügel der CDU, wie z.B. der Fraktionsvorsitzende der CDU im baden-württembergischen Landtag, Wolfgang Reinhart. Der meinte: „Wir haben es mit einer tektonischen Verschiebung im Parteiensystem zu tun“ und bezeichnete die AfD als „Fleisch vom Fleisch der CDU“.

Richtig ist, dass sowohl die CDU als auch die SPD in der Summe der 13 Landtags-, Bürgerschafts- und Abgeordnetenhauswahlen, die seit 2013 stattfanden (in den Ländern Sachsen, Brandenburg, Thüringen, Hamburg, Bremen, Baden-Württemberg, Rheinland-Pfalz, Sachsen-Anhalt, Mecklenburg-Vorpommern, Berlin, Saarland, Schleswig-Holstein und Nordrhein-Westfalen) deutlich weniger Stimmen erhalten haben als bei der Bundestagswahl 2013.

So erhielt die CDU bei der Bundestagswahl 2013 in der Summe dieser 13 Länder über 11.8 Millionen Stimmen, bei den Landtagswahlen seit 2013 jedoch insgesamt nur noch rund 7.7 Millionen – ein Stimmenrückgang also von über 4.1 Millionen. Die SPD wiederum verlor bei den Landtagswahlen in diesen 13 Ländern im Vergleich zur letzten Bundestagswahl über 1.1 Millionen Stimmen. Zusammen erhielten die beiden „Volksparteien“ bei den Landtagswahlen seit 2013 fast 5.3 Millionen Stimmen weniger als bei der Bundestagswahl 2013.

Doch die Verluste von CDU und SPD bei den Wahlen seit 2013 haben nur zu einem geringen Teil etwas mit den Erfolgen der AfD zu tun; denn schon 2013 wurden die Parteien am äußersten rechten Rand des Parteienspektrums (AfD, NPD und Republikaner) in diesen 13 Bundesländern von immerhin 1.9 Millionen Wählern gewählt.

Bei den Landtagswahlen nach 2013 konnten die „rechten" Parteien im Vergleich zur Bundestagswahl etwas mehr als 1.3 Millionen neue Wähler gewinnen. Selbst wenn all diese neu zur AfD gewanderten Wähler von CDU oder SPD gekommen wären – was ja nicht der Fall ist –, hätten fast 4 Millionen CDU- und SPD-Wähler von 2013 diese beiden Parteien nicht nur aufgrund ihrer Sympathie für die AfD bei den Landtagswahlen nicht mehr gewählt, sondern aus anderen, mit der AfD nicht im Zusammenhang stehenden Gründen.

Wähler der CDU, der SPD und der „rechten" Parteien bei der Bundestagswahl 2013 und den Landtagswahlen seit 2013 in den 13 Bundesländern), in denen seit 2013 Landtagswahlen stattfanden*

	Bundestagswahl 2013	Landtagswahlen seit 2013	Differenz Bundestags-/ Landtagswahlen
CDU	11.863.291	7.738.712	- 4.124.579
SPD	7.561.295	6.415.619	- 1.145.676
CDU und SPD	19.424.586	14.154.331	- 5.270.255
„Rechte" Wähler (AfD, NPD, Republikaner)	1.916.330	3.223.632	+ 1.307.302

*) Sachsen, Brandenburg, Thüringen, Hamburg, Bremen, Baden-Württemberg, Rheinland-Pfalz, Sachsen-Anhalt, Mecklenburg-Vorpommern, Berlin, Saarland, Schleswig-Holstein, Nordrhein-Westfalen

Die bei den Landtagswahlen seit 2013 zu registrierende Mobilisierungsschwäche der SPD und vor allem der CDU hat also allenfalls am Rande mit dem Sympathiezuwachs für die AfD, viel hingegen mit der Schwäche dieser beiden Parteien vor Ort zu tun.

So war z.B. auch der große Verlust der CDU bei der Landtagswahl in Baden-Württemberg im März 2016 nur zu einem geringen Teil auf den Stimmenzuwachs der AfD im „Ländle" zurückzuführen. Vielmehr gab es wegen der ausgeprägten Sympathie für Winfried Kretschmann bis ins Lager der CDU-Kernwähler hinein einen regelrechten „Kretschmann-Sog". Deshalb gewannen die Grünen im Vergleich zur Bundestagswahl 1 Million (!) Stimmen hinzu, während die CDU ebenso viele Stimmen (1.1 Million) weniger erhielt.

Die Mobilisierungsdefizite der CDU bei den Landtagswahlen seit 2013 sind im Übrigen nicht neu. Es gibt sie nicht erst seit Merkels Kanzlerschaft - sie waren auch schon zu Adenauers Zeiten in der Anfangsphase der Bundesrepublik zu registrieren, worauf bereits hingewiesen wurde. Und wenn Merkel nicht nur von vielen Medien, sondern auch von Kritikern aus ihrer eigenen Partei für die Verluste bei den Landtagswahlen verantwortlich gemacht wird, wird vergessen, dass die CDU schon bei den Landtagswahlen vor 2013 in den 13 Ländern, in denen seit 2013 Landtagswahlen stattfanden, bei den regionalen Wahlen nicht sonderlich gut abgeschnitten hatte. 2013 aber wurde die „Merkel-CDU" von fast 4.3 Millionen Wählern mehr gewählt als die regionale CDU bei den vorhergegangenen Landtagswahlen.

Dass trotz der Wahlerfolge der AfD das vom „Spiegel" ausgerufene „neue politische Zeitalter" noch nicht „eröffnet" wurde und im Parteiensystem seit 2013 die von Merkel-Kritikern behauptete „tektonische Verschiebung im Parteiensystem" so nicht stattgefunden hat, zeigt auch ein Blick auf die Anteile, die die rechtsradikalen Parteien bei den Wahlen seit 2013 erhalten haben. So wurden in der Summe der 13 Länder, in denen seit 2013 Landtagswahlen stattfanden, die Parteien am äußersten rechten Rand des Parteienspektrums (AfD, NPD und Republikaner zusammen) noch nicht einmal von einem Zehntel (7,7 %) aller Wahlberechtigten gewählt. Über 90 Prozent aber gaben weder AfD noch NPD oder Republikanern ihre Stimme, sondern anderen Parteien (54,7 %) bzw. blieben der jeweiligen Wahl fern (37,6 %).

Wenn 2016 wie vom „Leitmedium" Spiegel „der Triumph der AfD" als „Aufstand gegen Angela Merkel" interpretiert wird, weil sie „viele Konservative zu Heimatlosen gemacht" habe, wird zudem vergessen, dass es – worauf schon eingegangen wurde - in der Wahlgeschichte der Bundesrepublik regelmäßig auch früher schon rechtsradikale Bewegungen gab – wie die NPD, die Republikaner, die DVU oder die „Schill-Partei“, die bei der Bürgerschaftswahl 2001 in Hamburg auf einen Anteil von 13,7 Prozent aller Wahlberechtigten kam.

Dies alles wird bei der Kommentierung der aktuellen Landtagswahlerfolge der AfD vergessen oder verdrängt. Die AfD kam eben nicht – wie fast gebetsmühlenartig von den Medien verbreitet – „aus dem Stand heraus“ auf ihre Ergebnisse. Vielmehr reihen sich die AfD-Erfolge ein in die bisherigen Wellen rechter Bewegungen in Deutschland seit 1945.

Allerdings gibt es einen wesentlichen Unterschied bei der Behandlung früherer rechtsradikaler Parteien und der heutigen AfD seitens der anderen Parteien sowie von Seiten vieler Medien. Während die NPD, die DVU oder die Republikaner in der Vergangenheit auch als rechtsradikale Parteien charakterisiert und bezeichnet wurden, und keine der anderen Parteien auf die Idee gekommen wäre, mit einer dieser rechtsradikalen Parteien zu koalieren, verhält sich dies bei der AfD anders. Oft wird sie verharmlosend lediglich als „rechtspopulistische“ Partei oder als Partei aus der „Mitte der Gesellschaft“ bezeichnet, in der sich nur „normale Wutbürger“ gesammelt hätten. Und Politiker der Union meinen nicht nur, die AfD sei „Fleisch vom Fleisch der CDU“, sondern machen ihr sogar Koalitionsangebote, weil sie sie für eine rechte „Volkspartei“ halten.

Doch entstammt die AfD ebenso wenig, wie etwa die Grünen aus dem „Fleisch der SPD“ entstanden sind, dem „Fleisch der CDU“. So wollten von 100 Wählern der CDU von 2013, die 2016 nicht mehr CDU wählen wollten, nur 19 der AfD ihre Stimme geben. Ebenso viele wollten SPD oder Grüne – also eher links von der CDU positionierte Parteien – wählen. Ähnlich groß ist auch der Anteil der CDU-Abwanderer zur FDP. Die meisten CDU-Abwanderer aber wollten 2016 gar nicht zur Wahl gehen.

Bemerkenswert ist, dass die Abwanderung früherer CSU-Wähler zur AfD höher war, als der Anteil der Abwanderer früherer CDU-Wähler zur AfD. Seehofers Strategie ist also nicht aufgegangen. Mit seinem Amoklauf gegen Merkel hat er potentielle AfD-Wähler nicht an die CSU gebunden, sondern eher dafür gesorgt, dass CSU-Wähler vom rechten Rand zur AfD wechselten, weil die inhaltliche und thematische Abgrenzung zwischen CSU und AfD nicht mehr klar zu erkennen war.

CDU- und CSU-Abwanderer 2016

wollen 2016 wählen

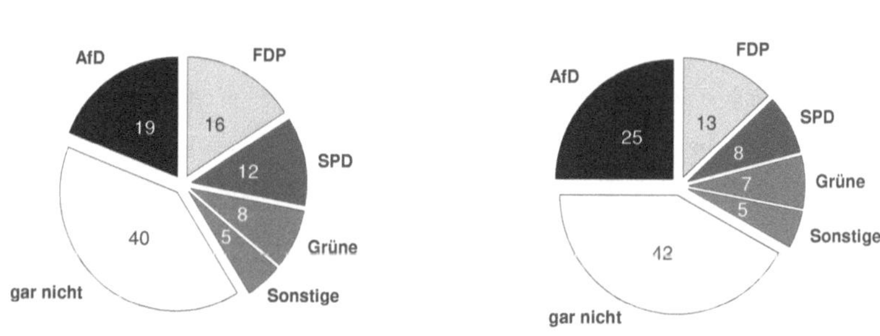

Überhaupt lässt sich die These der im konservativen Flügel der Partei angesiedelten Merkel-Kritiker nicht bestätigen, dass wegen Merkels „Links-Kurs" und ihrer „Sozialdemokratisierung der CDU" am rechten Rand des Parteiensystems ein Vakuum entstanden sei, das nun von der AfD besetzt werde. Entspräche diese These der Realität, müssten sich ja die CDU-Abwanderer rechts von den CDU-Stammwählern verorten. Doch genau das tun sie nicht. Bei der politischen Selbsteinschätzung auf einer Skala von 1 (= „links") bis 10 (= „rechts") verorten sich alle Wahlberechtigten mit einem Mittelwert von 4,7 ungefähr in der politischen Mitte. Die CDU-Stammwähler verorten sich mit einem Wert von 5,3 erwartungsgemäß rechts von der Mitte, die der CSU mit einem Wert von 5,5 noch etwas weiter rechts als die CDU-Stammwähler. Doch die CDU-Abwanderer sehen sich 2016 wie auch schon früher nicht – wie nach den Unterstellungen der Merkel-Kritiker zu vermuten wäre – rechts von den CDU-Stammwählern, sondern mit einem Wert von 5,0 exakt in der Mitte zwischen dem Durchschnitt aller Wahlbürger und den CDU-Stammwählern und somit eher in Richtung des linken Spektrums.

Politische Selbsteinschätzung) der CDU- und CSU-Stammwähler sowie der CDU-Abwanderer*

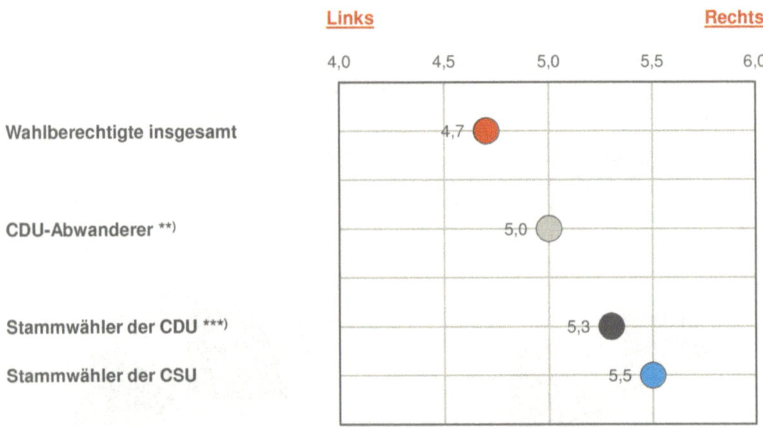

*) Selbsteinschätzung auf einer Skala von 1 (links) bis 10 (rechts); dargestellt ist jeweils der Mittelwert

**) CDU-Wähler von 2013, die derzeit nicht CDU wählen wollen

***) CDU- bzw. CSU-Wähler von 2013, die auch heute CDU oder CSU wählen wollen

Nur die kleine Minderheit der CDU-Abwanderer zur AfD verortet sich mit einem Wert von 6,3 deutlich rechts von den CDU-Stammwählern.

Die AfD ist keinesfalls – wie oft zu hören ist – eine Art „rechter Volkspartei". Abgesehen davon, dass die AfD bislang nur von einer Minderheit der Wahlberechtigten gewählt wurde, kann eine Partei nur dann als „Volkspartei" bezeichnet werden, wenn sie nicht nur die Interessen einer homogenen Klientel, sondern die verschiedener heterogener Wählergruppen vertritt und bündelt. Doch genau dies ist bei der AfD nicht der Fall. Die Anhänger und bisherigen Wähler der AfD zeichnen sich durch große Homogenität aus – insbesondere, was ihre Abneigung gegenüber bestehenden politischen Institutionen anbelangt. Und die AfD vertritt mit ihren Ansichten auch nicht – wie sie vorgibt – „das Volk". Vielmehr unterscheiden sich die Einschätzungen, Meinungen und Einstellungen der AfD-Anhänger fundamental von denen der überwiegenden Mehrheit aller anderen Bürger.

Die AfD ist wie schon erwähnt überwiegend eine Männerpartei. Ihre Anhänger misstrauen nicht nur dem „Establishment“ von Politik, Medien und Meinungsforschern, sondern generell auch den meisten Menschen. Sie fühlen sich – obwohl es ihnen objektiv ökonomisch recht gut geht - subjektiv benachteiligt und haben ausgeprägte Statusängste sowie extrem pessimistische Wirtschaftserwartungen. Sie fühlen sich durch Fremde bedroht - insbesondere durch die 2015 nach Deutschland gekommenen Flüchtlinge - und hassen Merkel daher wegen ihrer Flüchtlingspolitik. Sie haben – anders als die Anhänger der demokratischen Parteien – kaum Vertrauen zu den das demokratische politische System tragenden Institutionen – wie dem Bundespräsidenten, der Kanzlerin, der Bundesregierung oder den Landesregierungen. Ebenso haben sie kein Vertrauen in die meisten politischen Akteure – auch in diejenigen nicht, die bei vielen anderen Bürgern noch recht großes Vertrauen genießen. Die einzige Ausnahme ist Horst Seehofer, zu dem die AfD-Anhänger ein ähnlich großes Vertrauen haben wie zur AfD-Vorsitzenden Frauke Petry.

Die AfD ist auch keine Partei, die – wie nach Trumps Wahl zum US-Präsidenten von einigen gemutmaßt – überwiegend von jenen „Abgehängten“ gewählt wird, die in prekären Arbeitsverhältnissen beschäftigt sind. So ist das durchschnittliche Haushaltsnettoeinkommen der AfD-Anhänger mit Euro 3.100,-- nicht niedriger, sondern sogar noch etwas höher als das derzeitige durchschnittliche Haushaltsnettoeinkommen aller Wahlberechtigten (Euro 3.060,--). Niedriger als das durchschnittliche Haushaltsnettoeinkommen der AfD-Anhänger ist das der Anhänger der SPD (Euro 2.980,--) und der Linkspartei (Euro 2.780,--) sowie das der Nichtwähler (Euro 2.550,--).

Die AfD ist alles in allem eine rechtsradikale Partei, die einerseits zum Sammelbecken der Wähler der bisherigen rechtsradikalen Parteien (NPD, DVU oder Republikaner) geworden ist. Sie hat ja auch bewusst dieses „klassische“ rechtsradikale Wählerpotential umworben und die NPD aus den Landtagen in Sachsen und Mecklenburg-Vorpommern herausgedrängt. Darüber hinaus wird sie gewählt von jenem latent immer vorhandenen Potential von Wahlberechtigten, die für rechtsradikales und fremdenfeindliches Gedankengut anfällig waren, bisher aber die eher „dumpfen“ Parteien wie die NPD oder DVU nicht wählen konnten und sich hinter anderen Parteien versteckt hatten oder zu den systemkritischen und demokratiefeindlichen Dauer-Nichtwählern zählten.

Ob die Volksparteien weiterhin schwächeln werden, hängt also nicht in erster Linie davon ab, ob die AfD nach ihrem Einzug in viele Landtage auch im nächsten Bundestag vertreten sein wird. Eine AfD im deutschen Bundestag mag die Bildung einer neuen Regierung nach der Wahl im Herbst 2017 erheblich schwieriger machen. Doch ob CDU, CSU oder SPD Volksparteien bleiben oder nicht, hängt nicht von der AfD ab. Schließlich ist – wie in den vorigen Kapiteln ausführlich dargestellt – der dramatische Vertrauens- und Bedeutungsverlust der beiden einst großen Volksparteien mit großer Bindekraft schon lange bevor es die AfD gab eingetreten. Nicht zuletzt die Bundestagswahl 2013 hat gezeigt, dass sowohl die CDU als auch die SPD – wenn auch in geringerem Umfang als die CDU - im Vergleich zu vorherigen Wahlen Stimmen hinzugewinnen konnten, obwohl 2013 die AfD schon kandidierte und bundesweit von über 2 Millionen Wählern gewählt wurde.

Insofern haben Union und SPD es weitgehend selbst in der Hand, ob sie das endgültige Ende der Volksparteien einläuten oder eine durchaus mögliche Renaissance der Volksparteien einleiten.

Für eine solche Renaissance wäre es allerdings erforderlich, dass sich Union und SPD wieder darauf besinnen, dass sie die durchaus unterschiedlichen Interessen der Mehrheit aller Bürger bündeln und in ihrer Politik berücksichtigen. Die zu starke Berücksichtigung von Interessen sich lautstark artikulierender Minderheiten war ja eine der wichtigsten Ursachen für den Vertrauensschwund, den Union und SPD erlitten haben.

Dies bedeutet indes keinesfalls, politische Entscheidungen an durch Umfragen ermittelten Mehrheitsmeinungen zu orientieren. Ein solches Vorgehen würde nämlich eher als Opportunismus gebrandmarkt und keinesfalls als Führungsstärke der Parteien gewertet werden. Ein Beispiel hierfür war – wie dargestellt - die abrupte Kehrtwende in der Energiepolitik nach dem Reaktorunfall von Fukushima. Diese abrupte Kehrtwende brachte weder der Union noch der Kanzlerin einen Sympathie- und Vertrauenszuwachs, sondern führte zu einem Glaubwürdigkeitsverlust. Den Beschluss zum schnellen Kernenergieausstieg sah man eher dem Wahlkampf in Baden-Württemberg geschuldet denn aus einer tiefen Einsicht heraus gefasst. Erst durch ihr Agieren in der Euro-Krise konnte Merkel diese Glaubwürdigkeitsdelle für sich und ihre Partei wieder wettmachen.

Wollen Union und SPD ihren Anspruch, Volkspartei zu sein, aufrechterhalten, dürfen sie überdies nicht mehr in dem Maße wie in der Vergangenheit Modetorheiten nachgeben oder einem vermeintlichen Zeitgeist hinterherlaufen. So hat die Anbiederung an einen vorgeblichen grünen Zeitgeist weder der SPD noch der CDU zu mehr Vertrauen verholfen, sie hat ausschließlich den Grünen genutzt. Auch die Anbiederung von Teilen der Union an die AfD hat der Union geschadet und die Abwanderung des rechten Randes der Union zur AfD befördert und nicht verhindert.

Allerdings wird eine Renaissance der Volksparteien nur dann möglich sein, wenn auch die Medien nicht mehr – wie von vielen Wählern, aber vor allem einer großen Zahl von Nichtwählern beklagt – in aller Ausführlichkeit über Aktivitäten und Meinungen von Minderheiten berichten, demgegenüber aber die Interessen, Sorgen und Ängste der Mehrheit der Bürger zu wenig berücksichtigen. Eine die gesellschaftliche Realität oft verzerrende Berichterstattung der Medien hat das Vertrauen zu den klassischen Medien deutlich sinken lassen. So ist etwa das Vertrauen zur Presse und zum Fernsehen in der Bevölkerung geringer als das zu den meisten politischen Institutionen. Die Berichte und Informationen der klassischen Medien, die in der Bundesrepublik trotz aller neuen Medien und sozialen Netzwerken nach wie vor die wichtigsten Informationsquellen für politische Themen darstellen, werden heute von einer beachtlichen Zahl der Leser, Hörer und Zuschauer - nämlich 42 % - für nicht mehr glaubwürdig gehalten.

Beklagt wird zudem das Übergewicht negativer Meldungen und Berichte – vor allem im Fernsehen. Dies bedeutet nicht, dass über Probleme und krisenhafte Entwicklungen in Deutschland und der Welt nicht mehr berichtet werden sollte – nur sollten bei problembeladenen Berichten möglichst auch Lösungsansätze aufgezeigt oder doch zumindest angedeutet werden. Beklagt wird darüber hinaus eine oft unverständliche Sprache – nicht nur der Politiker, sondern auch der Medien – etwa wenn von „Gro-Ko", „R2G" oder „Hotspots" die Rede ist.

Bei der großen Mehrheit der Bürger in Deutschland hat sich das Gefühl verfestigt, dass ihre Interessen von den Medien und der Politik ignoriert werden. Dadurch wächst der Unmut über Medien und Politik. Dieser Unmut führt aber nur bei einer Minderheit auch zu radikalem Wahlverhalten. Zahlreicher aber sind die unzufriedenen Bürger, die ihre Stimme keiner radikalen Partei geben wollen, aber den Wahlen fernbleiben.

Wenn die „Volksparteien" sich aber wieder um die wirklichen Sorgen, Nöte, Ängste und Interessen der großen Mehrheit der Bürger kümmern, sind sie auch 2017 noch nicht am Ende.

Allerdings verlieren sie weiteres Vertrauen, wenn sie sich weiterhin zu sehr an den Interessen von Minderheiten orientieren, zu sehr Modetorheiten folgen oder einem vermeintlichen Zeitgeist hinterherlaufen. Noch immer gilt ja die Erkenntnis des alten Dänen Søren Kierkegaard: „Wer den Zeitgeist heiratet, wird schnell Witwer".

Dank

Danken möchte ich zunächst den vielen Studenten, die mit mir während meiner langjährigen Lehrtätigkeit an der Freien Universität Berlin an der Erarbeitung vieler im vorliegenden Buch verwendeter Materialien mitgearbeitet haben.

Wolfgang Wiktor und Frank Büthner danke ich für die Erstellung der Grafiken, May-Britt Schumacher für die Durchsicht des Manuskriptes. Ganz besonderer Dank gilt Rainer M. Gefeller, der die Entstehung des Buches mit kritischem Blick begleitet hat und Ursula Löffler, ohne deren permanente Ermunterung und Unterstützung das Buch nicht zustande gekommen wäre.

Das Buch wäre aber auch nicht zustande gekommen, wenn nicht Millionen von Wählern und Nichtwählern im Laufe der Etablierung der Demokratie nach dem Zusammenbruch des Nationalsozialismus bereit gewesen wären, den verschiedenen seriösen Umfrageinstituten Auskünfte über ihre Wahrnehmung und Bewertung der politischen Akteure zu geben. Das „Volk" selbst hat es somit durch diese Auskünfte ermöglicht, dass über seine Befindlichkeiten im Laufe des Prozesses der Demokratisierung Deutschlands berichtet werden kann.

Literaturverzeichnis

Baer, Chr.-Claus und Erwin Faul: Das deutsche Wahlwunder, Frankfurt am Main 1953

Baring, Arnulf: Im Anfang war Adenauer. Die Entstehung der Kanzlerdemokratie, München 1971

Bok, Wolfgang: Zeitgeist-Genossen. Das Berliner Programm der SPD von 1989, Frankfurt am Main 1995

Ennen, Ilka: Der lange Weg zum Triumph der „Willy-wählen"-Wahl: Willy Brandt als Wahlkämpfer – 1961 bis 1972, in: Jackob, Nikolaus (Hrsg.), Wahlkämpfe in Deutschland, Wiesbaden 2007, S. 176 – 193

Eppler, Erhard: Links leben, Berlin 2015

Görtemaker, Manfred: Geschichte der Bundesrepublik Deutschland, Frankfurt am Main 2004

Güllner, Manfred: Daten zur Mitgliederstruktur der SPD: Von der Arbeiterelite zu den Bourgeois-Söhnchen, in: Transfer 2 Wahlforschung: Sonden im politischen Markt, Opladen 1977, S. 91 – 106

Güllner, Manfred: Zwischen Stabilität und Wandel, Das politische System nach dem 6. März 1983, in: Aus Politik und Zeitgeschichte, 14/83, Bonn 1983, S. 19 – 30

Güllner, Manfred: Wahlen in Westdeutschland 1987. Politikmüdigkeit oder Politikmündigkeit? in: Journal für Sozialforschung, Heft 2 1987, S. 123 – 138

Güllner, Manfred: Parteien und Wahlen – „Volkes Stimme"? Empirische Analyse einer Entfremdung, in: Buchholz, Jochen (Hrsg.). Parteien in der Kritik, Bonn 1993, S. 33 – 51

Güllner, Manfred: Methodische Entwicklungen in der Empirischen Wahlforschung, in: Klein, Markus et. al. (Hrsg.). 50 Jahre empirische Wahlforschung in Deutschland, Wiesbaden 2000, S. 564 – 583

Güllner, Manfred: Zwischen Stabilität und Wandel. Die SPD im Auf und Ab der Wählergunst, in: Müntefering, Franz und Matthias Machnig (Hrsg.). Sicherheit im Wandel, Berlin 2001, S. 115 – 126

Güllner, Manfred (Hrsg.): Was Deutschland bewegt. Der forsa-Meinungsreport 2002, Frankfurt am Main 2002

Güllner, Manfred: Zum Regieren nicht geschaffen. Die Tragik der deutschen Sozialdemokratie, in: Vorgänge Heft 4 2007, S. 53 – 66

Güllner, Manfred: Nostalgie ist keine Lösung, in: Berliner Republik Nr. 3/2007, S. 32 – 35

Güllner, Manfred: Die Grünen. Höhenflug oder Absturz?, Freiburg im Breisgau 2012

Güllner, Manfred: Nichtwähler in Deutschland, Berlin 2013

Güllner, Manfred: Mythos und Verharmlosungen: Wie die AfD „salonfähig" gemacht wurde, in: Nawrocki, Christian und Armin Fuhrer (Hrsg.). AfD-Bekämpfen oder Ignorieren?, Bremen 2016, S. 43 – 57

Güllner, Manfred und Ursula Löffler: SPD und Großstadt, Köln 1981

Güllner, Manfred, Hermann Dülmer, Markus Klein, Dieter Ohr, Markus Quandt, Ulrich Rosar, Hans-Dieter Klingemann: Die Bundestagswahl 2002. Eine Untersuchung im Zeichen hoher politischer Dynamik, Wiesbaden 2005

Haagerup, Ulrik: Constructive News, Salzburg 2015

Hentschel, Volker: Ludwig Erhard. Ein Politikerleben, Berlin 1998

Hirsch-Weber, Wolfgang und Klaus Schütz: Wähler und Gewählte. Eine Untersuchung der Bundestagswahlen 1953, Berlin 1957

Infas: Kontrastwahlkampf zwischen Rhein und Weser, Bad Godesberg 1966

Infas: Anhänger der neuen Rechtspartei, Bad Godesberg 1967

Infas: Wahlen in drei Ländern, Bonn-Bad Godesberg 1970

Infas: Hamburg 1974. Analysen und Dokumente zur Bürgerschaftswahl vom 3. März, Bonn-Bad Godesberg 1974

Infas: Bayern und Hessen 1974. Analysen und Dokumente zu den Landtagswahlen am 27. Oktober, Bonn-Bad Godesberg 1974

Infas: Wahlen zum 8. Deutschen Bundestag am 3. Oktober 1976, Bonn-Bad Godesberg 1976

Jackob, Nikolaus (Hrsg.): Wahlkämpfe in Deutschland, Wiesbaden 2007

Jahn, Hans Edgar: An Adenauers Seite, München 1987

Kitzinger, Uwe: German Electoral Politics. A Study of the 1957 Campaign, Oxford 1960

Kitzinger, Uwe: Wahlkampf in Westdeutschland, Göttingen 1960

Klein, Markus, Wolfgang Jagodzinski, Ekkehard Mochmann, Dieter Ohr (Hrsg.): 50 Jahre empirische Wahlforschung in Deutschland, Wiesbaden 2000

Kleßmann, Christoph: Die doppelte Staatsgründung, Deutsche Geschichte 1945 – 1955, Bonn 1982

Krebs, Thomas: Parteiorganisation und Wahlkampfführung, Eine mikropolitische Analyse der SPD-Bundestagswahlkämpfe 1965 und 1986/87, Wiesbaden 1996

Kruke, Anja: Demoskopie in der Bundesrepublik Deutschland. Meinungsforschung, Parteien und Medien 1949 – 1990, Düsseldorf 2007

Liepelt, Klaus und Alexander Mitscherlich: Thesen zur Wählerfluktuation, Frankfurt am Main 1968

Matuschek, Peter und Manfred Güllner: Volksparteien ohne Volk: Der Niedergang von Union und SPD auf dem Wählermarkt, in: Niedermayer, Oskar (Hrsg.). Die Parteien nach der Bundestagswahl 2009, Wiesbaden 2011, S. 221 – 235

Merritt, Anna J. und Richard L. Merritt: Public Opinion in Occupied Germany. The OMGUS Surveys 1945 – 1949, Urbana, Chicago 1970

Müntefering, Franz und Matthias Machnig (Hrsg.): Sicherheit im Wandel, Berlin 2001

Niedermayer, Oskar und Richard Stöss (Hrsg.): Stand und Perspektiven der Parteienforschung in Deutschland, Opladen 1993

Niedermayer, Oskar (Hrsg.): Die Parteien nach der Bundestagswahl 2009, Wiesbaden 2011

Noelle-Neumann, Elisabeth: Die Erinnerungen, München 2006

Petersen, Thomas: Helmut Kohls Wahlkämpfe, in: Jackob, Nikolaus (Hrsg.): Wahlkämpfe in Deutschland, Wiesbaden 2007, S. 194 – 214

Reigrotzki, Erich: Soziale Verflechtungen in der Bundesrepublik, Tübingen 1956

Salomon, Ernst von: Der Fragebogen, Hamburg 1951

Scheuch, Erwin K. und Rudolf Wildenmann: Zur Soziologie der Wahl. Kölner Zeitschrift für Soziologie und Sozialpsychologie, Sonderheft 9/1965

Schmidtchen, Gerhard: Die befragte Nation, Freiburg im Breisgau 1959

Schmidtchen, Gerhard: Die befragte Nation. Überarbeitete Ausgabe, Frankfurt am Main 1965

Stackelberg, Karl-Georg von: Souffleur auf politischer Bühne, München 1975

Zeitfracht Medien GmbH
Ferdinand-Jühlke-Straße 7
99095 Erfurt, Deutschland
produktsicherheit@kolibri360.de